新版 これが商学部!!

The School of Commerce

明治大学商学部［編］

同文舘出版

商学部へようこそ！
～商学部は新たな時代を切り拓くビジネスマインドを育てます～

◈商学部は何を目指すのか？

「商学部とは何か？　経営学部や経済学部とはどこが違うのか？」「商学とはどんな学問なのか？」といった質問をよく耳にしますが、意外にもそれに対する明確な回答は、ほとんど示されていないのではないでしょうか。

おそらく「明確な区別は難しい」、つまり「教育・研究内容がかなり重なっている」というのが理由なのでしょうが、それでも現代世界において「商学部は何を目指すのか？」については、ある程度はっきりとしたことが言えると思います。

21世紀になってようやく、地球環境の危機と資源の有限性が広く認識され、西洋だけを中心とした世界観も破綻しはじめました。まちがいなく現代世界はパラダイムの歴史的な一大転換を迫られているのです。それは商学部が扱う学問領域においても同じです。

商学部の教育は市場経済を対象としていますが、現代では商品市場、金融市場、交通市場、労働市場、さらには情報・サービス市場など、すべての市場があらゆる次元で大きな質的転換を遂げつつあります。この質的転換の最先端領域（マーケット・フロンティア）を的確に捉え、さらに今後の進むべき方向を明確に指し示すこと、これこそが21世紀の商学部に課されている学問的な課題です。本書の構成もその点を意識したものとなっています。

◆本書の構成

第1章では、明治大学商学部のエッセンスを講義形式（1限目～9限目）で、イラストや図表を交えて分りやすく解説していますが、今回あらたに各講義の後に、商学部の学生のゼミナールでの経験に即したメッセージも紹介しました。それらは「高い教養と専門的能力を培う」という大学教育の課題を、学生個々人がどのように達成しているかを、部分的とはいえ具体的に示しています。

また第2章では、あらたに「学生の留学体験記」と「海外協定大学からのメッセージ」も紹介してあります。留学の魅力と大学のグローバル化に対する商学部の取組みの一端を、関係方面のご協力により写真も含めて、「生の声」で語ってもらいました。

最後に第3章では、商学部を卒業してすでに各界で活躍中のOBやOGに登場してもらい、「商学のフロンティアを切り拓く」には何が必要か、商学部の学生に社会は何を求めているのか、そして受験生にとって21世紀の商学部はどのような可能性を有しているのかを縦横に語ってもらいました。

以上のすべてにわたって、読者のみなさまの忌憚のないご意見を賜り得れば幸甚に存じます。また、本書の刊行にご協力いただいた多くの方々に、この場を借りて、心よりお礼申し上げます。

明治大学　商学部

新版 これが商学部!!

もくじ

商学部へようこそ!
〜商学部は新たな時代を切り拓くビジネスマインドを育てます〜 3

最高の商学を学びたい皆さんへ 14

第1章 商学の講義いろいろ

商学部のカリキュラム全体像 16

1限目 商業経営入門

◇① 紙の流通 18
◇② 顧客の購買意欲を高める手法 〜陳列〜 20
◇③ コンビニエンス・ストアの商品開発 22

④コンビニエンス・ストアの多様化　24
⑤専門店への途　26
⑥小売業者のマーチャンダイジング戦略　28
⑦商店街の自立　30
⑧インターネット・ビジネスの展開　32
COLUMN（ダブル・コア履修学生インタビュー）2倍の苦労で達成感も倍増！　34
COLUMN（ダブル・コア履修学生インタビュー）論理的思考力・行動力の習得から実践へ　36
商学部の「ダブル・コア」システム　38

2限目　グローバル化するビジネス社会に目を向けよう！

①国境を超えるヒト、モノ、カネ、情報　40
②英語は国際ビジネスの共通語！　42
③異文化コミュニケーションとビジネス　44
④国際ビジネス交渉の難しさ　46
⑤日本と海外の契約書はどう違う？　48
⑥私たちの生活と貿易　50
⑦世界の消費者へのビジネス活動　52
⑧南北問題とは？　54

COLUMN （ダブル・コア履修学生インタビュー）仲間との切磋琢磨による成果は、一生の宝物　56
COLUMN （ダブル・コア履修学生インタビュー）「知的好奇心」から挑んだダブル・コア学生による研究成果の報告会　58　60

3限目　お金を通して未来を考えよう！

◇1 若いうちからお金を貯めよう　62
◇2 どれくらい貯金したらいいのだろう　64
◇3 「お金を借りる」とは　66
◇4 働いて給料をもらう　68
◇5 より高く、より安定した収入　70
◇6 投資する　72
◇7 リスクと付き合う　74
◇8 お金を超えて　76
COLUMN （ダブル・コア履修学生インタビュー）異なる専門の先生方と過ごす刺激的な時間　78
COLUMN （ダブル・コア履修学生インタビュー）「ダブル・コア」は画期的！　80
大学教員の研究室、「商学研究所」が出版した研究報告書と商学部で使われる教科書　82

4限目 安心社会の必需品　保険とリスクマネジメントについて学ぼう！

①「リスクが高い」ってどういうこと？ 84
②ハッピーな毎日を送るために必要なもの……それが保険です 86
③三層構造の生活保障システム 88
④生命保険が「生きること」を強力にサポート 90
⑤「リスク対応」が損害保険のビジネスです 92
⑥保険で創り出す「信用」 94
⑦安くて良質の保険商品を見つける方法 96
⑧「かゆいところに手が届くサービス」続々登場!! 98
COLUMN（ダブル・コア履修学生インタビュー）2つのゼミのリンク 100
COLUMN（ファイナンス＆インシュアランス・コース履修学生インタビュー）背伸びしようよ！ 102
ゼミナールの夏期合宿 104

5限目 人生を経済学で考える

①誕生前の保険 106
②待機児童を減らすためには 108
③お受験の目的 110
④賃金の男女差別 112

⑤責任ある投票行動 114
⑥定額給付金の経済効果 116
⑦格差拡大の真因 118
⑧得する世代と損する世代 120
COLUMN（ダブル・コア履修学生インタビュー）未知の世界に積極的に挑戦！ 122
COLUMN（ダブル・コア履修学生インタビュー）「商学部ゼミナール協議会」にもチャレンジ！ 124
学生の研究論文集と懸賞論文集 126

6限目 都市の交通を考えよう！

①混雑する街、汚れる空気 128
②道路混雑と大気汚染を減らすために 130
③「混雑料金」とは何か 132
④公共交通を便利で快適にする 134
⑤「自動車社会」アメリカでは 136
⑥ストラスブールの衝撃 138
⑦鉄道の混雑は、いま 140
⑧鉄道の混雑は減らせる 142
COLUMN（ダブル・コア履修学生インタビュー）「負けたくない」と思える仲間がいっぱい！ 144

COLUMN （ダブル・コア履修学生インタビュー）講義科目とは違うゼミの楽しさ 146
学生による模擬ベンチャー企業の取組み 148

7限目 会計がわかれば世の中がわかる

① 会計・簿記は万国共通語 150
② 損益計算書は成績表 ～百貨店グループと「ユニクロ」、もうける力くらべ～ 152
③ 貸借対照表から財産がわかる！ ～東京ディズニーランドの財産がひとめで～ 154
④ 簡単さに注目、キャッシュフロー計算書 156
⑤ 会社まるごとハウマッチ 158
⑥ 算数とはちがうの？ ～ホントの原価の計算～ 160
⑦ なぜ公認会計士は人気があるの？ 162
⑧ 税理士、国税専門官など税金についての仕事は、いつでも有望 164
COLUMN （公認会計士を目指す学生インタビュー）1人では限界がある受験勉強を乗り切る 166
COLUMN （公認会計士を目指す学生インタビュー）受験勉強へのモチベーションを維持するために 168
学生によるフィールドワーク 170

8限目 企業経営にＩＣＴ（情報通信技術）を活かす

① コンピュータ技術とは ～計算をするための技術と企業経営～ 172

◇2 ヒト・モノ・カネのその次は ～情報という経営資源～ 174
◇3 企業情報システムの失敗 ～MIS、DSS、SIS～ 176
◇4 情報システムがなければはじまらない ～ICTを組み込んだビジネスプロセス設計～ 178
◇5 つながることは良いことだ ～インターネットを利用したビジネスの展開～ 180
◇6 技術だけでは上手くいかない ～企業の組織、人的資源と情報システム～ 182
◇7 知識を創り、知識を活かす ～組織的知識創造と管理～ 184
◇8 社会を繁栄させる企業情報システム ～情報システムに関する企業の社会責任～ 186
COLUMN （ダブル・コア履修学生インタビュー）「気づく力」と「考える力」 188
COLUMN （ダブル・コア履修学生インタビュー）人よりも倍の挑戦フィールド 190
学生による空き店舗経営 192

9限目 新しいもの・独自のものを世界に送り出そう！

◇1 マーケティングとは一言でいえばどういうことか？ 194
◇2 クリエイティブ・マーケティングの時代がやってきた 196
◇3 新製品はどのように普及していくのか？ 198
◇4 誰が新製品普及の担い手となるのか？ 200
◇5 消費者の「個」を重視するセグメンテーション戦略 202
◇6 クリエイティブなメディア戦略が成功の鍵を握る 204

⑦ クチコミを制する者が市場を制する 206
⑧ クリエイティブなライフスタイルを志向する消費者たち 208
COLUMN (ダブル・コア履修学生インタビュー)「ゆかし」の気持ち 210
COLUMN (ダブル・コア履修学生インタビュー)「ダブル・コアは大変そう」とよく耳にするけど 212
明治大学(商学部)沿革 214

第2章 Study abroad 商学と留学 ～留学体験記と海外協定校からのメッセージ～

オレゴン大学(アメリカ)留学体験記 216
海外協定校からのメッセージ カーディフ大学カーディフビジネススクール 218
アモイ大学(中国)留学体験記 220
海外協定校からのメッセージ パリ商業高等大学 222
ブレーメン経済工科大学(ドイツ)留学体験記 224
海外協定校からのメッセージ ブレーメン経済工科大学 226
レンヌ商科大学(フランス)留学体験記 228
海外協定校からのメッセージ レンヌ商科大学 230
ヨーク大学(カナダ)留学体験記 232

商学のフロンティアを拓く　234

第3章　私にとっての商学部　～卒業生からのメッセージ～

卒業生からのメッセージ　「売場作り」の工夫こそ、商学部で学んだマーケティング　236
卒業生からのメッセージ　国際社会で活躍するために　238
卒業生からのメッセージ　「次に繋がる」４年間　240
卒業生からのメッセージ　商学部の魅力と可能性　242
卒業生からのメッセージ　企業の仕組み、世の中の仕組みを学ぶ商学　244
卒業生からのメッセージ　「即戦力となる知識」を得ることができる商学部　246

あとがき　～21世紀の商学部教育を考える～　249

◆イラスト（カバー・本文）　大竹　美佳

最高の商学を学びたい皆さんへ

商学部の教育目標は「豊かな教養と商学に関する深い専門知識を兼ね備え、広く国際社会で活躍できるビジネスパーソンを育成すること」にあります。

教員と学生が一体となって、教育研究の成果を世界に広く発信していきたいと思います。

第1章

商学の講義いろいろ

商学部の7コース制

■1・2年次には基礎的な学習を広く行う。
■3年生になると、7コースから1つを選択して、自分の勉強したい専門分野を深く学習することができる。

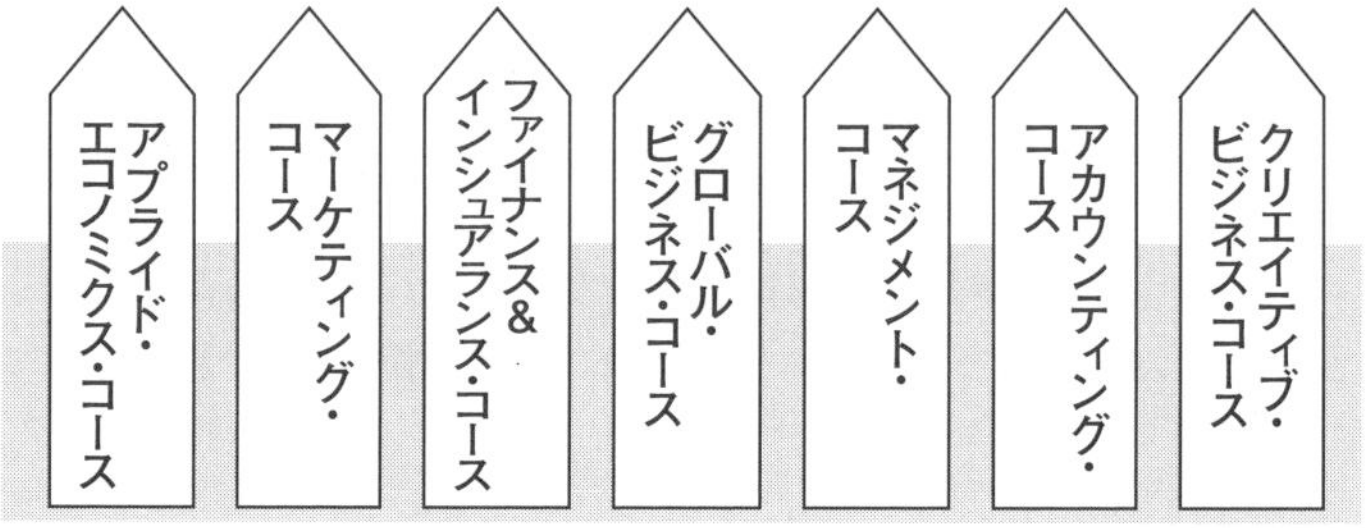
アプライド・エコノミクス・コース
マーケティング・コース
ファイナンス&インシュアランス・コース
グローバル・ビジネス・コース
マネジメント・コース
アカウンティング・コース
クリエイティブ・ビジネス・コース

（注：上記コースは明治大学商学部の事例です。）

商学部のカリキュラム全体像

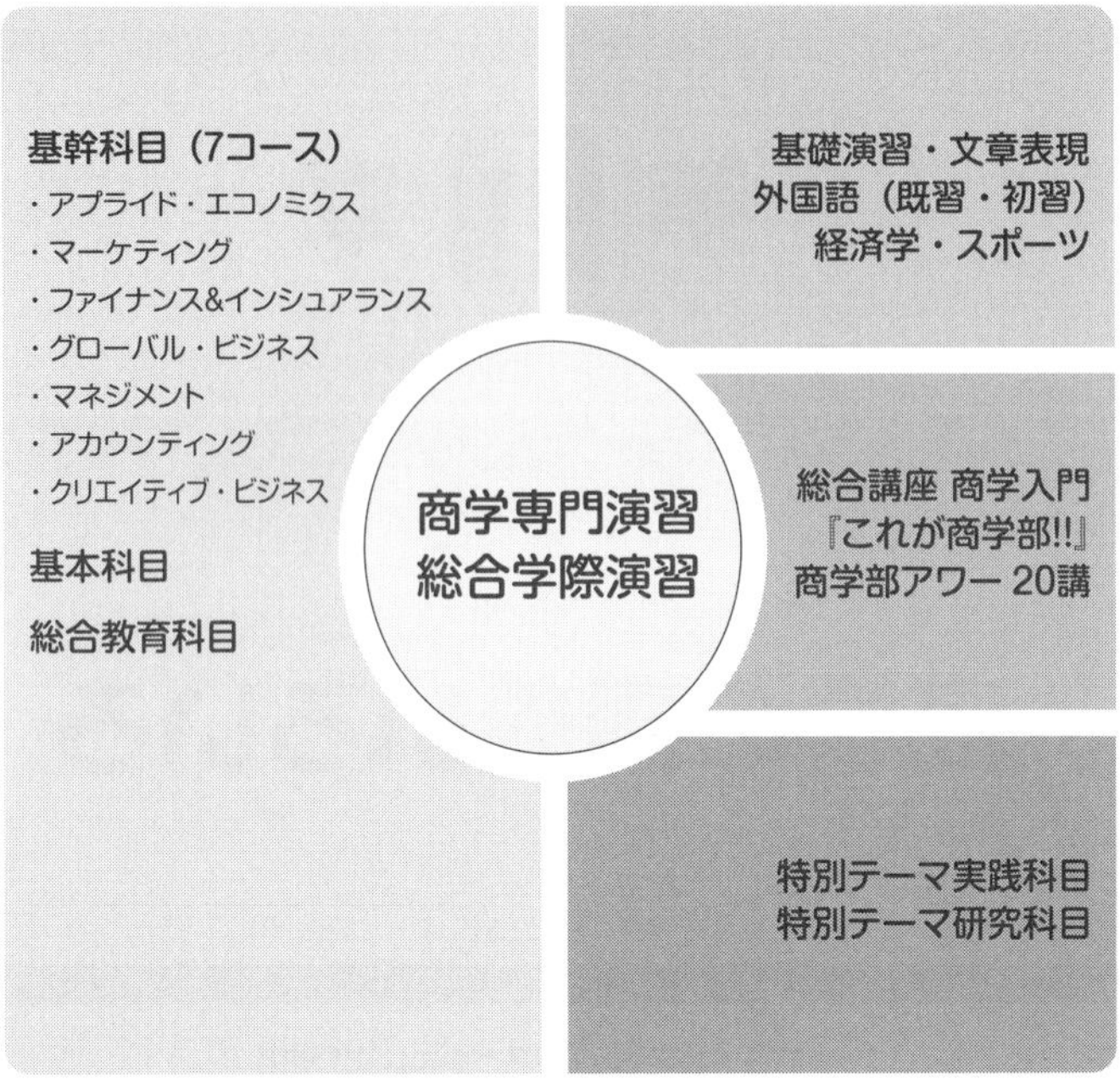
基幹科目（7コース）
・アプライド・エコノミクス
・マーケティング
・ファイナンス&インシュアランス
・グローバル・ビジネス
・マネジメント
・アカウンティング
・クリエイティブ・ビジネス
基本科目
総合教育科目
基礎演習・文章表現
外国語（既習・初習）
経済学・スポーツ
商学専門演習
総合学際演習
総合講座 商学入門
『これが商学部!!』
商学部アワー 20講
特別テーマ実践科目
特別テーマ研究科目

1. 初年次教育プログラムのパッケージ化

（1）少人数の導入教育：基礎演習、文章表現

（2）修学指導：総合講座 商学入門、商学部アワー、『これが商学部!!』

（3）学び導入プログラム、読書案内「知の森へ」

2. 1・2年次必修科目の教育目標

（1）外国語（既習・初習）：発展外国語、留学、外書・専門外国語科目への展開

（2）経済学：基本科目、基幹科目、演習科目、特別テーマ科目の基礎科目

3. 講義科目（教養と専門）の編成

（1）総合教育科目：専門の枠を超えて、現代社会で求められている教養教育科目

（2）基本科目：3・4年次の、専門および専門基礎教育への導入科目

（3）基幹科目：世界標準の専門教育科目（商学部7コース制の基軸）

4. ダブル・コアに基づくゼミナール教育：教養を備えた専門的な人材の育成

（1）商学専門演習：基本科目・基幹科目（7コース）担当教員のゼミナール

（2）総合学際演習：総合教育・語学・体育保健科目担当教員のゼミナール

5. ダブル・コアを補完・補強する特別テーマ実践科目と特別テーマ研究科目

（1）特別テーマ実践科目：実践的テーマをフィールドワーク中心に探究

（2）特別テーマ研究科目：現代的諸課題に対応する先端的研究を紹介

（注：上記カリキュラムは明治大学商学部の事例です。）

1限目

商業経営入門

①紙の流通
②顧客の購買意欲を高める手法 ～陳列～
③コンビニエンス・ストアの商品開発
④コンビニエンス・ストアの多様化
⑤専門店への途
⑥小売業者のマーチャンダイジング戦略
⑦商店街の自立
⑧インターネット・ビジネスの展開

商業経営論 ● **菊池 一夫** 先生
(マーケティング・コース)

1

紙の流通

㈱大塚紙店の本社は、埼玉県比企郡小川町に所在します。今回のインタビューは、台東区の支店にお伺いしました。

紙というと、新聞や本、コピー用紙、ノート、手さげ袋そして封筒など私たちの生活の隅々まで行きわたっています。紙はどのように製紙会社から流通しているのでしょうか。ノートのような上質紙だけでなく、封筒のようなクラフト紙や花を包む包装紙として活用されるロール紙など、多様な種類があります。今回は東京都台東区の紙の卸売業者（二次卸）の㈱大塚紙店（2009年9月9日大塚暁氏にインタビュー）にお伺いしました。

一般的に紙は、製紙会社→代理店→二次卸→需要家という順に流通する仕組みになっています（左の図）。国内の製紙会社は近年、グローバル競争の中で合併を行っています。それに伴い、製紙会社の代理店にも合併が起こっています。ここで二次卸の役割は代理店から紙を大きなロット（単位）で仕入れて小さなロットにして供給します。そして需要家は印刷会社、包装資材会社や小売業者などがあります。

大塚紙店は、他の二次卸があまり扱わないクラフト紙、ザラ紙やロール紙を取り揃え、また顧客の要望に応じて、紙を断裁したり、印刷加工を施したり、さらに紙袋加工をして袋をつくって納品しています。こうして差別化や付加価値を創出しています。また看板用に耐水に優れた紙を小分けで販売するオリジナルのプライベート・ブランド商品も開発しています。こうした創意工夫が競争をしていく中での商売の戦略、つまり商略なのです。

紙の流通のしくみ

●大塚暁氏と大塚紙店のプライベート・ブランド商品

●さまざまなサイズに断裁される紙

2

顧客の購買意欲を高める手法 ～陳列～

小売店を彩る陳列。陳列の方法で店舗の売上高や雰囲気は変わることがあります。実際、小売店はどのような点を意識して商品を陳列しているのでしょうか。今回は群馬県高崎市のＪＲ高崎駅にあるお花屋さんの㈲花のクボタを取り上げます（２００９年９月４日花のクボタ代表取締役　工藤恵氏にインタビュー）。たとえば同系色の花が2品目並んでいると、遠くから見た場合には区別しにくくなります。そのため異なる色の花を間に入れて各々の花を際立たせていきます。互いに補える色の関係を考えて商品を陳列することが大事なのです。また顧客の選びやすさを考えて同じ価格帯の商品をまとめて陳列します。つまり、陳列棚の高い方には高い価格の花を置き、低い棚には低価格のものを置きます。そして花をそのまま置くのではなく、その花の色に合うラッピングを施して商品に彩を与えていきます。さらに葉の緑色が光を吸うため、照度を高くして明るい店舗を演出します。このように〝顧客の視線の動き〟を考えて陳列を実施することがポイントなのです。

もう1つ大事なことはプロモーション・テーマです。たとえば秋の季節はオレンジ色を想起させます。そのため店舗をオレンジ色の装飾品で飾り、オレンジ色のＰＯＰ広告を利用し、黄色系の花にアクセントを持たせることで、顧客の需要を喚起していくのです。つまり、花のあるおしゃれな生活シーンのイメージを顧客に想像させる工夫が大事なのです。

●花のクボタの秋をイメージした陳列

●さまざまな色合いを調和させた花の陳列

●手に取りやすい花のラッピング

3 コンビニエンス・ストアの商品開発

便利さを売り物に私たちの生活に浸透してきた小売業がコンビニエンス・ストア（CVS）です。CVSでお弁当、おにぎりを買ったことがある人も多いと思います。さてCVSではどのようにお弁当を開発しているのでしょうか。お弁当は粗利益率の高い重要な商品です。今回はミニストップ㈱に焦点を当て、お弁当の商品開発の業務ステップをみていきましょう（2009年9月7日ミニストップ㈱商品本部　中山博之氏にインタビュー）。

ミニストップでは、お弁当の開発業務ステップは3パターンに分かれます。①リニューアル型は売上高が安定的な定番商品を部分的に改良するものです。たとえばハンバーグのソースを変更するといったものです。お弁当全体の大部分がこのパターンに該当します。しかし近年ではお弁当も競争が激化しているので、新パターンの開発を行っています。②プル型は顧客の意見を収集して、それを活かしてお弁当の開発を行っていくものです。お客の声を引くということからプル型といわれ、「男前弁当」といった大きなサイズのお弁当の開発がこれに当たります。さらに企業の経営資源の強みを活かして開発した弁当を市場に導入していくのが③プッシュ型です。具体的にはイオンリテール・オリジン東秀・ミニストップの三社共同企画の弁当がこれに当たります。ミニストップはイオングループの購買力による費用抑制や健康志向への取組みなどを活かしています。

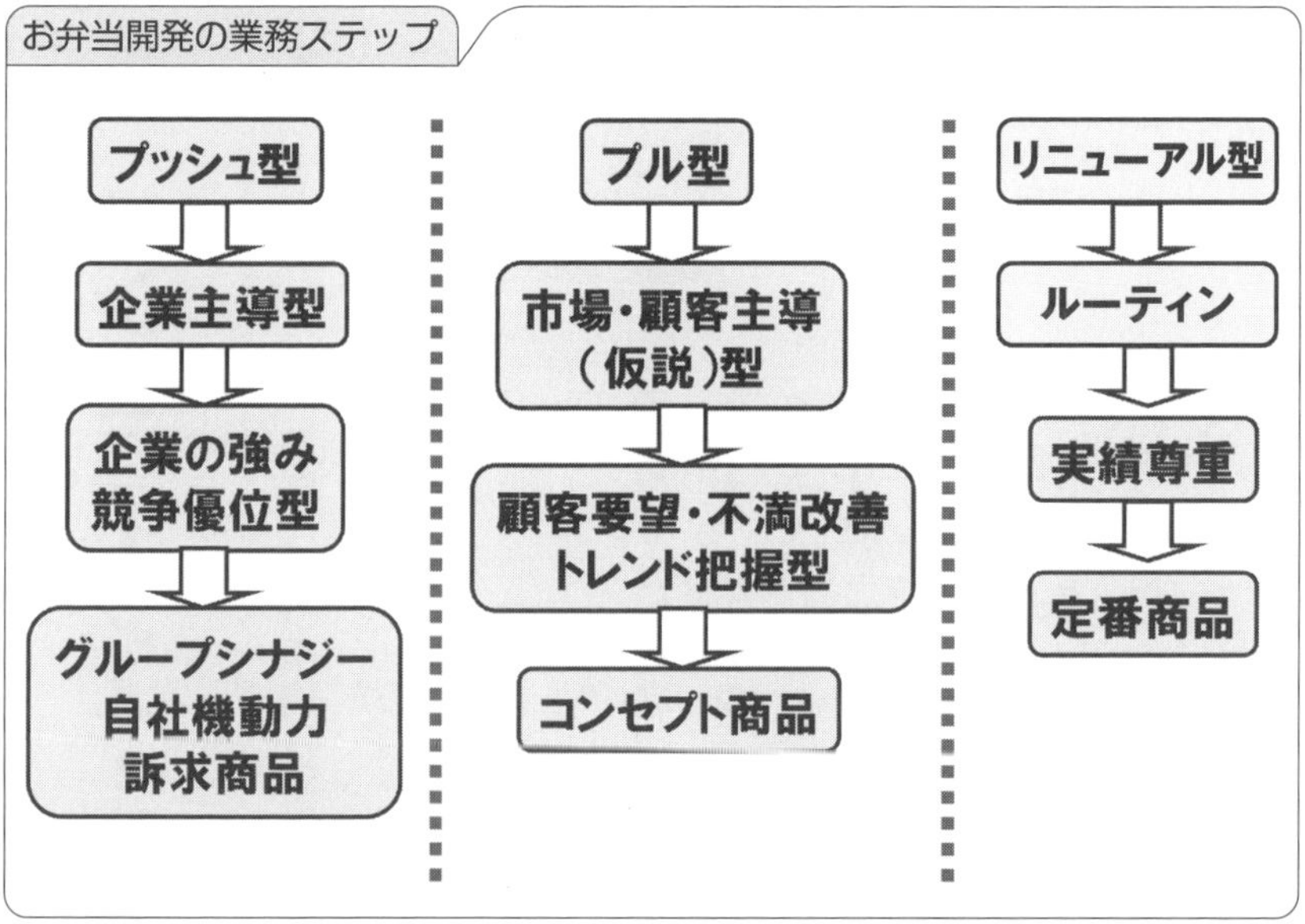

（資料提供：ミニストップ㈱商品本部　中山博之氏。）

●三社共同企画によるお弁当開発の様子

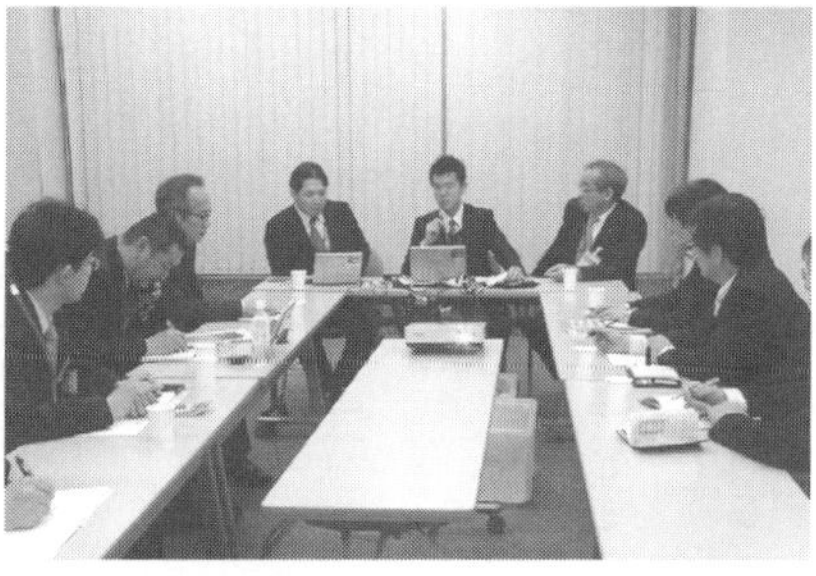

（資料提供：ミニストップ㈱商品本部　中山博之氏。）

4

コンビニエンス・ストアの多様化

今回のお話は、㈱ローソンの広報部様から2009年8月21日に頂いた電子メールでの回答を参考にしています。

近年、競争環境の激化や規制の緩和により、コンビニエンス・ストア（ＣＶＳ）自体も多様な店舗形態が現れています。今回はＣＶＳの多様化について、㈱ローソンを事例として取り上げます。

２００９年９月現在、㈱ローソンは従来のローソンだけでなく、ナチュラルローソン、ローソンストア１００及びローソンプラスを展開しています。ナチュラルローソンは、従来のＣＶＳにはなかった『美と健康（beauty and health）』をコンセプトにし、より多くの女性の利用を追求しています。またローソンストア１００は、これまでローソンの顧客層で十分に取り込めていなかった主婦層や中高年層を取り込むために生鮮のノウハウなどを蓄積しています。ローソンプラスは、「シニアに優しいコンビニ」というコンセプトのもと従来のローソンに地域の実情にあった品揃えを「プラス」し、展開しています。

さて地域の出店基準は顧客のニーズと購買力を鑑み、首都圏はローソン、ナチュラルローソン、ローソンストア１００を、地方はローソンプラスを中心に出店するというパターンになっています。さらに４つの形態は相互のノウハウを活用しており、たとえばナチュラルローソンの健康志向でカロリーの低い弁当をローソンに取り入れるなど知識を移転して相乗効果を発揮しています。

1コ
¥100

㈱ローソンの店舗形態とその関係図

さまざまなタイプのローソンをご紹介します
そのマチ、その地域のニーズに合わせた形の店舗を展開することで、
あらゆるお客さまにとっての「マチのほっとステーション」を目指しています。
LAWSON PLUS
ローソンプラス
地域のニーズに合わせた商品・サービスをプラスした店舗。今後は中・高齢者の女性のニーズに応えていくために、生鮮・日配食品など「ローソンストア100」フォーマットより導入していきます。
改装
フォーマット
生鮮食品の
ノウハウ
バリュー
ライン
ローソンストア100
105円(税込み)という価格帯を中心とした店舗。今後、主婦層や中高年層を対象に生鮮・日配食品に加え、小分け販売、プライベートブランド「バリューライン」シリーズの商品の開発を強化していきます。
LAWSON
ローソン
20〜30代男性が主力のターゲットであるローソンは、今後、女性をターゲットとするナチュラルローソンや「ローソンストア100」のノウハウを活かして、ブランド力を強化していきます。
ナチュラルローソン
美しく健康で、快適なライフスタイルをサポートする店舗。ヘルシー志向の女性を対象にオフィス街や住宅街に出店。カロリー控えめな惣菜やお弁当、オーガニック食材や天然原料の洗剤・化粧品などを取り揃えています。
NATURAL LAWSON
健康志向
オリジナル商品
SHOP 99
SHOP 99
生鮮コンビニのパイオニアである(株)九九プラスと「ローソンストア100」との連携により、それぞれのノウハウを活かした店舗展開・業務フローを展開しています。

（資料提供：㈱ローソン広報部。）

5

専門店への途

近年、一般小売店の淘汰が競争や規制緩和等の環境変化によって進む中で、「一般小売店は専門店化せよ」ということが主張されています。しかし、このような主張がなされるものの、どちらかといえば一般小売店はこれまでの商売のやり方を踏襲することで、スーパーマーケットなどの低価格攻勢に押されているといえるでしょう。ここでは専門店化に成功した東京都町田市の酒販店「㈲酒舗まさるや」の事例を取り上げ、専門店の要件を考えてみましょう（2009年8月21日まさるや社長　園部松男氏にインタビュー）。

まさるやは売場面積でわずか14坪ですが、壁面を上手く活用した圧倒的な陳列によって1800品目ものお酒、主に日本酒と焼酎等を扱っています。日本酒と焼酎は希少性のある付加価値の高い商品を取り扱い、とりやすい陳列、価格表示を心がけています。また店舗での販売、接客を重視してお客とのコミュニケーションを重視しています。他方で希少性の高い日本酒や焼酎を取り扱うためには蔵元との信頼関係を重視し、頻繁に蔵元を回っています。そして明治記念館を借りてイベントを開催しています。このイベントは「酒人好の会（しゅじんこうのかい）」と呼ばれ、1回に350人程度が日本全国から集まり、日本酒や焼酎の愛好家と蔵元が出会う場で、20回継続するまさるやの手作りの企画です。本事例から考えてみたときに、専門店への途の1つのヒントを見出すことができるでしょう。

●園部松男氏とまさるやの店内

●まさるやの店内のお酒の陳列

6 小売業者のマーチャンダイジング戦略

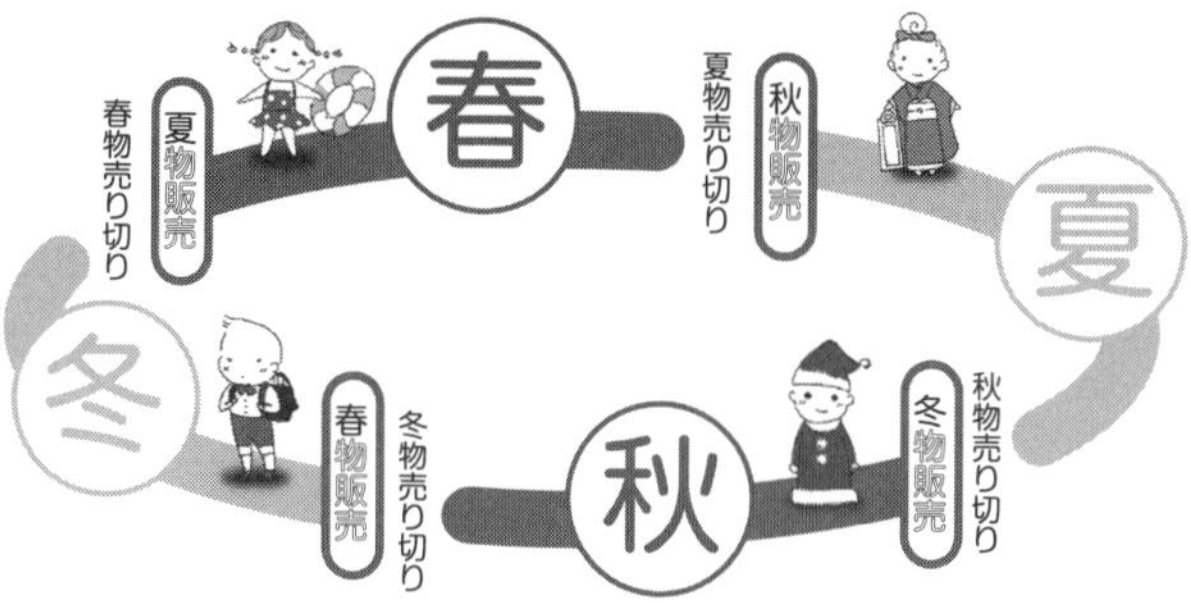

小売業者のマーチャンダイジング戦略は顧客に適正な商品を提供するために必要な商略です。今回は小売業者のマーチャンダイジング戦略を専門店の事例から考えていきましょう。事例は千葉県鎌ヶ谷市にあるベビー子供服・総合育児用品の専門店である「AKACHANYA」を取り上げます（2009年8月31日同社代表取締役　尾方清喜氏にインタビュー）。

近年の少子化、小売店の大型化、低価格競争の激化により、子供服の市場の様相は大きく変化しています。同社のマーチャンダイジング戦略は、百貨店や量販店よりも数ヶ月から半年も先行して流行商品の豊富な品揃えを形成し、他店が商品を販売するピークにはその商品を売り切ってしまうという独自の「前倒し商法」を実施しています。たとえば、夏物は1月から仕入れを始め、4月か5月には売り切ってしまう手法であり、もし商品が売れ残った場合には量販店はまだバーゲンに入っていないので修正できます。顧客の安心感が大事であるため、日本製ブランド品をいち早く店頭に置き、手ごろな価格で提供し、利益の出ない価格競争からの回避を図っています。また節句、入学、七五三やクリスマスなどの行事や進物に対応するため、他店よりも商品のラインで深い品揃えを行っています。つまり、品揃えを時間的に先行することで競争相手との差別化を行っているのです。

●AKACHANYAの店内　ぶどう狩りをイメージさせる陳列

●AKACHANYAの店内　子供服の品揃えとPOP広告

7

商店街の自立

全国商店街振興組合連合会による『平成18年度商店街実態調査報告書』（2007年3月）では、景況感に関して商店街の7割は衰退ないし停滞の状況にあります（左の図）。今後の高齢化社会では商店街は買物の場だけでなくコミュニティとしての機能が求められ、こうした活動には自主財源を必要とします。こうした取組みをする事例を取り上げましょう（2009年10月2日　㈱まちづくり松山　森忠士氏にインタビュー）。

愛媛県松山市には大街道、銀天街という県を代表する商店街（松山中央商店街）があります。そこでは市民団体と連携して商店街のパトロールや落書き消しの活動を行い、地域と商店街の関係は強化されました。しかしこうした事業への市からの助成期間は3年であり、事業継続のための自主財源の確保が必要になりました。そのためアーケードの街路空間を活用した情報発信を収益事業化するために商店街と松山市との間で検討され、商店街振興組合を発展させる形で2005年に「株式会社まちづくり松山」が設立されました。松山市が公道での広告表示に関する規制緩和を行い、同社との商店街アーケード内の道路管理、屋外広告物協定を締結しました。これによりアーケード内の市道の道路空間を活用して大型ビジョンやプラズマディスプレイによる映像配信、看板、ポスターなどの広告事業などの収益事業を行い、その収益をまちづくり活動に還元できるようになったのです。

●大街道の広告（資料提供：㈱まちづくり松山。）

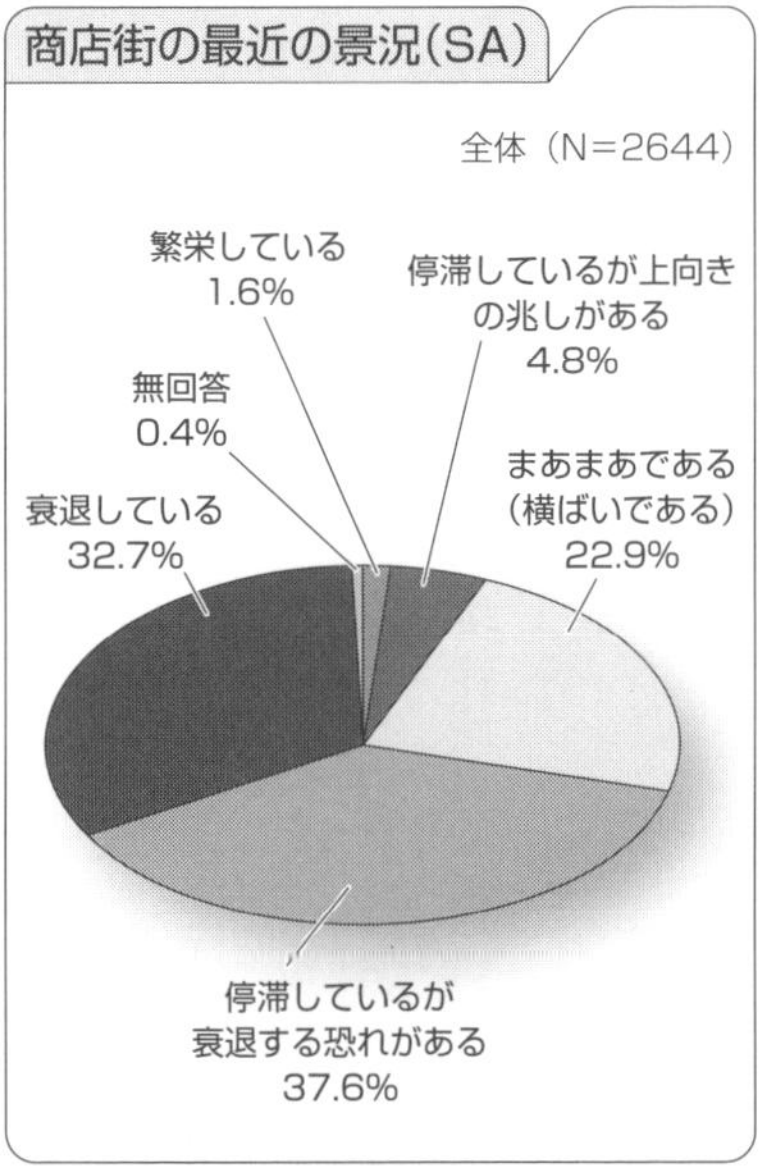

（資料：全国商店街振興組合連合会「平成18年度商店街実態調査報告書」2007年3月。）

●銀天街のアーケードのプラズマディスプレイ

8

インターネット・ビジネスの展開

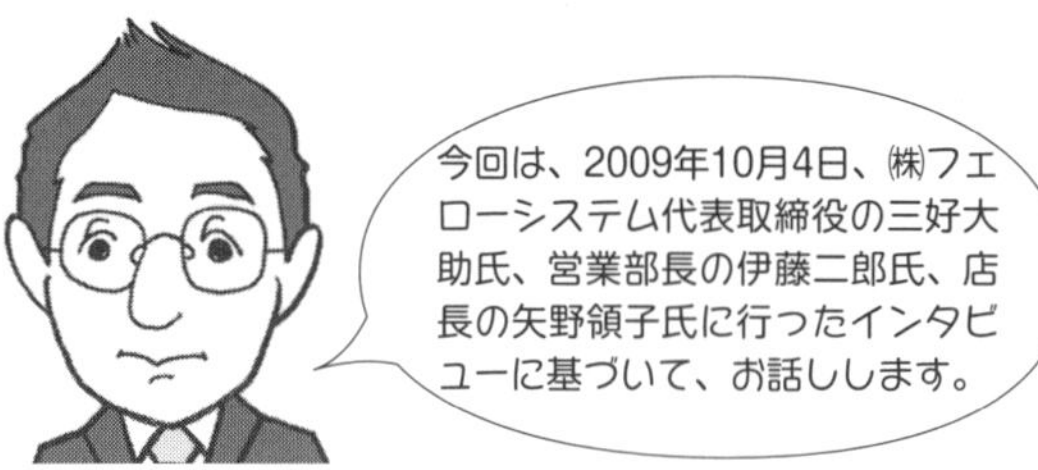
今回は、2009年10月4日、㈱フェローシステム代表取締役の三好大助氏、営業部長の伊藤二郎氏、店長の矢野領子氏に行ったインタビューに基づいて、お話しします。

インターネットが普及するにつれて、ビジネスに適用した事例は数多くあります。今回は地域活性化を目標として地方企業によるインターネット販売を支援する、愛媛県松山市の㈱フェローシステムを取り上げます。

同社は地域型ショッピング・モール『松山特撰市場』を運営し、愛媛県産品をつくる生産者が出品し、全国にネット販売する支援を行っています。たとえば、消費者から注文が『松山特撰市場』経由で入ると注文はサイトからサイト管理者（店長）と生産者に通知されます。生産者からの発送回答が行われて、運送業者に出荷依頼の連絡と処理が行われ、運送業者が生産者に集荷し、注文した消費者に商品が配送されます（左の図）。このプロセスはほぼ自動化されています。また決済も銀行振り込み、クレジットカード、代引きといった選択肢を消費者に提供し、決済上の安全性を確保する工夫をしています。このように生産者と消費者の間に入って、重要な役割を担うのが同社の店長です。店長はホームページの作成と更新、物流と決済の管理、顧客を対象にしたメールマガジンの配信、キャンペーンやイベントの企画などを行っていきます。こうした市場への働きかけと創意工夫を常時行うことが、時空間の制約を越えて需要と供給をバーチャルな空間でマッチングさせる際の重要なポイントなのです。

受注から発送までの流れ

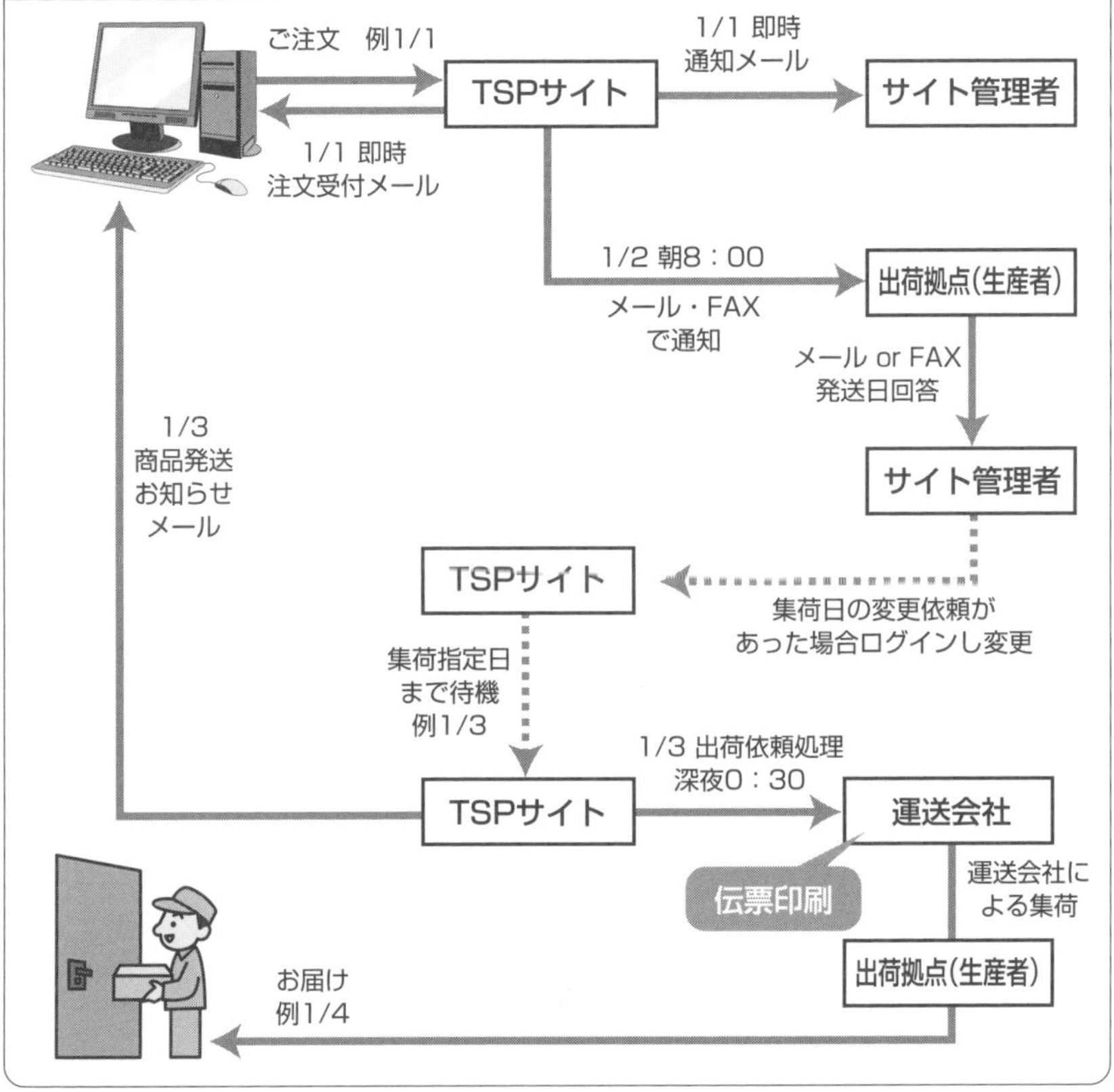

ご注文　例1/1
TSPサイト
1/1 即時
通知メール
サイト管理者
1/1 即時
注文受付メール
1/2 朝8：00
メール・FAX
で通知
出荷拠点(生産者)
メール or FAX
発送日回答
サイト管理者
集荷日の変更依頼が
あった場合ログインし変更
TSPサイト
集荷指定日
まで待機
例1/3
1/3
商品発送
お知らせ
メール
TSPサイト
1/3 出荷依頼処理
深夜0：30
運送会社
伝票印刷
運送会社に
よる集荷
出荷拠点(生産者)
お届け
例1/4

（資料提供：㈱フェローシステム。）

●社内での矢野店長の仕事の様子

「とりあえず」
から始める
ネットショップ

●㈱フェローシステム代表取締役の三好大助氏、店長の矢野領子氏、営業部長の伊藤二郎氏（右から）

COLUMN

2倍の苦労で達成感も倍増！

～ダブル・コア履修学生インタビュー

▼大久保 真奈（4年）

〔所属ゼミナール〕総合学際演習・森永由紀ゼミナール
商学専門演習・井上崇通ゼミナール

〔卒業後の進路〕アパレル資材商社（就職内定）

私はマーケティングゼミナール（以下、ゼミナールをゼミという。）と環境ゼミの2つに所属しています。マーケティングゼミでは企業のマーケティング戦略を勉強したり、毎年グループで論文を書いたりしています。私の論文のテーマはアウトレットモールについてです。2年生のときに大型商業施設の誕生と発展について論文を書いたので、それを基礎にしながら次の論文も作成しました。授業で学んだマーケティング知識を生かして、身近なテーマで調べてみたかったので、興味のあるアウトレットをテーマにしたのです。

もう1つの環境ゼミでは、「エコ商プロジェクト」という環境プロジェクトを立ち上げ、「明大マート」でのレジ袋削減やエコバックの配布などの活動をしてきました。商学部からエコしようという活動で、学生の環境意識を高めようというのが狙いです。レジ袋削減の活動では学生への事前アンケートを行って意見を取り入れたり、ポスターを作成して活動を周知するなど努力しました。その結果、削減に成功し、エコバックを作って新入生に配布することもできたのです。

2つのゼミでの活動は全く違うものでしたが、どちらも充実した活動だったと

思います。ゼミに2つ所属するということは、それだけ課題や活動も2倍に増えるということです。私はいままでに論文の締め切りと、プロジェクトの忙しい時期が重なってしまい大変な思いをしたことがありました。宿題や課題が人よりも多くなることが辛いと感じたこともありました。しかし、大変なことも2倍に増えますが、その分達成感は2倍、さらにゼミで出会えた友だちも2倍に増えるのです。たとえばゼミ仲間で旅行に行ったり、飲み会を開いたり……そんな楽しい行事も2倍に増えて、大学生活が2倍楽しくなりました。2つを両立させることは大変ではありますが、とても意義のあることだと思います。もともと私は環境に興味があったので、専攻のマーケティングと同時に興味のある分野を勉強できるのはとても魅力的でした。マーケティングと環境では全く違う分野の勉強だと思っていましたが、実際にはどちらにも通じる部分があり、2つを勉強したおかげで考え方の幅が広がってよかったなと感じております。辛いことなど忘れられるくらいダブル・コアを履修してよかったなと思います。私の大学生活がより充実したものになったのは、ダブル・コアで2倍の苦労と達成感を味わい、そして2倍の友だちができ、2倍の思い出ができたからだと思います。欲張りな私は1つのゼミで1つの分野を勉強するのでは物足りない、もったいないと思いダブル・コアを利用しました。この選択は間違ってはいなかったと思います。2つのゼミから学んだこと、それは私の大学生活において1番の財産となりました。

COLUMN

論理的思考力・行動力の習得から実践へ
～ダブル・コア履修学生インタビュー

▼茶園 唯（4年）

〔所属ゼミナール〕総合学際演習・福田逸ゼミナール
商学専門演習・竹村正明ゼミナール
〔卒業後の進路〕日本マクドナルドホールディングス㈱（就職内定）

私は実践的にマーケティングを学びたかったため、よりビジネスの実践に直結している商学専門演習の竹村ゼミを選びました。その一方で、言葉というものに強い興味があったので、総合学際演習は、現代劇の翻訳を通じて言葉を研究する福田逸ゼミを選択しました。

ゼミの研究テーマは、前者がマーケティング、後者が英語と演劇です。

商学専門演習での活動は、主に『ケース』、『マーケティングゲーム』、『ディプロマシーゲーム』、『商品開発イベントへの参加』の4つです。授業はとくに、ケースを中心に進められました。ケースとは、1つの企業について書かれた資料を読み込み、その企業が今後どう進むべきかについて議論することで、企業の経営活動やマーケティング活動を疑似体験するというものです。

このゼミでは、とにかく「なぜ?」を考えることが求められました。

ケース分析を行うには、企業の抱える問題を見つけ出し、「なぜそんな問題が起こっているのか」、「どうすればその問題が解決するのか」、「なぜその方法で問題が解決するのか」といった問いを考えます。さらに重要なことは、私たちが考えつくような解決策はたいていビジネスの実践では考えられそうなものだということです。したがいまして、そこからさらに「なぜその程度の解決策が実行できない

のか」ということを考えます。なぜ、なぜ、なぜ、という問いが繰り返され、論理的思考力が身につきました。

また、ケーススタディに備えて、足を使って企業のことを調べる、サブゼミを頻繁に行って議論を深めるなど、やるべきことが多く、課題の質も量も豊富でした。課題が大量でもやっつけ仕事にするのではなく、1つひとつを丁寧に期限通り行って、「きちんと」ゼミ活動を行うことで、高い行動力を身につけることができました。

総合学際演習では、英語で書かれた現代劇の脚本の翻訳を行いました。直訳ではない自然なセリフにしなければならないため、言葉について深く考えることが求められました。

このゼミは、商学専門演習で身につけた力の実践の場になりました。和訳を行ってみて不自然なところがあれば、「なぜ不自然なのか？」「どう訳したら自然になるのか？」を考えていたからです。また、長い脚本を訳すためには、やらなければならないことが多くあるのですが、そこでは行動力が生きました。このような活動を通じて、論理的思考力と行動力を更に磨くことができました。

商学専門演習においては、マーケティングについて学び、ビジネスに関するさまざまな知識を得ることができました。また、消費者ではなく企業の視点に立って物事を見てみることで、企業の行動原理を知ることもでき、とても良い勉強になりました。しかし、ゼミに入って最も良かったと思うことは、高い論理的思考力と行動力が得られたことです。

そのため、私は、商学専門演習に入ってその活動をしっかり行うことと、そこで得た力を実践する場を持つことをおすすめします。それはサークルやバイトでも可能ですし、総合学際演習も、良い実践の場になると思います。実際、就職活動でもそういった経験が活かせました。

ゼミの活動をきちんと行うこと、そして身につけた力の実践の場を持つこと、この2つを強く推奨します。

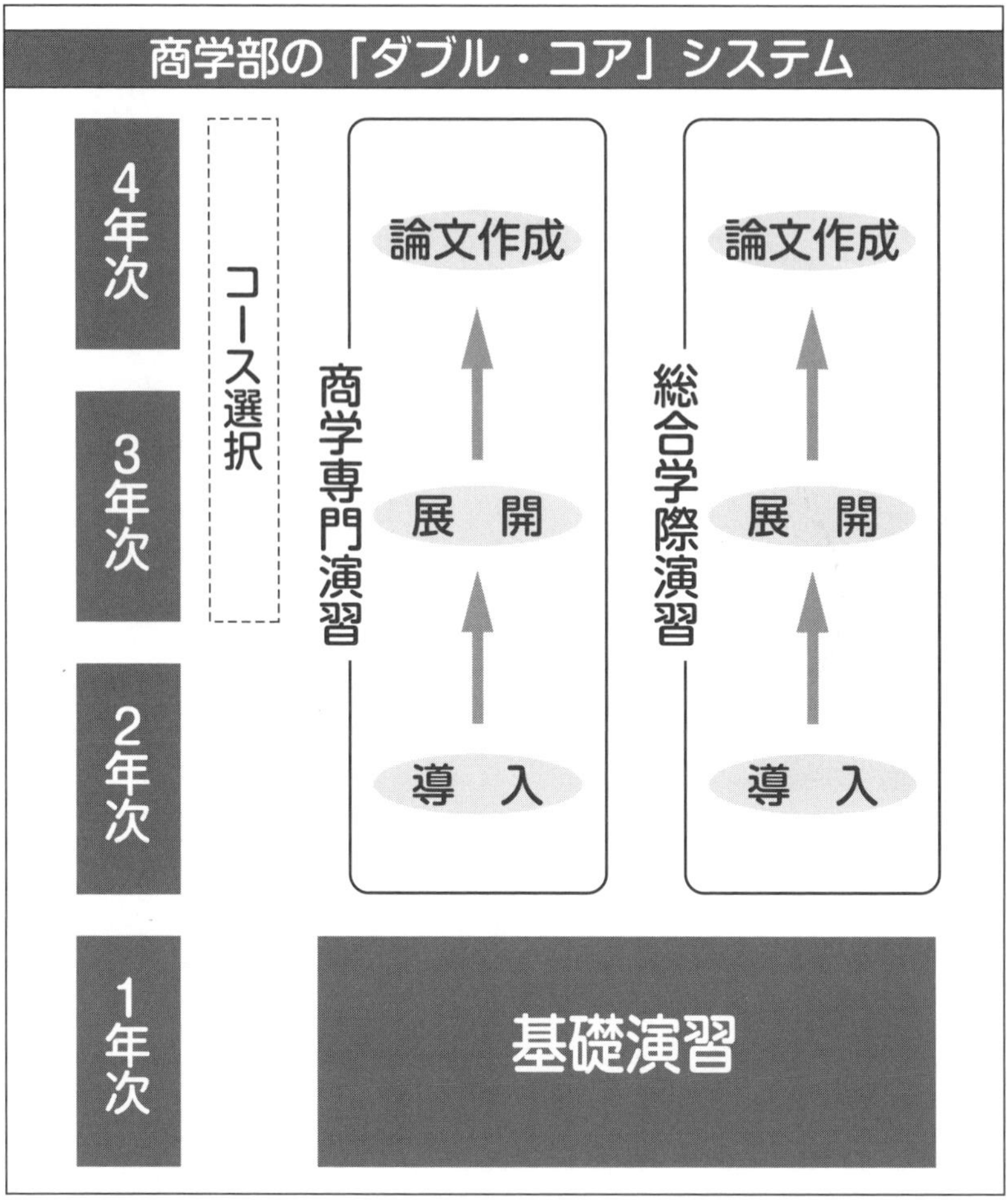
商学部の「ダブル・コア」システム
4年次
3年次
2年次
1年次
コース選択
商学専門演習
論文作成
展　開
導　入
総合学際演習
論文作成
展　開
導　入
基礎演習

（注：上記システムは明治大学商学部の事例です。）

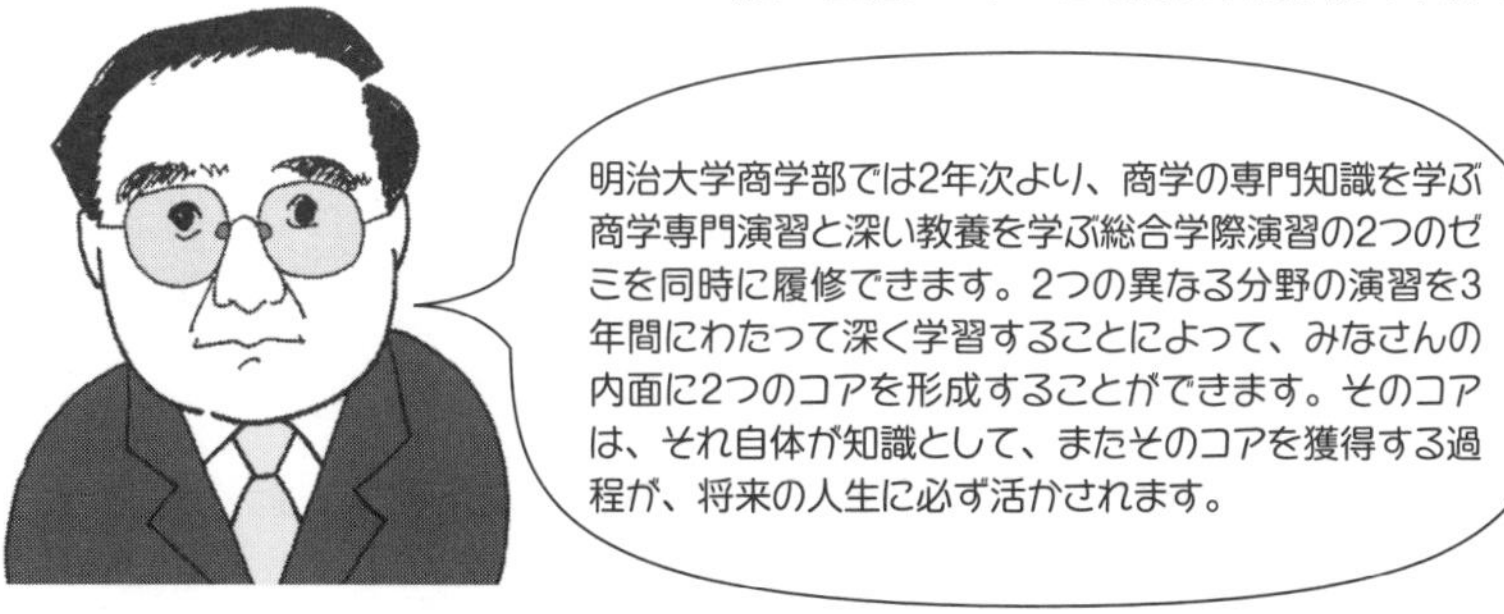
明治大学商学部では2年次より、商学の専門知識を学ぶ商学専門演習と深い教養を学ぶ総合学際演習の2つのゼミを同時に履修できます。2つの異なる分野の演習を3年間にわたって深く学習することによって、みなさんの内面に2つのコアを形成することができます。そのコアは、それ自体が知識として、またそのコアを獲得する過程が、将来の人生に必ず活かされます。

2限目

グローバル化する
ビジネス社会に目を向けよう!

① 国境を超えるヒト、モノ、カネ、情報
② 英語は国際ビジネスの共通語!
③ 異文化コミュニケーションとビジネス
④ 国際ビジネス交渉の難しさ
⑤ 日本と海外の契約書はどう違う?
⑥ 私たちの生活と貿易
⑦ 世界の消費者へのビジネス活動
⑧ 南北問題とは?

ビジネス英語 ● **山本 雄一郎** 先生
(グローバル・ビジネス・コース)

1

国境を超えるヒト、モノ、カネ、情報

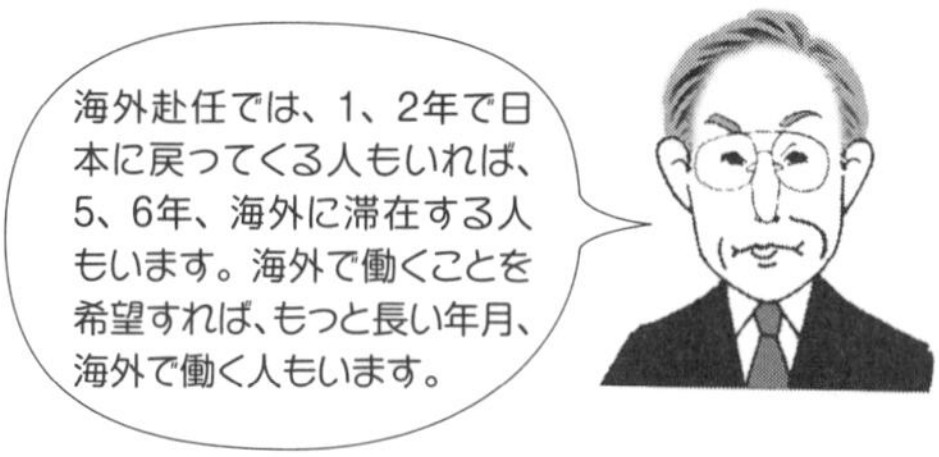
海外赴任では、1、2年で日本に戻ってくる人もいれば、5、6年、海外に滞在する人もいます。海外で働くことを希望すれば、もっと長い年月、海外で働く人もいます。

今日、ビジネスは国境を超えて行われています。そのため、企業にとって大切な資源、たとえば、ヒト、モノ、カネ、情報、技術、サービスはそれぞれの国において自分の国の中にとどまることなく、必要とされる海外の国々へ、国境を超えて高速に移動しています。

ヒトの場合、日本の企業の中で、海外に拠点を持っていれば、日本人の社員を海外に派遣しています。逆に、海外から日本の企業の本社に転勤している外国人の社員も増えてきました。このように他国で働くのは、日本に限らず、多くの国々で見られる動きです。

次に、モノはどうでしょう。自国で作り、でき上がった製品を自国で売るケースも当然ありますが、海外で作ったモノを本国に輸出して売ったり、海外で製品を作るために、本国から海外へ、必要な原材料や部品、機械、設備を輸出したりすることもあります。

カネも、製品を作ったり、原材料を買ったりするための移動が世界中で起きます。貿易の流れに伴ってカネの受け取り、支払いがあるのはもちろんですが、カネには、貿易以外の動きもあります。外国に預金をしたり、外国の企業の株式や外国の通貨、たとえばアメリカの通貨のドルを買ったりすると、カネは海外へ動いていきます。

情報も同じです。企業が必要としている情報は、自分たちの国にあるとも限りません。海外で得た情報を、国内で役立てていることも多いのです。

経済活動のグローバル化

企業の発展は
グローバルな観点から
考えるべきだ！
モノ
カネ
企業の海外進出
日本国内だけで
ビジネスを考える
時代ではないんだ!!
貿易・直接投資
技術
マーケティング・
生産・経営者のノウハウ
情報
情報
イッショニビジネスシマショウ
ヒト
海外出張
（海外転勤）
サービス
ボーダーレス

2

英語は国際ビジネスの共通語！

英語以外に、その国の言葉、たとえば、ドイツ語、フランス語、スペイン語、中国語を使えるのが理想的ですが、そうでなければ、まず、英語に習熟することが必要です。

ビジネスのグローバル化に伴い、外国語の能力がますます重要になってきました。言葉が使えないと、仕事上で困ったことが起きます。外国語で書かれてある資料を読むことができない、相手の外国人の言っていることがわからない、自分の考えを適確に相手に伝えることができないといったことになります。資料が読めなければ、誰かに翻訳してもらい、相手と直接、話ができなければ誰かに通訳してもらうこともできます。しかし、翻訳や通訳は時間がかかり、費用もかかります。場合によっては、正確な翻訳や通訳を期待できず、ビジネスにおいて重要なことを誤解し、相手に真意が伝わらないこともあるでしょう。

今日では、日本のビジネスパーソンが、他国の人々とビジネス上、最も多くコミュニケーションで使う外国語は、英語です。世界中の多くの人々の国際言語であるばかりではなく、国際ビジネスの社会では、英語が一番使われています。

日本の企業は、社員に対し、ある程度の英語力を期待しています。なかには、海外勤務の必要条件であったり、管理職となるための条件となっている場合もあります。企業は、日本語だけでなく、英語を使って国際ビジネスの仕事ができることを期待しており、国際化の進展が著しい今日においては、国際ビジネスの共通語としての英語が必要な存在となっています。

国際的ビジネス用語＝英語

3 異文化コミュニケーションとビジネス

日本でもコミュニケーション能力は、重要ですが、外国の人々とのコミュニケーションでは、さらに多くのことを考えて行う必要があります。

　コミュニケーション力は重要なものとして誰もが認識している今日ですが、グローバル化が進み、外国の人々とビジネスを進めていく上で、さまざまな人々と意思疎通ができることは大変重要になってきています。海外では、英語やその国々で使われる言語を使って自分の考えを伝えたり、相手の言うことや考えを理解する力が求められています。言葉を身につけるだけでも困難ですが、さらに相手の国の国民性、文化、生活習慣、価値観、マナー等の違いを理解することが大切です。理解だけではなく、それを踏まえて、ビジネスの世界でどういう点に気をつけ、どのように活用するかが重要になってきています。

　逆に、日本で常識や当たり前とされていることが、他の国々では必ずしもそうではないことがあります。日本人の、建前と本音、義理と人情、空気を読んで行動するなどの特徴は、国によっては理解が難しいとされることもあります。日本における常識は必ずしも、世界で単純に受け入れられるとも限りません。ビジネスでは、それらの他に、法律、商慣習、通貨、宗教、労働問題など多くの課題を認識し、仕事を進めることが大切です。

　ビジネスがグローバル化している以上、さまざまな問題をクリアーし、上手に、効率良く仕事をすることが国際ビジネスパーソンに求められます。それは大変苦労することでもあり、また、やりがいのあることでもあります。

〈日本人同士のコミュニケーション〉

日本の会社同士だと
商売はいろいろな
ことを考えないで
済むから楽だな!
お互いの信頼関係で
何とかなりそうだ。
考えていることは
相手も同じだ!
暗黙の了解
日本語で
通じる
信頼関係
が大切
日本
日本

〈日本人と外国人とのコミュニケーション〉

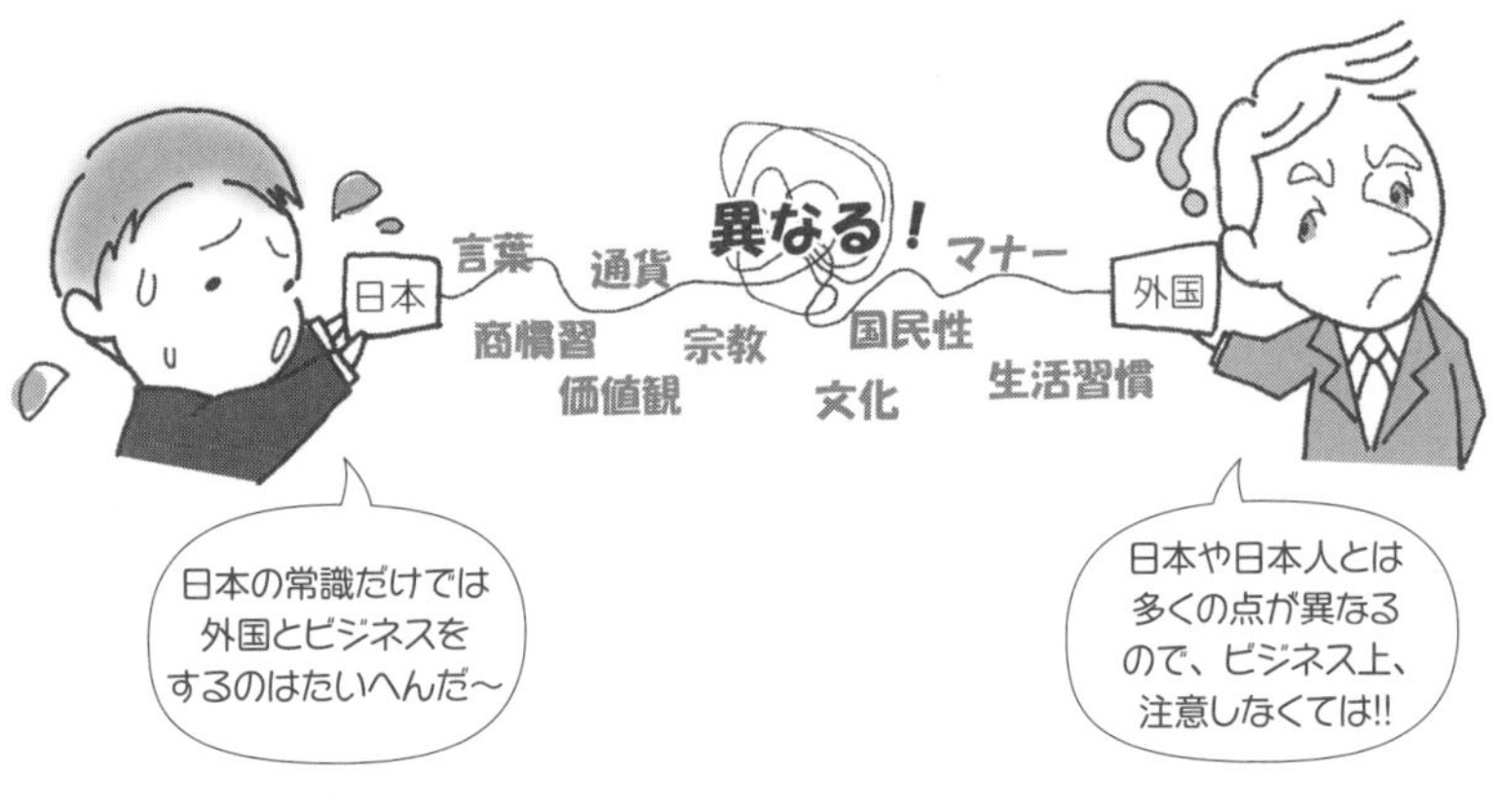

日本
言葉
通貨
異なる!
マナー
外国
商慣習
宗教
国民性
価値観
文化
生活習慣
日本の常識だけでは
外国とビジネスを
するのはたいへんだ〜
日本や日本人とは
多くの点が異なる
ので、ビジネス上、
注意しなくては!!

4

国際ビジネス交渉の難しさ

日本人のほとんどは、できれば、相手が気を悪くしないように、自分たちもあまり主張、要求をしないですむようにしたいと思っているのです。

ビジネスの世界では、国内であろうと、外国であろうと、商売をするためには、相手との何らかの交渉が必要です。交渉の目的は、自分たちにとって有利な内容、条件で取引をすることです。有利であることは、それだけ儲けが多くなることを意味します。この交渉について、国際ビジネスでは、日本側と外国側と大きな違いがあります。

日本人の交渉者は、一般的に相手と厳しくやり合うことを望みません。議論や駆け引きをしないで済む方が良いのです。一方、外国の、特にアメリカの交渉者は、自分たちの儲けを少しでも多くし、自分たちの義務や責任範囲を少なくするために議論や駆け引きを積極的に行います。彼らにとっては、それが当然であり、極めて自然なことなのです。

また、日本側の特徴としては、交渉に出ている人たちは、交渉についての決定権限がないことが多いようです。決定権限がないということは、交渉の相手に対してビジネス上の決断をできない訳ですから、相手の主張や要求を聞くことはできても、相手に対して何かを強く言うことが難しいことになります。そのため、交渉する立場は弱くなるでしょう。日本人、そして日本企業は交渉に弱いと言われるのは、このあたりにも原因があるといっていいでしょう。まして、英語を使って交渉することを考えると、日本側にとってハンディは多く、国際ビジネスは大変難しいものといえるでしょう。

相手の気持ちを考えて…
主張　要求

日本人同士の交渉

アメリカ人は早口でまくしたてるから怖い! もっと英語交渉術を勉強しなくては!
何かわかりあえないな
ビジネスはスピードだ!
質問が多いな。日本人は意思決定が遅いな。
イマ、ケツロンヲダシテクダサイ!
次から次へ要求が多いな
社に戻って上司に相談します。
日本人は話の中味がわかっているのか? 短期的に儲けないと…
自分ではYesもNoも言えない。上司に報告・連絡・相談しないと
駆け引き
主張
要求

日本人と外国人との交渉

5

日本と海外の契約書はどう違う？

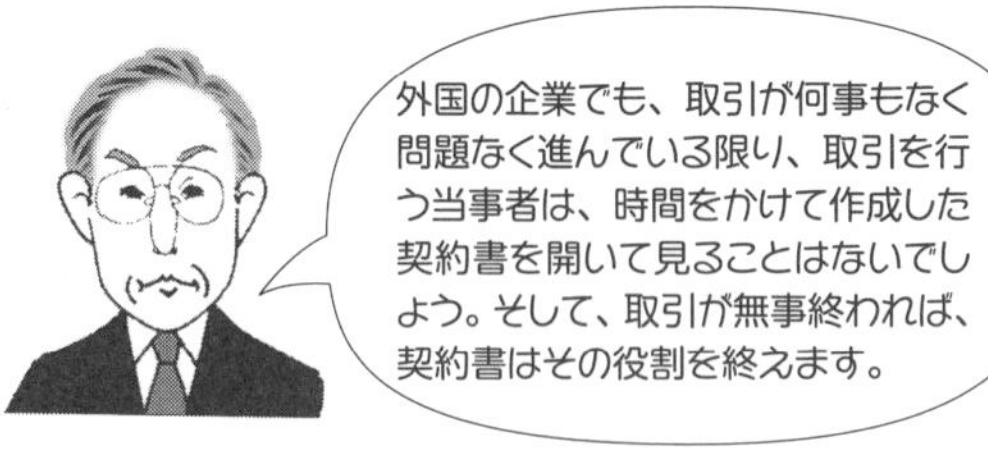
外国の企業でも、取引が何事もなく問題なく進んでいる限り、取引を行う当事者は、時間をかけて作成した契約書を開いて見ることはないでしょう。そして、取引が無事終われば、契約書はその役割を終えます。

ビジネスの世界では、取引を始める前に、契約を結びます。一般的に、契約とは、取引内容の他、当事者間の約束ごと、合意したことをペーパーにして、サインしたものです。契約を結ぶのは、日本国内でも外国でも同じです。ただし、日本と外国では、契約書について違いがあります。日本の企業同士や日本国内の契約であると、お互いの信頼関係が重要であり、契約書自体、いろいろ細かく、たくさんのことを契約書に盛り込むことは例外的です。一方、外国の企業は、少しでも有利な条件を求めて、ガンガン主張します。さらに、取引を始めてから悪いことが起こることを予想し、その1つひとつに対して、当事者の責任や負担を含め、権利や義務の内容を契約書に書きます。

日本の企業は、相手との人間関係や企業同士の信頼関係を大切にするのに対し、外国の企業は、ビジネス上のリスクに敏感であり、シビアに契約書の作成に取り組みます。

契約書を通して、外国企業のビジネスや契約に対する積極的な対応を垣間見ることができます。日本企業も、ビジネスにおける契約書の重要性を認識していますが、注意しなければならないことは、国際ビジネスの契約書が英語等の外国語で書かれてあること、難しい法律用語や法律表現が多いこと、もっと重要なことは、外国の企業の主張に動じないことなのです。

難しい法律用語や表現も
多くてよくわからない。
困ったなぁ…
日本に比べると項目が
多く、読むのも大変
Agreement
日本の企業同士の契約書であれば、将来、何かトラブルが起きたら、その時に話し合うという条項で全てをカバーできそうな…
欧米の企業は要求が多いから、日本の企業としても色々なことをちゃんと盛りこまないと、後でトラブルになるよ!

〈海外の契約書の特徴〉

◆契約書が外国語で書かれている。
◆悪いことが起こることを想定し、契約書を作成。
◆責任・負担を含め、権利・義務を、契約書において細かく明示している。
◆契約書の記載に、難しい法律用語、法律表現が多い。

6 私たちの生活と貿易

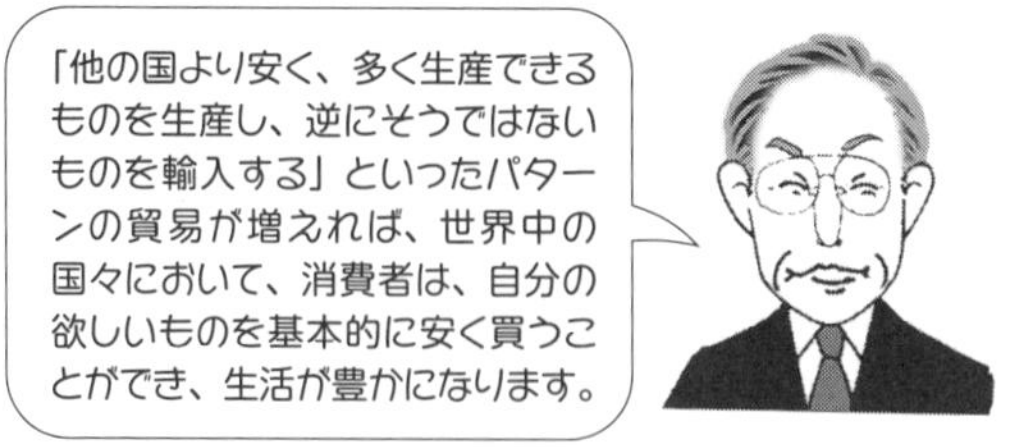
「他の国より安く、多く生産できるものを生産し、逆にそうではないものを輸入する」といったパターンの貿易が増えれば、世界中の国々において、消費者は、自分の欲しいものを基本的に安く買うことができ、生活が豊かになります。

貿易とは、商品・サービスの国家間の移動、取引をいいます。自分の国が、天候や資源に恵まれ生産が容易あるいは効率的なものを、他の国より安く、多く生産できるものを生産し、逆にそうではないものを輸入するのがお互いに経済的です。

日本は、1960年代から70年代、輸入した原材料を加工し、工業製品を輸出するパターンでしたが、その後、製品によっては、海外で日本よりもっと安く製品を作ることが可能となりました。そこで、日本の企業は海外に進出し、海外で製品を作った方が、コストがかからないという理由で、今では、多くの製品を海外で作っています。最近では、日本の企業が海外で生産し、でき上がった製品を輸入しているものも多くあります。日本は、比較優位のある分野において、さらに高度化を目指し製品を開発していくことが必要となるでしょう。

貿易の自由化の促進は、安い輸入品を国内の消費者が購入できることから望ましいといえます。しかしながら、貿易の自由化をさらに推し進めていくと、海外から安い輸入品が入る産業は、打撃を受けます。日本の代表的な例は、農業です。一方、農業については、食の安全への意識の高まりや高額でも国産品を選ぶ消費者は少なくありません。貿易の自由化と農業重視の両立をどのように考えて対応するかは日本にとって大切な問題です。

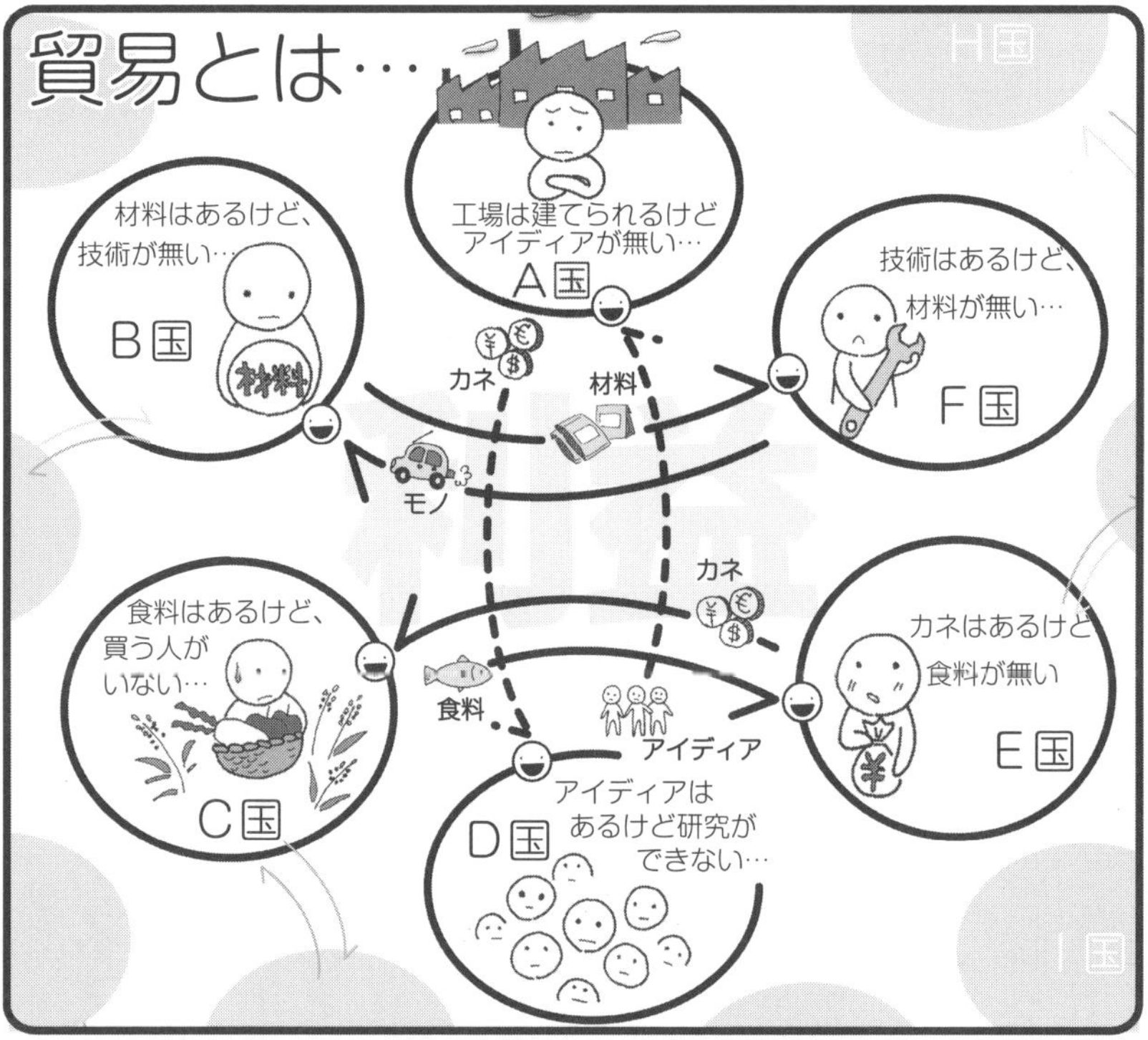
貿易とは…
工場は建てられるけど
アイディアが無い…
A国
材料はあるけど、
技術が無い…
B国
材料
技術はあるけど、
材料が無い…
F国
カネ
材料
モノ
カネ
食料はあるけど、
買う人が
いない…
C国
カネはあるけど
食料が無い
E国
食料
アイディア
アイディアは
あるけど研究が
できない…
D国
H国
I国

1970年代の主な流れ（加工貿易）

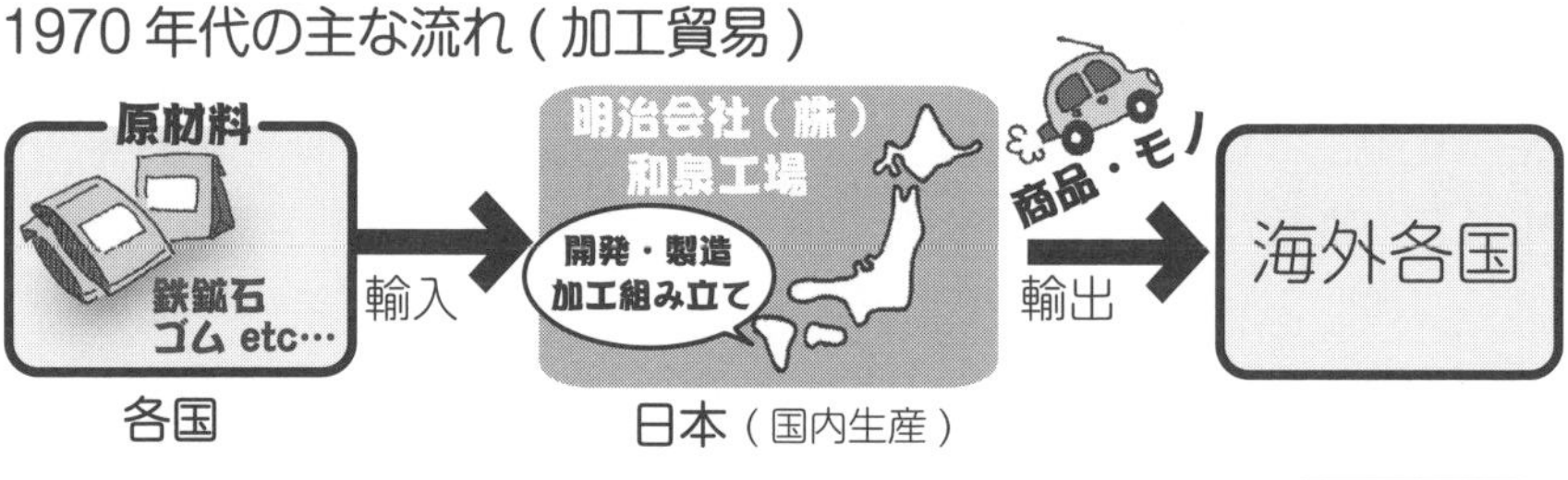
原材料
鉄鉱石
ゴム etc…
各国
輸入
明治会社（㈱）
和泉工場
開発・製造
加工組み立て
日本（国内生産）
商品・モノ
輸出
海外各国

1980年代以降の主な流れ（海外現地生産）

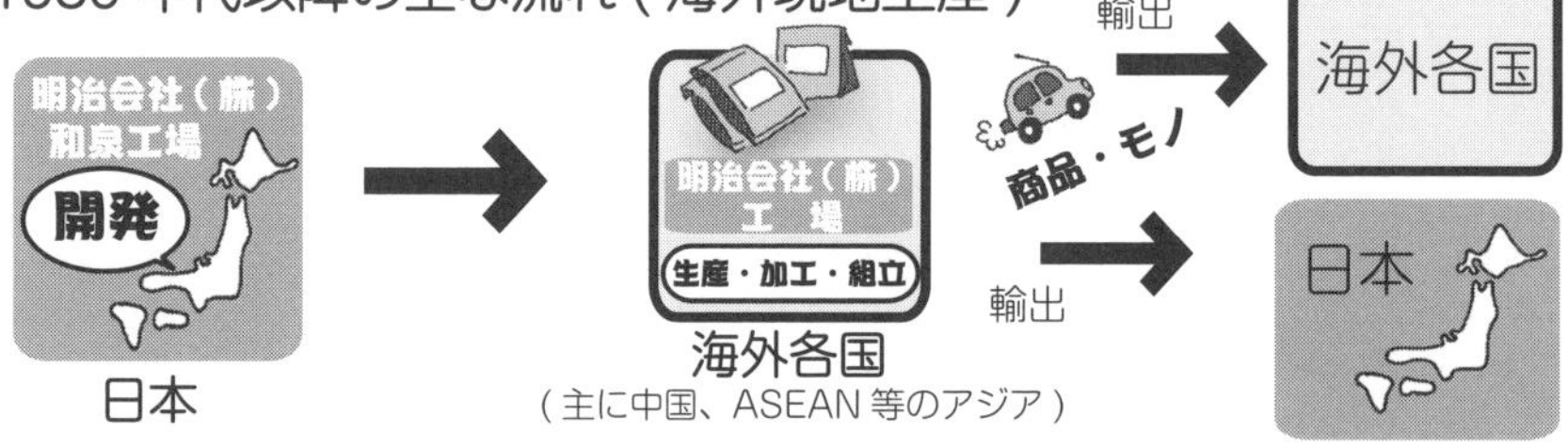
明治会社（㈱）
和泉工場
開発
日本
明治会社（㈱）
工　場
生産・加工・組立
海外各国
（主に中国、ASEAN等のアジア）
輸出
商品・モノ
海外各国
輸出
日本

7

世界の消費者へのビジネス活動

国際化する企業は、世界のマーケットにおいて国や地域の消費者のニーズ、好み、現地事情などに合わせて商品を変えなければならないのです。

グローバル化が進む現在では、世界中の企業は、さまざまな商品を世界中に売ることが必要となっています。日本の企業も日本国内だけでなく、世界に目を向け、多くの国々の消費者の要望やニーズに合った商品を提供するための戦略をいつも考えています。一口に海外といっても、商品への要望やニーズは異なり、販売のための環境も違ってくるので、国毎に異なる戦略を作り、実行しなければならないことが多いでしょう。

たとえば、同じ商品であっても、価格は異なります。色、量も違うでしょう。商品の名前を考えるだけではなく、その国の文化や常識、慣行、生活習慣ばかりではなく、タブーとされていること、宗教上のことも考えて、企業は商品を販売しなければなりません。商品の色・形ばかりではなく、包装の色もよく考えて決めなければならないでしょう。さらに、商品を売るに際して、広告の表現や販売の仕方も独自のものがあります。

したがって、世界各国の諸環境により販売戦略は自ずと各国で違ってくるのです。これを国際マーケティング戦略といい、各国の政治・経済・法律・文化の諸環境を考慮し、各国市場へのアプローチ方法、商品のポリシー、価格戦略、他企業との競合に勝つ方法など全てをアグレッシブに決めていかなければなりません。ビジネス活動がグローバルに展開していることに鑑み、国際マーケティング戦略を学ぶ意義はますます高まっているのです。

サムイトコロ
デモツカエル？
スコシナラ
カエマス
オイノリチュウナノデ
オマチクダサイ
トドクマデ
ナンニチ
カカリマスカ
ショウヒンノ
ナマエヲ
カエテクダサイ
モウスコシ
ヤスクシナイト
ウレナイヨ
ナニイロガ
アリマスカ？
ウチハ
ガイコクトハ
トリヒキシナイヨ!!
世界中が
マーケットだ！
しかし売り込むため
には工夫が必要だ！

8

南北問題とは?

南は、南半球にある多くの開発途上国、北は、北半球にある数は少ない先進国を指し、両者の間に経済や生活水準に大きな格差が生じているという問題です。

現代の世界は、ヒト、モノ、カネ、情報などが国境を超えて移動しています。国境を超えて活動する企業は、「グローバルな感覚」を持って行動し、経済は国のレベルを超えて動いています。世界経済はますますグローバル化していますが、第2次世界大戦後から言われていた、世界における貧富の差はどうなったのでしょうか。この貧富の差は南北問題という言葉で言い表されています。

この問題は未だに解消しているとはいえません。国境を超えて活動する企業により、多くの国々で、インフラが整備されたり、技術が導入されたり、雇用が改善されたり、所得が向上したり、数々のメリットはあります。しかしながら、国あるいは地域によってはその利益を受けることが不十分であったりして、国レベルそして地球全体のレベルにおいては南北問題が解決されたとはいえないでしょう。

こうした問題にはビジネス以外の政治的理由や国により資源の有無やその他、それぞれ特有の背景もあります。それらの問題の原因があったとしても、そういった問題を放置する訳にはいかず、私たちが進めるべき課題としては、国際的な協力体制が不可欠であり、今後も国際機関、各国政府レベルでの取組みが求められます。貧しい国々や人々の生活を少しでも豊かにするような社会構造を構築する必要があるのではないかと考えられます。

先進国
開発途上国
環境・政治・経済・資源・貿易・投資・インフラ
多くの問題が未解決！
先進国は開発途上国の実態を考えて欲しいな〜
協力
援助
援助
協力
先進国として援助だけでなく開発途上国の発展につながる仕組みを考えるべきだろう
問題解決策となるか？
各国による協力・協調
国際機関による協力体制
企業の進出

仲間との切磋琢磨による成果は、一生の宝物

～ダブル・コア履修学生インタビュー

▼五十嵐 知世（4年）
〔所属ゼミナール〕総合学際演習・バワーズ，ジェイムズ R.ゼミナール
商学専門演習・篠原敏彦ゼミナール
〔卒業後の進路〕住友信託銀行㈱（就職内定）

私たちの学年から商学部では2つのゼミに所属することのできるというダブル・コア制度が始まりました。より多くのことを学びたい、経験したいという気持ちから私は迷わずダブル・コアに挑戦しようと決意しました。商学専門演習では国際マーケティングを、総合学際演習では異文化間コミュニケーションについて学んでいます。商学専門演習では、3年次「企業が本当にすべき環境対策～日本企業に見るＣＯ$_2$削減対策の現状とその検証」というテーマでグループ研究を行いました。昨今、環境問題に対する企業や消費者の関心は高まってきています。しかし、環境問題に対する情報の不透明性や一部情報がひとり歩きしている現状から、単なるエコブームとして終わってしまうのではないかという問題点もあると感じ研究を始めました。私たちは商学部の観点から、企業側にとって本来の営利目的から離れることなく、また消費者側にも経済的恩恵を得られるような形で、環境対策を積極的に進めるための、いくつかの対策例を考え出しました。

一方、総合学際演習では「しつけ・教育からみる日米比較」について研究しています。日本人と欧米人には価値観、親子関係、恋愛感、ライフスタイル等の点で多くの違いが見られます。この違いの一部は幼少期からの親、周りの人々からのしつけ・教育からきていると考え研究を始めました。研究を進めるなかで日米のしつけ・教育に関する多くの相違点を見つけ出しま

した。今後、文化的背景、コミュニケーションのとり方の観点からこれらの相違点を考えていきます。結論として日米どちらのしつけ・教育が優れているか甲乙をつけて終わるのではなく、自分で新しい「しつけ・教育モデル」を考え作りだす予定です。

ゼミ活動の魅力はやはり自分の興味のある分野についてとことん学び、研究し、知識が豊富に得られることです。とくに3年次、半年かけて取り組んだグループでの奨学論文作成は1番の思い出であり達成感を感じる出来事でした。しかし、ゼミ活動によって得たものは知識だけではありません。自分と同じ分野に興味を持つ仲間との出会い、その仲間と議論、切磋琢磨した日々は一生の宝物であると感じます。とくに総合学際演習のゼミは留学生、海外生活や留学の経験者等が多く、自分の考え方、視野の幅が広がったようにも感じます。ダブル・コアに挑戦すると、グループ論文、ゼミ試験、合宿、卒業論文等のゼミ行事も2倍になります。精神的、体力的に厳しい時期もあり、このまま両方が中途半端になってしまうのなら、どちらかをやめてしまおうと悩むこともありました。しかし、いま振り返ると4年間という決められた大学生活のなかで人の2倍の、知識、経験、そして尊敬できる先生や仲間との出会いが与えられたダブル・コアに挑戦して本当によかったと感じています。今後、社会に出てからもゼミ活動によって得た大切な経験を活かしていきたいと思います。

COLUMN

「知的好奇心」から挑んだダブル・コア
～ダブル・コア履修学生インタビュー

▼岡本 真理（4年）
〔所属ゼミナール〕総合学際演習・鳥居高ゼミナール
商学専門演習・塩澤恵理ゼミナール
〔卒業後の進路〕日本ベーリンガーインゲルハイム㈱（就職内定）

私はダブル・コアの制度を利用し、2つのゼミで3年間学びました。まず商学専門演習ではグローバル・ビジネスコースの塩澤ゼミに所属し、「英語でビジネスを学ぶ」ということを経験しました。すべて英語で書かれたビジネスのテキストをもとに、英語でのプレゼンテーションやディスカッションを行いました。そのテーマはMarketingやBanking、Derivativesなど毎回さまざまで、リアルタイムに社会で起こっているニュースを取り入れたり、国際比較をしたりと、個人やグループで工夫しプレゼンテーションを行います。ゼミでは全て英語なのでいかに理解してもらうかという難しさがありますが、ゼミ生同士切磋琢磨することで、各々の英語力やプレゼンテーション能力が向上するのがおもしろいと思います。

総合学際演習では東南アジア研究の鳥居ゼミナールに所属しました。最初にゼミ生それぞれが担当国を決め、その国に関して自ら興味のあることを研究します。私は観光地としてのバリ島に興味があったため、インドネシアを担当国とし、さまざまなメディアからその情報を収集しました。しかし調べていくうちに、インドネシアが世界最多のイスラム教徒を抱えた国だと知り、さらに、近代化するインドネシア社会の中でイスラム色が強まっているという事実に強い興味を持ち、それを最終的なテーマに決定しました。このように、自分の興味関心に合わせてテーマを変更することもできます。また他のゼミ生の研究から、東南アジア各国の情報を得られることも大きな魅力です。

私はゼミを決める際、最初からダブル・コアにしようと思っていました。〝商学部のゼミはきつい〟という噂もよく聞きましたが、迷うことなくダブル・コアに決めたのは、紛れもなく「知的好奇心」です。商学専門演習・総合学際演習の2つの方向から、種類の違うことが学べます。これは私にとってはわくわくするものでした。よく「2つもゼミに入るのって大変じゃない？」と聞かれましたが、実際3年間のダブル・コアを通して後悔したことは1度もありませんし、むしろ良いことばかりでした。前述のように、多くの専門的なことを学ぶことができました。一方のゼミで得た知識や調査方法を、もう一方のゼミで活かせたことが何度もあります。そして、素晴らしい教授や友人と出会うことができました。大学という場はそれまでの学校生活とは違い、先生と親しくなるという機会が限られています。しかしゼミに所属することで教授との関係が築け、研究に関する調査方法や専門知識などを教えていただけることはもちろん、自らの大学生活において力ともなります。また、それぞれのゼミには、同じような興味・目的を持った学生が集まってきています。

刺激を与え合い、よきライバル、よき仲間として過ごす時間は、大学生活の貴い思い出となることでしょう。そしてゼミナールで有意義な時間を過ごし、「私は明治大学商学部でこれを学んだ！」という何かを得てください。必死になるということは楽しいことです。

学生による研究成果の報告会

3限目

お金を通して未来を考えよう!

①若いうちからお金を貯めよう
②どれくらい貯金したらいいのだろう
③「お金を借りる」とは
④働いて給料をもらう
⑤より高く、より安定した収入
⑥投資する
⑦リスクと付き合う
⑧お金を超えて

金融論 ● **萩原 統宏** 先生
(ファイナンス&インシュアランス・コース)

1

若いうちからお金を貯めよう

お金を貯める手段として、最も身近なのは銀行預金でしょう。預金には利子が付きます。もし銀行預金に今日1万円預けると、いつ頃、どの程度の金額に増えるのでしょうか。

銀行預金の利子は、○○%という数字で表されます。たとえば、1%の場合、1年あたり、預けたお金に対して1%の割合の利子が付くことを意味します。金利1%の預金に1万円預ければ、1年後に100円の利子が付いて、10100円に増えます。このお金を使わずに、もう1年預金すると、101円の利子が付き、2年後に10201円に増えることになります。つまり、毎年1・01倍のペースで増えていくことになります。これをしんぼう強く10年間繰り返すと、10年後には1・01倍が10回繰り返されて、11046円と、1046円も増えることになります。たった1%の金利でこれほど増えるのですから、もっと高い金利でもっと長い間預金すれば、ずっと多くの利子が付きます。働かずに預金の利子だけで暮らしてゆけるほどの預金を持っているのは、ごく一部の人です。しかし、病気や事故の時など、困った時に使うことのできる預金や利子収入があれば、安心して働くことができるでしょう。たくさんの貯金は、短い期間でできるものではありません。若いうちからお金をコツコツ貯めることは、楽な気持ちでたくさんのお金を貯めるために、大変良いことです。

●金利１%の預金に１万円預けると、１年後の利子は？

10,000円×１%＝100円

●もう１年預金すると、その利子は？

10,100円×１%＝101円

●貯金した１万円をそのまま預けた場合、10年後には？

10,000円×1.01^{10}＝11,046円

銀行預金の預金残高と利子の関係

[金利（年／率）：１%の場合]

預金期間	利子(年間)	預金残高
0年：		¥10,000
1年後：	¥100.00	¥10,100
2年後：	¥101.00	¥10,201
3年後：	¥102.01	¥10,303
4年後：	¥103.03	¥10,406
5年後：	¥104.06	¥10,510
6年後：	¥105.10	¥10,615
7年後：	¥106.15	¥10,721
8年後：	¥107.21	¥10,829
9年後：	¥108.29	¥10,937
10年後：	¥109.37	¥11,046

[金利（年／率）：３%の場合]

預金期間	利子(年間)	預金残高
0年：		¥10,000
1年後：	¥300.00	¥10,300
2年後：	¥309.00	¥10,609
3年後：	¥318.27	¥10,927
4年後：	¥327.82	¥11,255
5年後：	¥337.65	¥11,593
6年後：	¥347.78	¥11,941
7年後：	¥358.22	¥12,299
8年後：	¥368.96	¥12,668
9年後：	¥380.03	¥13,048
10年後：	¥391.43	¥13,439

2

どれぐらい貯金したらいいのだろう

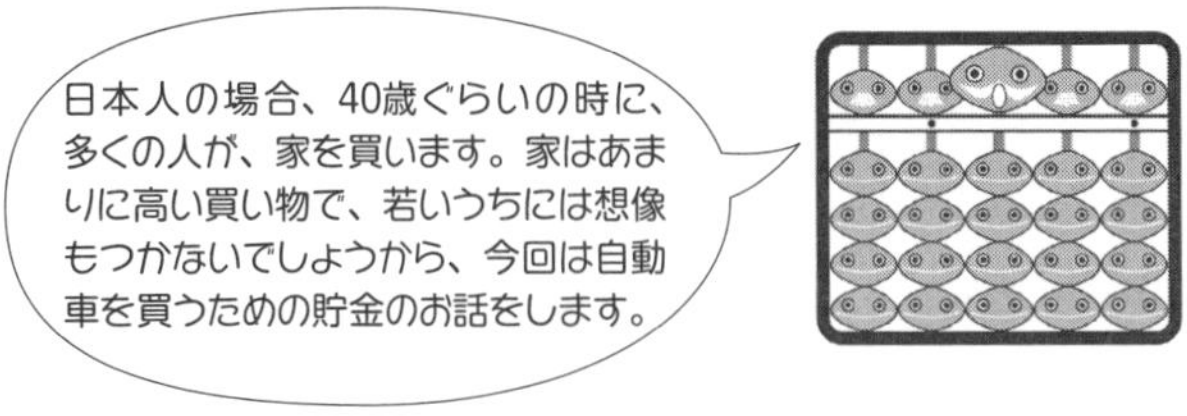
日本人の場合、40歳ぐらいの時に、多くの人が、家を買います。家はあまりに高い買い物で、若いうちには想像もつかないでしょうから、今回は自動車を買うための貯金のお話をします。

働いて、収入が得られるようになれば、買いたい物が次々とできてきます。実際、自動車は、多くの若い人が買っています。自動車を買うためにお金を貯めることを考えてみましょう。たとえば、働いて得られた給料のうち、いくらかを毎年、貯めて、100万円の車を買うには、どれほど貯めなければいけないのでしょうか。

貯金の利子が毎年1%、5年計画で毎年末に「?」円貯めるとすれば、車を買う時に貯まっている金額は、1年後・貯金?円×1.01^4、2年後・貯金?円×1.01^3、3年後・貯金?円×1.01^2、4年後・貯金?円×1.01^1、5年後（車を買う時）・貯金?円、という計画になります。

?円×（1.01^4＋1.01^3＋1.01^2＋1.01^1＋1）＝100万円ですから、?＝196040円です。貯めた金額は、980200円（＝196040円×5年）ですから、19800円だけ、利子のおかげで安く買えたことになります。自動車の値段として100万円は、それほど高い方ではありません。もっと高い車を買うために、もっと長い期間、貯金を続ければ、得をする金額はもっと大きな金額になります。また、給料は毎月もらえますから、実際には貯金は毎月することができます。すると、毎月の貯金額は、196040円のおよそ1／12の金額になり、負担感はぐっと減ります。

100万円の車を5年で買う場合の貯金計画［金利(年/率)：1%］

貯金時	年間貯金額	各年の貯金分の車を買う時に貯まった金額
1年後（車を買うまで4年）	?円	?円×1.01^4
2年後（車を買うまで3年）	?円	?円×1.01^3
3年後（車を買うまで2年）	?円	?円×1.01^2
4年後（車を買うまで1年）	?円	?円×1.01^1
5年後（車を買うとき）	?円	?円
合　計		?円×（$1.01^4+1.01^3+1.01^2+1.01^1+1$）

?円×（$1.01^4+1.01^3+1.01^2+1.01^1+1$）＝100万円

↓

$$?円 = \frac{100万円}{(1.01^4+1.01^3+1.01^2+1.01^1+1)}$$

↓

?円＝196,040円

●5年間貯金した総額は？

196,040円×5年＝980,200円

●得する金額は？

1,000,000円－980,200円＝19,800円

●毎月の貯金額は？

$$\frac{196,040円}{12} ≒ 16,340円$$

3

「お金を借りる」とは

前の時間では、貯金を全て下ろして、車を買うというお話しをしました。しかし、実際には、自己投資や遊びなど、お金を使う用事が車以外にもたくさんあります。このため、車を買うための貯金ができず、なかなか車が買えないことになります。

そこで、車を買う人の多くが利用するのが、「ローン」つまり借金です。車の代金に対して自分の貯金で足りない分を借りて、買った後の給料のうちから借金を返すことになります。借金は預金の逆で、「利子を支払う」ことになります。たとえば、金利1％で1万円を1年間借りると、1年後に10100円となり、1年当たり借りた金額の1・01倍の金額を返さなくてはなりません。10年間借りれば、10年後に11046円も返さなくてはなりません。100万円の車を全額借金（金利1％）で買って、3年かけて同じ金額?円づつ返すとすると、1年後：返済額?円÷1.01、2年後：返済額?円÷1.01^{2}、3年後：返済額?円÷1.01^{3}の合計が100万円となり、返済額?円は340022円と計算されます。合計支払額は、1020066円となり、2万円余り、多めに支払うことになります。借金は、非常に便利な道具です。貯金はお金を使いたいのを我慢しなければなりませんが、借金をすれば、その我慢をせずに済みます。しかし、「引き替えに、高い金額の金利を支払わなければならなくなる」ことは、必ず心にとめておかなければなりません。

●金利１%で１万円を１年間借りた場合の、１年後の返済額は？

$$10{,}000円 \times (1 + 1\%) = 10{,}100円$$

●10年後には？

$$10{,}000円 \times 1.01^{10} = 11{,}046円$$

●１万円を借りた場合の各年の利子と返済残高

借金期間	利子（年間）	返済残高
０年：		￥10,000
１年後：	￥100.00	￥10,100
２年後：	￥101.00	￥10,201
３年後：	￥102.01	￥10,303
４年後：	￥103.03	￥10,406
５年後：	￥104.06	￥10,510
６年後：	￥105.10	￥10,615
７年後：	￥106.15	￥10,721
８年後：	￥107.21	￥10,829
９年後：	￥108.29	￥10,937
10年後：	￥109.37	￥11,046

100万円の車を３年ローンで買う場合［金利(年/率)：１%］

購入してからの期間	年間返済額	各返済額から金利分を考慮した金額
（車を買ってから）１年後	?円	?円/1.01^{1}
（車を買ってから）２年後	?円	?円/1.01^{2}
（車を買ってから）３年後	?円	?円/1.01^{3}
合　計		?円/（$1.01^{1}+1.01^{2}+1.01^{3}$）

$$?円 / (1.01^{1} + + 1.01^{2} + 1.01^{3}) = 100万円$$

↓

$$?円 = 340{,}022円$$

●３年間の合計支払額は？

$$340{,}022円 \times 3年 = 1{,}020{,}066円$$

●余分に支払う金額は？

$$1{,}020{,}066円 - 1{,}000{,}000円 = 20{,}066円$$

4

働いて給料をもらう

お金を貯めたり、借金を返したりするのは、どちらも楽なことではありません。楽にするためには、たくさんの収入を得ることが、一番です。ところで、日本人はどれぐらいの収入を得ているのでしょうか。それを示したのが、左の表です。

これによると、平均的には世帯収入が徐々に減りつつある事がわかります。また、収入の分布は、左のグラフのようになります。これによれば、収入が

上位約1％に入る　⇓　2000万円以上
上位約5％に入る　⇓　1400万円以上
上位約10％に入る　⇓　1100万円以上
上位約20％に入る　⇓　800万円以上

となるようです。就職活動をしている学生に人気のある企業の多くは、従業員の給料の平均値を公開しており、そのほとんどが平均収入563・8万円を超えています。

ところで、グラフからは、平均収入以下の世帯が数において多数（60・7％）を占めていることもわかります。最近は、平均以下の収入しかもらえない人たちの割合が増える傾向にあります。日本では、一部の人たちが非常に多くの収入を得る一方で、ほとんどの人が平均以下の収入しか得られなくなるという厳しい現実が広がりつつあるのです。

平均世帯収入

	2000年	2001年	2002年	2003年	2004年	2005年
全世帯の１世帯当たり平均所得金額（万円）	616.9	602.0	589.3	579.7	580.4	563.8
対前年増加率（%）	△ 1.5	△ 2.4	△ 2.1	△ 1.6	0.1	△ 2.9

（資料：「平成18年国民生活基礎調査」厚生労働省。）

収入分布

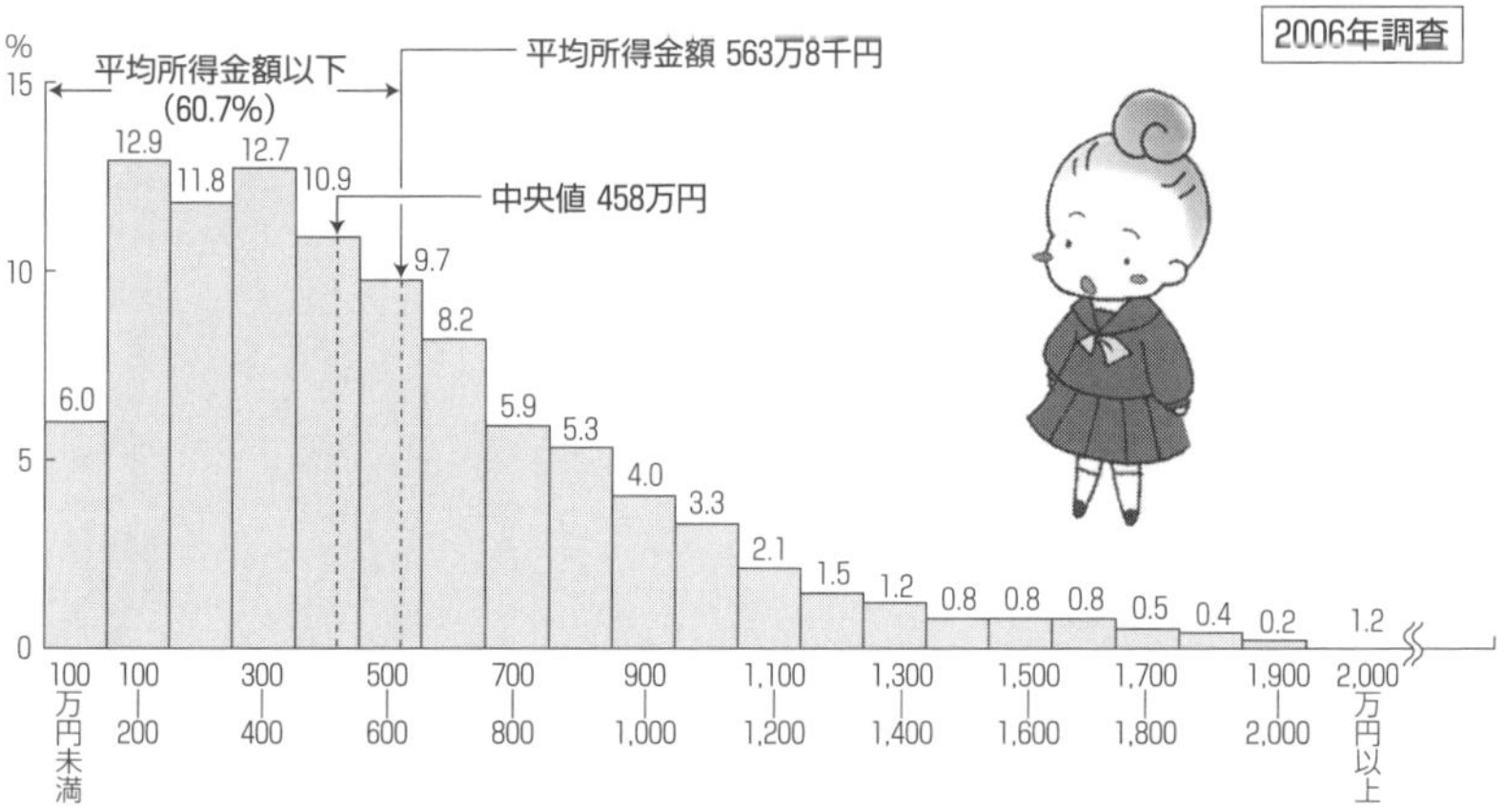

2006年調査
%
15
10
5
0
平均所得金額以下
(60.7%)
平均所得金額 563万8千円
中央値 458万円
6.0
12.9
11.8
12.7
10.9
9.7
8.2
5.9
5.3
4.0
3.3
2.1
1.5
1.2
0.8
0.8
0.8
0.5
0.4
0.2
1.2
100万円未満
100-200
300-400
500-600
700-800
900-1,000
1,100-1,200
1,300-1,400
1,500-1,600
1,700-1,800
1,900-2,000
2,000万円以上

（資料：「平成18年国民生活基礎調査」厚生労働省。）

低収入者
高収入者

5 より高く、より安定した収入

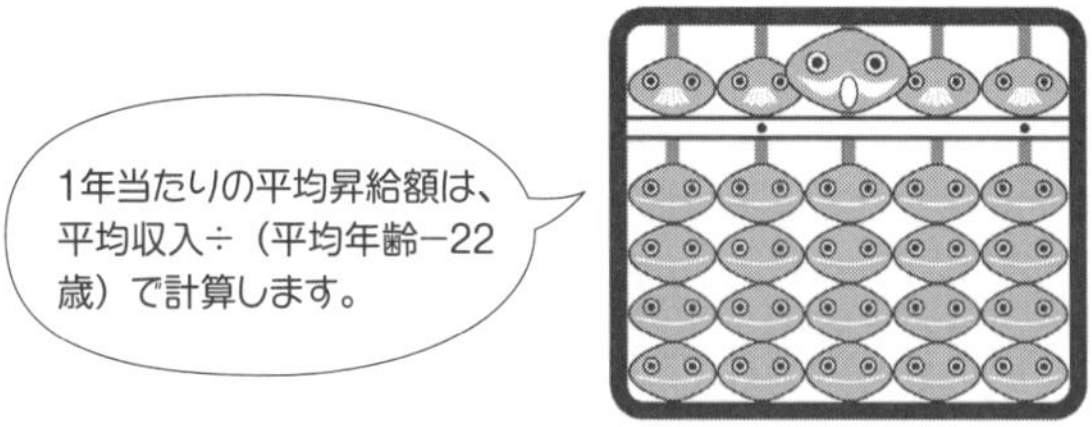
1年当たりの平均昇給額は、平均収入÷（平均年齢−22歳）で計算します。

だれもが望むことは、「なるべく高い給料をなるべく安定してもらうこと」でしょう。それがどれほど可能なのか、会社員になる場合について考えます。給料についての情報として、四季報に掲載されている、従業員の「平均給与」と「平均年齢」が手軽に利用できます。「平均給与」とは、従業員がもらっている給料の平均値のことです。「平均年齢」は、従業員の年齢の平均を計算したものです。平均給与が高かったとしても、それが、入社後20、30年たってからしかもらえないのか、それとも、若いうちからもらえるのか、チェックしたい場合には、平均給与とともに平均年齢も確かめる必要があります。当然、若いうちから高い給与がもらえるのがうれしいことだと思いますが、平均年齢が低いことは、中高年の社員が少ないことを意味します。つまり、中高年になってからも、安定して職を得たいと考える人にとっては、必ずしも好ましい事ではありません。

そこで、若いうちからどれだけ多くの給料をどれだけ安定してもらえるかどうかを表す数字として、平均年齢35歳以上、従業員数５００人以上の上場企業について、１年当たりの平均昇給額を計算します。左の表は、１年当たりの平均昇給額が高い企業10社をランキングしたものです。結果として、マスコミ、商社が上位を占め、その他、優良企業と呼ばれる企業が含まれています。

昇給額上位10社

	会社名	平均年収	従業員数	平均年齢	平均勤続年数	年当たり昇給額
1	フジ・メディア・ホールディングス	15,343,000	1,431	39.6	14.9	871,761
2	朝日放送	15,567,000	649	40.3	17.7	850,656
3	電通	13,568,203	6,331	39.0	13.8	798,130
4	日本テレビ放送網	14,049,816	3,330	40.2	15.5	771,968
5	テレビ東京	12,257,856	866	38.5	13.5	742,900
6	伊藤忠商事	13,634,179	4,107	41.3	16.8	706,434
7	日本オラクル	9,363,290	2,135	35.3	5.6	704,007
8	住友商事	14,029,374	4,795	42.0	17.8	701,469
9	三井物産	13,731,000	6,130	41.6	18.7	700,561
10	テレビ朝日	13,220,000	1,149	41.2	16.5	688,542

（資料：年収プロ（http://www.nenshu.jp/list/r0001a.htm)。年当たり昇給額は計算値を追加。）

従業員数500人以上の企業を選んだ理由は、給与体系があまり変化しないためです。
マスコミ、特にテレビ業界の昇給額はこんなに高いんだね。

6

投資する

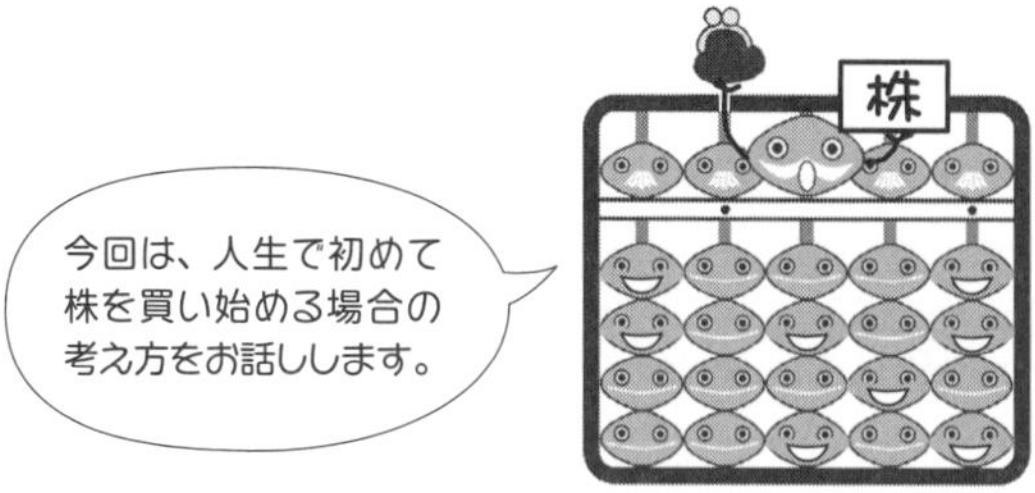
今回は、人生で初めて株を買い始める場合の考え方をお話しします。
株

一生懸命働く以外に、投資をすることにより収入を増やせます。ここでは、就職したばかりの若い人が、どのように投資したらよいのか簡単な基準について考えたいと思います。

まず、「持株会＝自社株への投資」は、給与天引きで、毎月一定金額を自分の勤めている会社の株に投資できる制度です。自分が勤めている会社は、その業務の実情について、世の中の全ての会社のうちで最もよく知っている会社ですから、投資するに当たって最も心配の少ない会社です。しかし、会社の業績が悪くなると、給料やボーナスといっしょに、会社の株価も下がってしまい、大変困ります。そこで、「自社株以外への投資」を考えることになります。しかし、どの会社の株を買うか決める作業は、日々忙しく仕事をしている人にとっては、非常に面倒な作業で株式投資を始める気になれない大きな原因です。

そこで、より広い範囲への投資として、ある1つの会社の株よりも「業種」、もう一段広い範囲として「国内市場全体」、さらに広い範囲として「国際的な株式市場全体」と拡げてゆくことになります。すると、余計に面倒な銘柄選択の手間が発生するのですが、この手間を省くには、個別銘柄ではなく、左に示すような「投資信託」に投資する方法があります。銘柄選択の手間がかかりませんが、買い始める時には、投資信託の運用方針を書いた書類を読んでおきましょう。

会社
（自社）
業績悪化
＝
株価ダウン…
会社
（自社）
他社の株を買いたいけど、どの会社の株を買ったらよいのか？ でも忙しくて時間もないよ。
うちの会社だから、安心！
株
ボーナスカット

投資信託は、預金とちがって元本保証ではありません。リスクが高いほど高い収益率がみこめます。これを「ハイリスク・ハイリターン」といいます。自分のリスクにみあった商品を選ぶことができます。投資信託は銀行や証券会社の窓口などで購入できます。リスクについては、次の時間にお話しします。

投資信託による投資の具体例

投資方法		投資信託の種類
「業種」に投資	→	ある業種の銘柄に対して分散投資する投資信託
「国内市場全体」に投資	→	国内インデックス運用の投資信託
「国際的な株式市場全体」に投資	→	国際的なインデックス運用の投資信託

7 リスクと付き合う

株式市場が上昇すると、株式で大金を儲けた人の話が、マスコミでよく扱われます。すると、株式投資を始めたり、全く働かないで株式運用による収入のみで生活をしようという人が現れます。ここで気をつけてほしいことは、リスクのある投資はあくまで余裕資金の範囲でするものであって、生活の糧にすることは非常に難しいということです。就職をすれば、平均で20万円程度の収入が得られます。正社員であれば、その上にボーナスもありますし、退職金や年金も積み立てられています。毎月の給料と同じ額の20万円を、株式投資で安定して儲けるには、投資の元金が数百万円は必要と思われます。しかも、財産全てを株式に向けることは危険すぎますから、株式投資に使う数百万円が、銀行預金など安全な資産以外に必要です。大半の若い人には、そのような貯蓄がありません。給料以外のボーナス、退職金、年金などの分まで稼ごうと思えば、さらに多くの元金が必要です。

したがって、若い人が、当面の生活の足しにするために、株式投資をするのは、非現実的といわざるを得ません。あくまで仕事や生活に差し支えない範囲で、余裕資金があれば検討するのが、現実的です。買った株式の値動きが気になって、仕事が手につかなくなるような人は、お金があっても株を買うべきではありません。もらえるかどうかわからない利益のために、日々、不安を抱えて暮らさなければならないのでは、まさに本末転倒です。

株で大儲ケ!
○×新聞
僕も今日からデイトレを始めようかな?

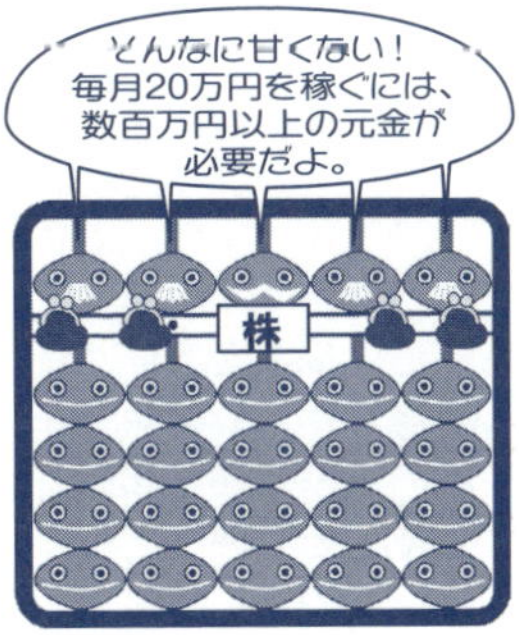
そんなに甘くない！毎月20万円を稼ぐには、数百万円以上の元金が必要だよ。
株

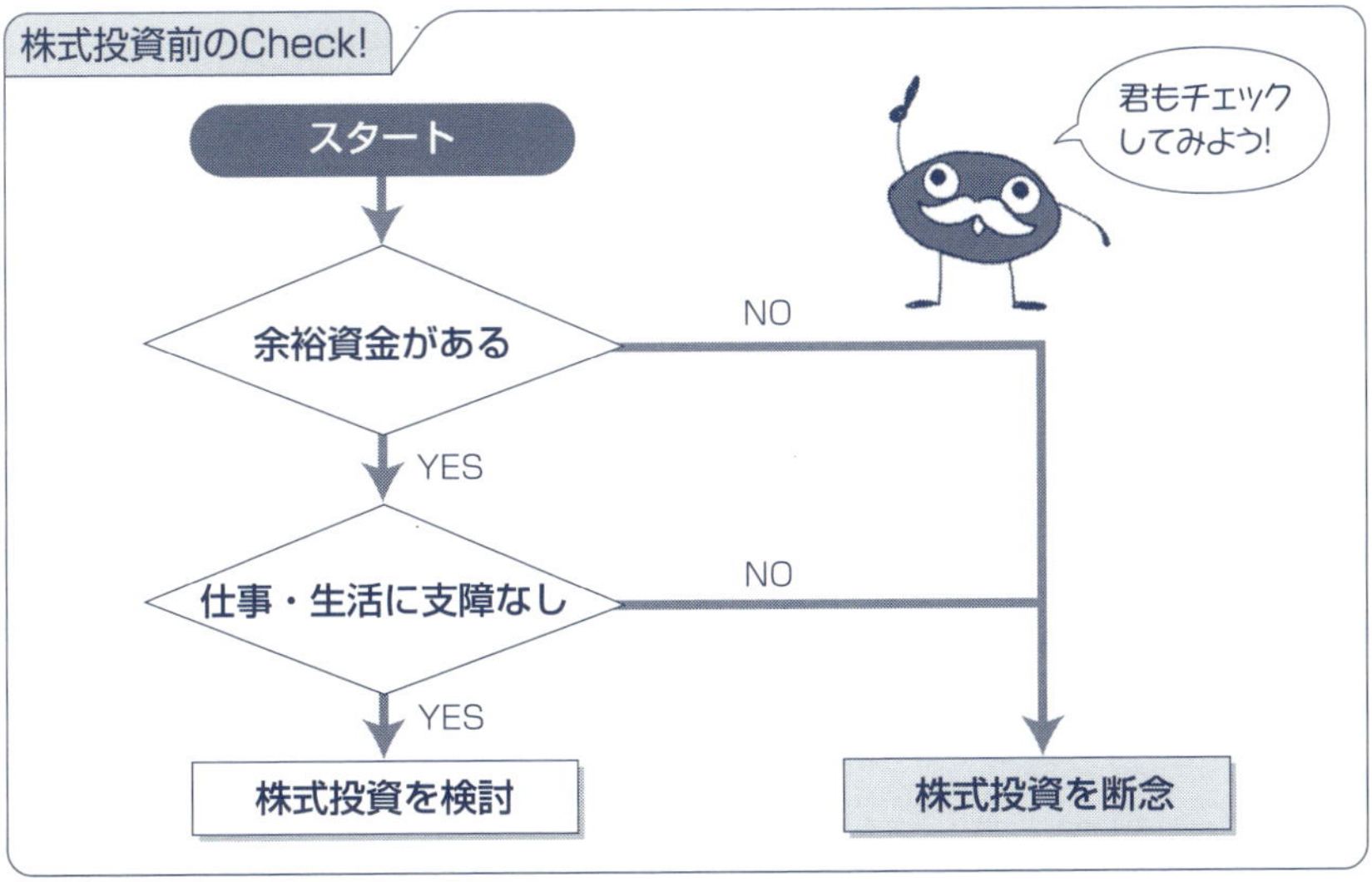
株式投資前のCheck!
君もチェックしてみよう!
スタート
余裕資金がある
NO
YES
仕事・生活に支障なし
NO
YES
株式投資を検討
株式投資を断念

8

お金を超えて

アメリカのウォーレン＝バフェット氏は、「投資家」という肩書きを持つことで有名です。

前回「もらえるかどうかわからない利益のために、日々、不安を抱えて暮らさなければならないのでは、本末転倒」というお話をしました。これは、「リターン（利益）とリスク（不安）は、いつもいっしょ」という考え方を含んでいます。

株などリスクのある資産の価格は予測できない動きをし、後からその動きをチャート（グラフ）にして、見ることができます。ある形のチャートを見て「この時に買って、この時に売って、次にこの時に買って…」と、後から指摘することは誰でもできます。実際の市場には、たくさんの人がたくさんの投資戦略を持って参加しています。それらの戦略のうち、最高の投資戦略に近い戦略を選んでいた人が、結果的に大金を儲けることになります。こう考えると、大金を稼ぐ人が、入れ替わり立ち替わり登場してくるのは、当然のことです。「投資家」という肩書きを持つ人は、日本ではあまりいないようですが、長期にわたって「安定して」利益をあげ続けられる投資家は、非常に低い確率でしか登場していません。

最初の言葉には「リターン（利益）とリスク（不安）の両方で決まる、効用（幸福感）が人間にとっては大事」という考え方も含んでいます。収入を増やすチャンスには、それを逃した場合に財産や収入を減らす心配がついているものです。チャンスをつかもうと努力することに幸せを感じるかどうか、自分の胸によく聞いてみることが、大変重要です。

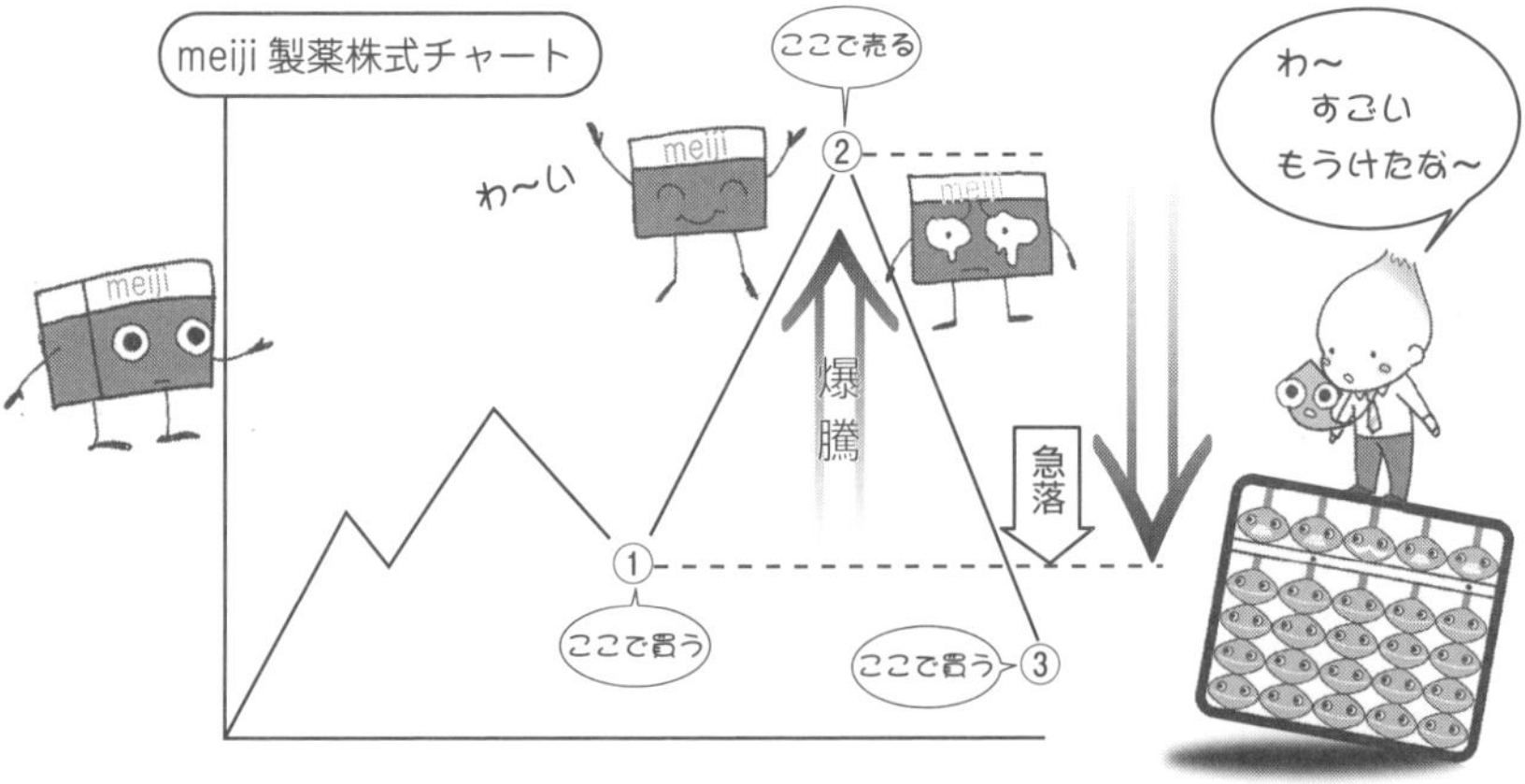
meiji製薬株式チャート
ここで売る
わ〜い
わ〜
すごい
もうけたな〜
②
爆騰
急落
①
ここで買う
ここで買う
③

すごい人数
だね。
日本の個人投資家は
120〜200万人とも言
われております。

'収入UP'
リターン
リスク
幸福感
(効用)
今持っている
財産、収入が減る
不安

COLUMN

異なる専門の先生方と過ごす刺激的な時間

～ダブル・コア履修学生インタビュー

▼黒坂 一樹（4年）

〔所属ゼミナール〕総合学際演習・福田逸ゼミナール
商学専門演習・打込茂子ゼミナール
〔卒業後の進路〕㈱山形銀行（就職内定）

私は国際金融・国際経済を学ぶ打込ゼミと、翻訳を通じて語学・言語に関して学ぶ福田逸ゼミに所属しています。打込ゼミでは2年次から3年前期にかけて金融・経済の基礎を扱う文献を教科書として数冊読み基本知識を深めてきました。3年次の夏期休暇前より3～4名程度のグループに分かれて、それぞれテーマを定め奨学論文に取り組みました。3年後期からは金融危機や銀行、ファンドといった個別のテーマを扱ったレポートや日本経済新聞の記事を読み解き、応用的な知識を身につけてきました。グループワーク以外のゼミ活動では必ず発表者が決められており、発表者はレジメを作成したうえで文献の担当部分を解説します。そして、最後に教授とゼミ生全員で内容を深く考えていくのがゼミの各時間での流れとなっています。毎週のゼミの時間以外の活動として合宿や、日本銀行や東京証券取引所の見学なども行ってきました。長期休暇時に大学のセミナーハウスを利用して行った合宿では、作成している論文を発表したり、テーマを決めてゼミ生同士でディベートを行ったりと自発的な活動を進めてきました。私は卒業論文のテーマとして世界的な財政赤字の問題を研究しています。

福田ゼミでは英語文献の翻訳を中心に行ってきました。このゼミでは翻訳を通じて言語そのものを研究テーマとしています。単に語学能力が高まっただけでなく、海外の小説・文献に触れて異文化理解を深められたことや、翻訳を通じて言葉の与える影響や意味を考えられた点は私自身、非常に意味があったと思っています。そういった言葉に関して考えを深めていくことと関連して、演劇鑑賞に行く機会もありました。私はゼミに入るまでそういった経験がなく、未知の分野に触れられて見識が広がるいい機会となりました。

4年次までダブル・コアを続けてきて自分の財産となったのは、多くの人々との親密な繋がりと、勉学を通じて充実した学生生活を送れたことにあります。私とは異なるコースで学び異なる業界に就職を希望するゼミ生たちや、まったく専門の異なる2人の先生方と過ごした時間は私にとっていい意味で刺激的でした。講義では先生と話す時間などなかなか得られないものですが、ゼミではそれが可能になります。社会人として社会に出る前に新たな視野や見識を授けられたことで私の学生生活が一層充実したと思います。毎週ゼミの時間に顔を合わせ話をするゼミ生たちは、私の学生生活の中でかけがえのない友となりました。とくにそのことを実感したのは就職活動で忙しかった4年次前期のことです。お互いに情報を交換しあい、近況を報告して励ましあって、苦しい時間を共に乗り切れた仲間がいたことは、いまになって本当に良かったと思うところです。こう強く思えるのも、やはりダブル・コアだったからこそだと思います。これから大学を卒業し社会人としての生活を送っていくうちに、ダブル・コアで得た財産が、ますます自分のなかで輝き、大きな意味をもってくると思います。

「ダブル・コア」は画期的！

～ダブル・コア履修学生インタビュー

▼**小林 佑輔（4年）**

〔所属ゼミナール〕総合学際演習・福田逸ゼミナール
商学専門演習・折谷吉治ゼミナール
〔卒業後の進路〕日本ＡＴＭ㈱ システムエンジニア職（就職内定）

　私が入学した2006年は商学部創設から100年経過したという記念の年であり、それを境に商学部自体も変革していくという流れがあり、その1つが「ダブル・コア」でした。私自身もこのダブル・コアに参加し、新設された総合学際演習では福田逸ゼミ、商学専門演習では折谷ゼミに所属しています。まず福田ゼミから紹介したいと思います。福田ゼミで取り扱っている対象は「英語」であり、その当時英語圏への語学留学を考えていた私にとっては非常に魅力的なゼミでした。ゼミの主な目的は「翻訳」であり、英語で書かれている表現をそのまま日本語でも表現できるようなスキルを身につけることを目的としています。

　最初は「日本語・英語とはまず何か」ということについて本を使って勉強していき、2つの言語の特徴と違いを理解することから始まります。たとえば、英語での一人称は「I」だけですが、日本語の場合は「私」、「僕」、「俺」など一人称表現が多数存在しています。そのために翻訳する際もただ「I」を「私」と直訳するだけでは表現しきれない部分があり、そこで書かれている文章の前後からその背景を読み解き、適切な「翻訳」が必要となってくるのです。そして、つぎの段階として英語で書かれている舞台喜劇の台本を先生と一緒に日本語に翻訳していくという実践的なことに取り組んでいくことになります。

　一方の折谷ゼミでの研究テーマは「金融情報システム」です。普通に生活しているなかでは、なかなか聞きなれない言葉かと思いますが、簡単にいえば「お金とはどう流れているのか」ということを主な研究テーマとしています。たとえば私たちが頻繁に使っているATMでの預け入れや引き出しの際もこのお金の流れという現象が存在し、私たちが知らない間にもインターバンク取引やそれに付随するシステムが休まず動いているのです。そういったなかで、どのようなシステムが使われており、どのような問題が存在しているかについて専門書を使って研究していくというのが折谷ゼミで取り組んでいることです。

この2つのゼミでの取り組みのなかで私は、「何かしらの意見を持ち、それを形にしたり、発言したりすることの大切さ」を学ぶことができたと考えています。福田ゼミでは翻訳だけではなく、1つのテーマに対し、皆でディスカッションもし、その場では自分の意見が求められ、発言し合うことでそれを発展させていくことができました。折谷ゼミでは毎年日本銀行主催の論文コンテスト「日銀グランプリ」に参加しており、毎回優秀な成績を収めています。そういった成果があげられるのも提出する論文での提案作成や内容の修正といったことにゼミ生が積極的に取り組んでいるためであり、そのような環境で私自身も思考する力というものを身につけることができたと思っています。こうした経験ができたのも「ダブル・コア」があったからであり、それはとても画期的な制度だと思っています。

大学教員の研究室

「商学研究所」が出版した研究報告書

商学部教員が中心になって進める大型研究「クォリティ志向型人材育成とスマート・ビジネス・コラボレーション―経営品質科学に関する研究―」は、すでに多くの成果をあげています。

商学部で使われる教科書の数々

商学部の専任教員総勢100名の著作は膨大な数にのぼり、そのほとんどは明大が誇る中央図書館に所蔵されています。また商学関連の学術論文集『明大商学論叢』を発行し、教員の最新研究を発表しています。

4限目

安心社会の必需品
保険とリスクマネジメントについて学ぼう!

①「リスクが高い」ってどういうこと？
②ハッピーな毎日を送るために必要なもの……
それが保険です
③三層構造の生活保障システム
④生命保険が「生きること」を強力にサポート
⑤「リスク対応」が損害保険のビジネスです
⑥保険で創り出す「信用」
⑦安くて良質の保険商品を見つける方法
⑧「かゆいところに手が届くサービス」続々登場!!

保険学 ● **中林 真理子** 先生
（ファイナンス＆インシュアランス・コース）

1

「リスクが高い」ってどういうこと？

「めいじろう、第一志望の明大商学部の一般入試しか受けないんだって。」「強気〜！」「それってリスク高くない？」こんな感じでリスクという言葉はすっかり日常用語として定着していますよね。それじゃ、リスクって何かキチンと説明できるかな？　日本語でいうと「危険」で、何か悪いことが起こる可能性があることや、不確実なことなど、いろいろな意味があります。その中で保険や金融の分野では「そうなると予想していた結果と実際の結果の差」つまり、変動をあらわす専門用語として理解されています。だから、めいじろう君の偏差値が明大商学部合格圏ならば合格の可能性が高いのでリスクはそんなに高くありません。受験生が受験勉強をする、ということは、不合格のリスクを小さくするための合理的行動ともいえます。

ところで、リスクという観点からは企業活動をこんな風に説明できます。企業は利益をあげる、つまりプラスを大きくするのが目標だけど、目標達成のためには、損失を極力減らす、つまりマイナスの変動を効率よく小さくしないといけません。この考え方をリスクマネジメントと言います。リスクマネジメントの考え方は1950年代ごろからアメリカの大企業を中心に本格的に導入され始めました。リスクマネジメントの具体的な手法のうち金銭的な処理をリスクファイナンスとよびますが、その代表的なものが保険なのです。

リスクとは？

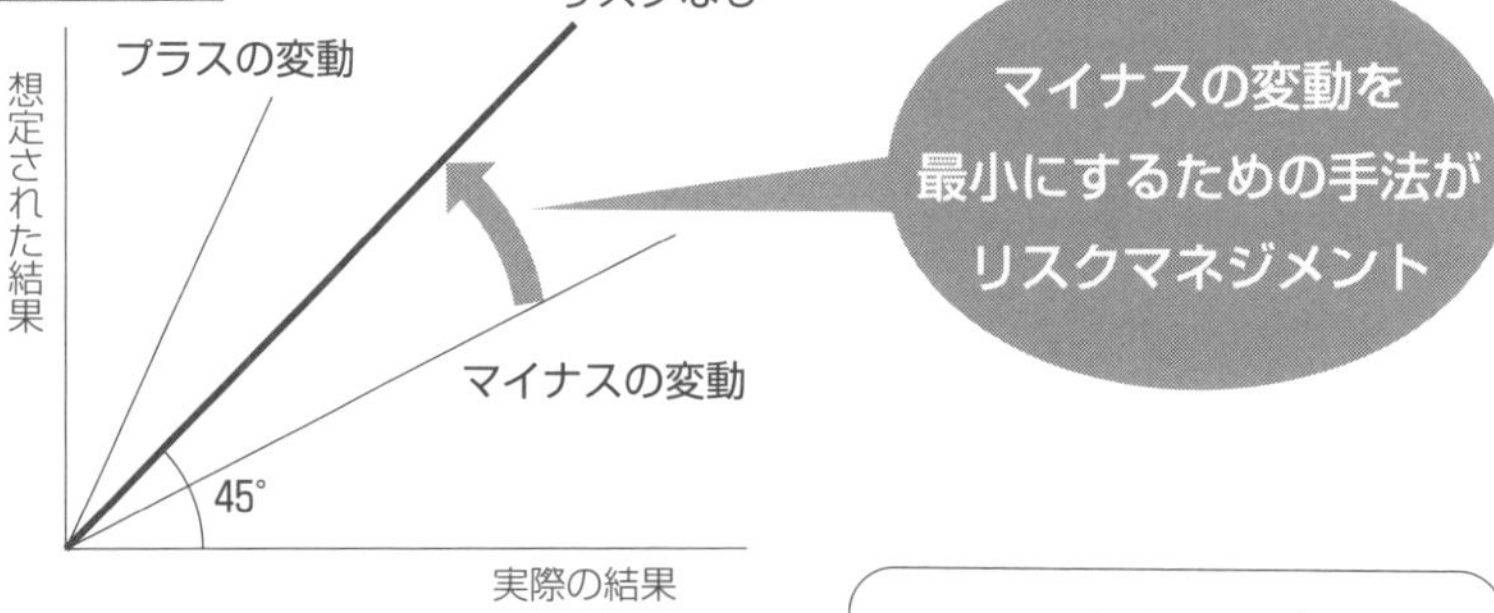

リスクなし
プラスの変動
想定された結果
マイナスの変動を
最小にするための手法が
リスクマネジメント
マイナスの変動
45°
実際の結果

ところで、右ページのめいじろう君が不合格のリスクを小さくするには他にどんな方法があるかな？

　一発勝負の一般入試だけだと、試験当日たまたま体調が悪くて実力が発揮できないこともあるから、全学統一入試とか、センター入試も受けてチャンスを増やした方がより合格可能性が高まるよね。このやり方は専門的にはリスクの分散と言ってマイナスの変動を減らすために使う方法です。

合格圏内のめいじろう君
当日
オナカイタイ…
マイナスの変動
増
合格圏内のめいじろう君
全学統一入試
センター試験
リスクの分散
マイナスの変動
減

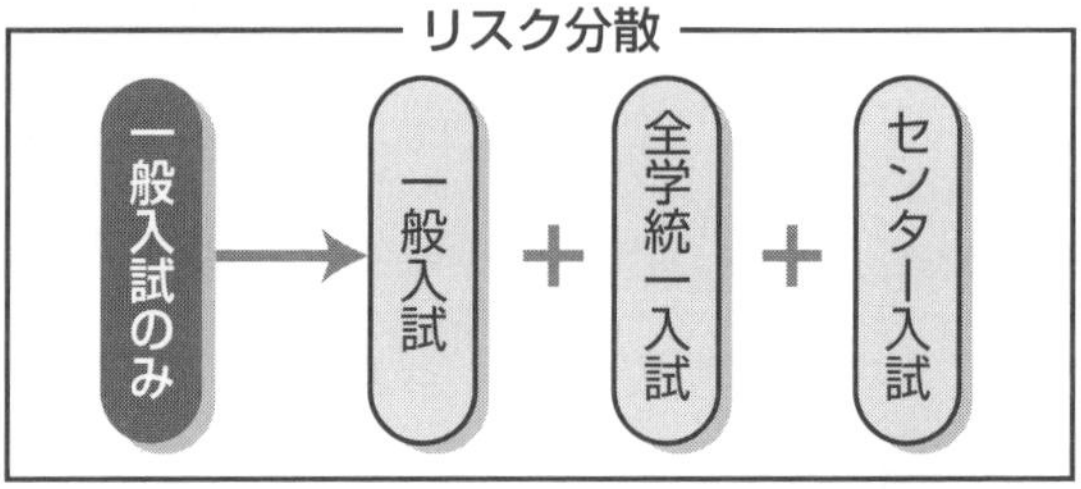

リスク分散
一般入試のみ
一般入試
＋
全学統一入試
＋
センター入試

逆にめいじろう君が不幸にしてE判定なら不合格が確実視できるので、それはそれでリスクは高くないということになります。そして大逆転で合格すれば、これはプラスの変動で、めでたし、めでたし、となります。

E判定のめいじろう君
前もって不合格になる事を知っているので、予想がついている。という意味で
リスクナシ
プラスの変動
大逆転合格！

2

ハッピーな毎日を送るために必要なもの……それが保険です

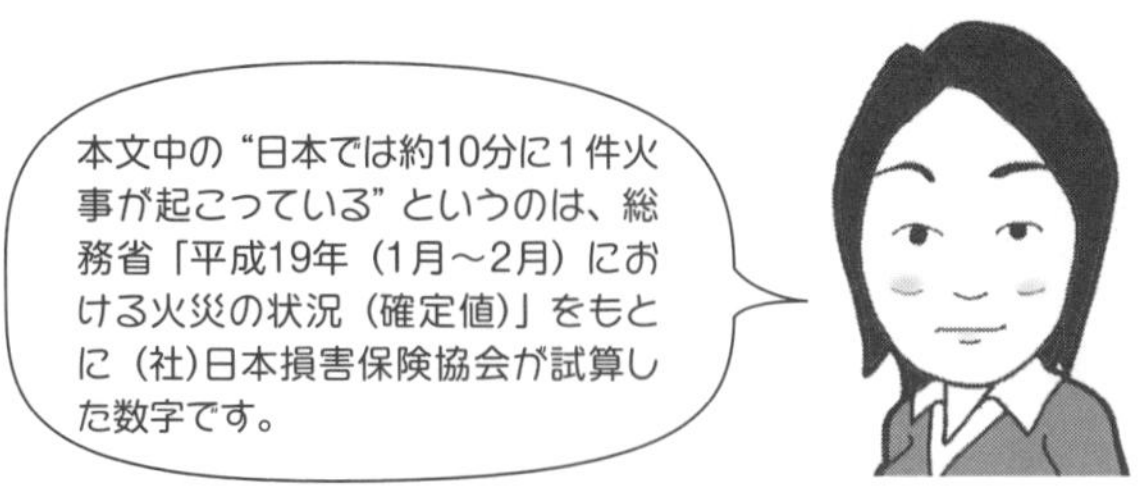
本文中の“日本では約10分に1件火事が起こっている”というのは、総務省「平成19年（1月～2月）における火災の状況（確定値）」をもとに（社)日本損害保険協会が試算した数字です。

縁起の悪い話で恐縮ですが、火事の被害にあった経験がある人はいますか？「火事なんて自分には関係ないよ」と言い切れれば幸せなんだけど、そういう発想はあまりに楽天的。何せ日本では約10分に1件火事が起こっているんだから、明日は我が身と思わなくちゃね。でも火事の心配ばかりして、おびえて暮らすのもイヤだよね。そこで、保険を使って、リスクにキチンと気を配りながら、経済的に安定した暮らしをしてみるっていうのはどうかな？

保険制度とは、火災以外にも交通事故、病気といった同種の危険にさらされた人が多数集まり、事故の発生に備えてあらかじめ決められた少額のお金（これが保険料）を出し合い、実際に事故にあった人にそのお金を使って支払いをする（保険金を支払う）という仕組みです。保険は助け合いの制度ですが、近代的な保険制度というのは単なる助け合いではありません。過去の統計をもとに、事故が発生する確率と事故がおこった時の被害金額を想定し、それをもとに保険料が計算されます。この想定は同じような状況の人を多く集める、統計学的にいえばサンプルを増やすほど、正確になります。これは大数（たいすう）の法則が作用するためです。

保険ってよくできた制度でしょ？　保険を活用してハッピーな生活を送ろうね。

保険のしくみ

保険加入者
保険料の支払
保険会社
転ばぬ先の
つえ
保険金
火災発生
!!
保険会社
保険金
保険金デス！
保険会社
無事で
よかったね
うん！
火災が未発生だったほとんどの家
保険金の支払い無し
火災にあった少数の契約者
保険金が支払われる

3

三層構造の生活保障システム

入院中も企業に所属し、入院前と変わらぬさまざまなサービスを受けられたのは企業保障のおかげです。
企業保障
保障

突然ですが、自分の身内がガンと宣告されたらどうしますか？　精神的ダメージはもちろんですが、こんなとき避けて通れないのが治療費の問題です。㈶生命保険文化センターが２００８年に作成した『医療保険ガイド』では、40代の男性サラリーマンが胃ガンで胃の摘出手術を受け36日入院して職場復帰したという例を挙げ、職場復帰までにかかった医療費とその他の支出の合計額を２８４万２０９２円と計算しています。どうやってこの費用をまかなえばいいのか……でも絶望的な気分になる必要はありません。

生活保障システムは最も根本にある公的保障、その上乗せに当たる企業保障、さらにその上の私的保障の３層から成り立っています。このサラリーマンに対してはまずは公的医療保険（健康保険）で医療費の７割、つまり２３４万２３０４円が支払われます。残額については、生命保険の入院給付金と手術給付金として36万円が支払われ、残り１３９，７８８円は自分の預金でまかないました。これらは私的保障にあたります。

国民全員が公的医療保険に加入できることは、わが国の誇るべき特徴です。でも、実は公的保障の財政問題はとても深刻で、少子高齢化社会がさらに進行していくと、今の制度を維持していくのが極めてむずかしくなるのが現実です。だからこそ、自分の身は自分で守る、つまり自助努力としての民間の保険の役割がますます重要になっているのです。

生活保障システムの三層構造と保険の分類

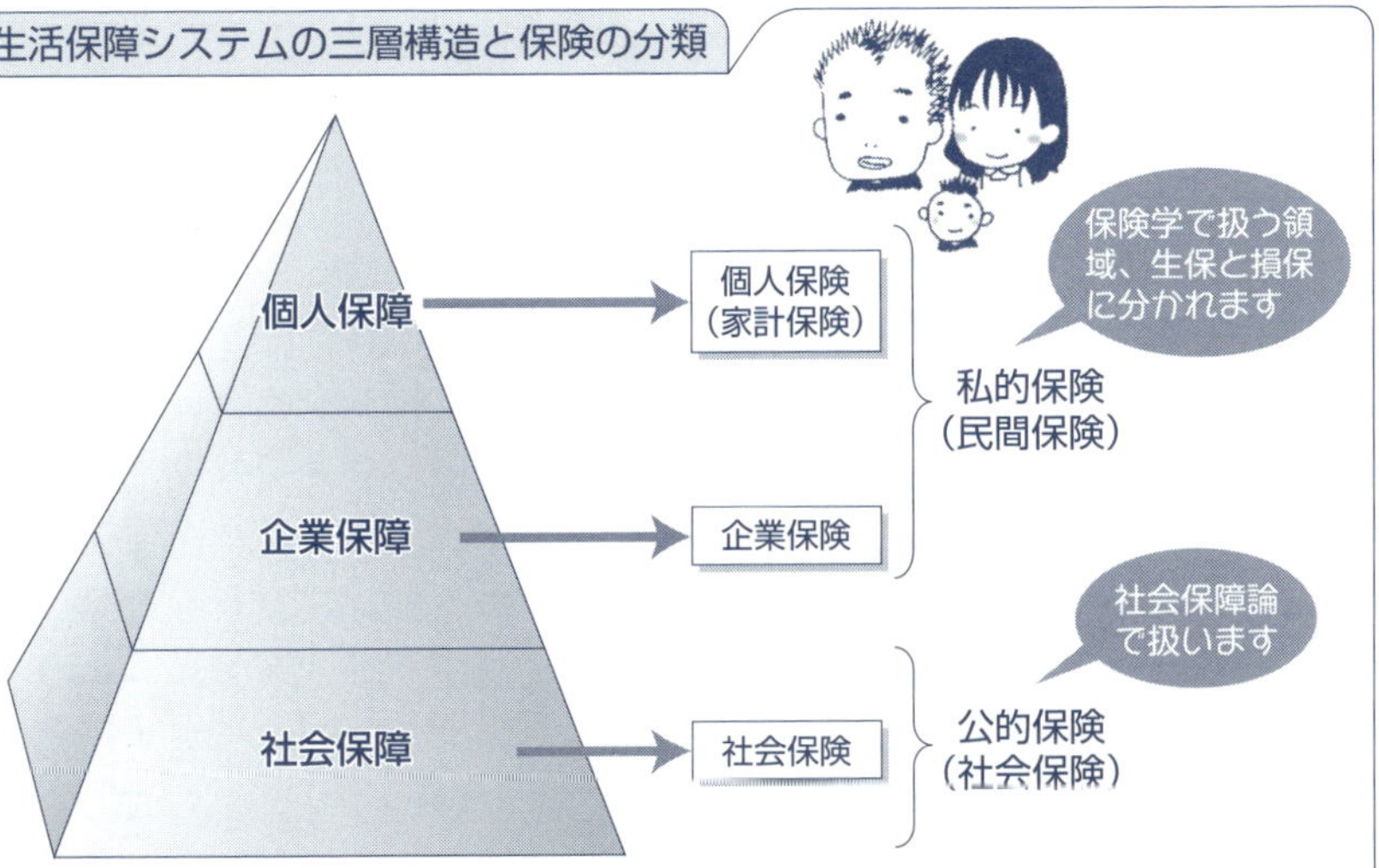

個人保障
企業保障
社会保障
個人保険
（家計保険）
企業保険
社会保険
私的保険
（民間保険）
公的保険
（社会保険）
保険学で扱う領域、生保と損保に分かれます
社会保障論で扱います

あなたに何かあったときには、国や会社も守ってくれます。

何かあったときのために、自分自身で準備する保険や預貯金を、「個人保障」とよびます。
このほかに、国などによる「公的保障」、企業による「企業保障」があります。

※自営業の人や、勤め先によっては企業保障はありません。

この3つが、あなたに何かあったとき、生活を守ってくれます。

何かあったときに、生活を支えるお金 ＝ **公的保障**（国など）遺族年金、健康保険など ＋ **企業保障**（会社）死亡退職金、弔慰金など ＋ **個人保障**（自分）保険、預貯金など

だから、個人保障（保険や預貯金）は、他の保障とのバランスを考えて準備しましょう。

（資料：（財）生命保険文化センター『ほけんのキホン』2009年、5ページ。）

4

生命保険が「生きること」を強力にサポート

生命保険には、「いざ」というときのために入ります。生命保険会社は、加入者が払い込んだ保険料を使って、株を買ったり国債を買ったり土地を買ったり、または資金を他の企業に貸したりして運用し、それを原資に加入者が事故にあったときや死亡したりしたときに保険金を払う金融機関なのです。

「あなたは生命保険を身近な存在と感じますか?」たぶんほとんどの人の答えはNoでしょう。でも生命保険の世帯加入率は90・3%（『平成21年度　生命保険に関する全国実態調査』㈶生命保険文化センター）で、実際には生命保険と無関係の人の方が珍しいということになります。スイス再保険会社のレポート（Swiss Re, *Sigma*, no.3,2009）によると、2008年度の生命保険の収入保険料の世界シェアは第2位で14・74%を占めます（ちなみに第1位はアメリカ合衆国で23・22%となります）。そしてこの金額は日本の国内総生産（GDP）の7・6%を占めます。日本の生命保険は厳しい時代を迎えている、といわれて久しいですが、国際的にも確固たる地位を占め続けているのは確かですね。

生命保険といえば、「一家の大黒柱に万が一の事態があった場合に遺族への保障を提供する」という死亡保障がかつてのイメージですが、今は自分が生きるために必要なあらゆる保障を提供する存在に変わりつつあります。余命6ヶ月以内と宣告された場合に保険金の一部が支払われ、最後の時間を充実させる資金が得られるリビングニーズ特約はほぼ全ての死亡保険に組み込まれています。また、主力商品は死亡保障から、病気やけがに備える医療保険や老後の生活を支える個人年金保険にシフトしてきています。人生を豊かなものにしたいのならば、生命保険をうまく利用しなくちゃね。

ライフサイクルと必要資金

年代
20代
30代
40代
ライフサイクル
必要資金
結婚資金
自宅資金
教育資金
50代
60代
その他
子供の結婚資金
親の介護費用
老後の
生活資金問題
離婚

（資料：Kapoor, J. et al., Personal Finance, 7th ed. McGraw Hill, 2004.）

利率変動型積立終身保険のイメージ図

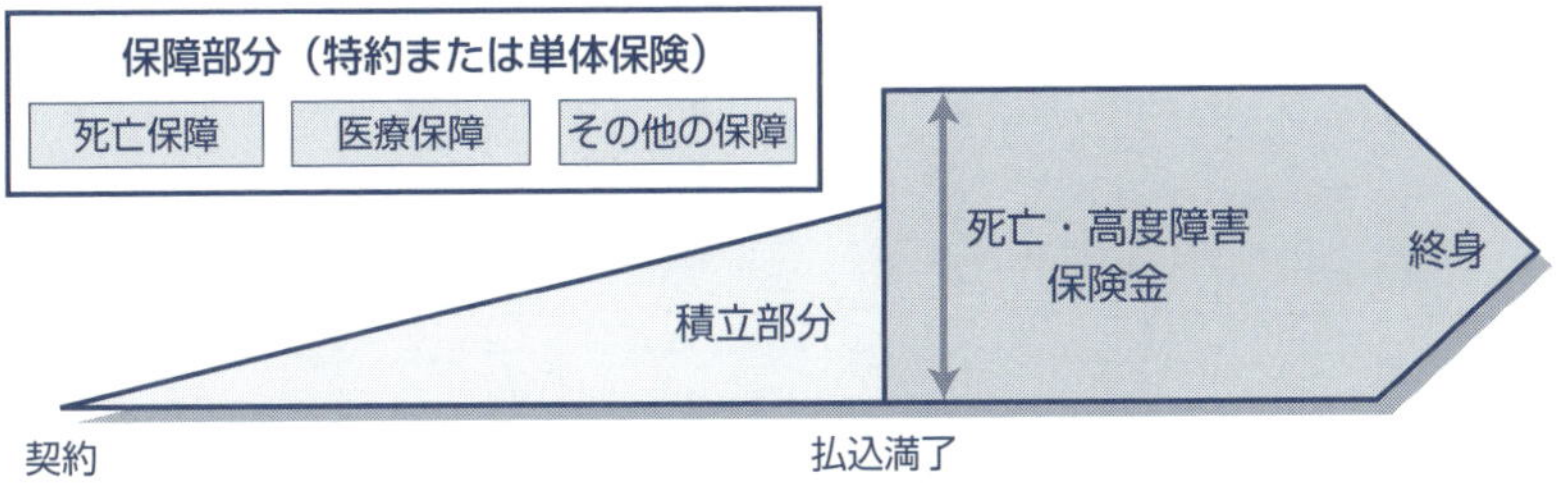

保障部分（特約または単体保険）
死亡保障
医療保障
その他の保障
積立部分
死亡・高度障害
保険金
終身
契約
払込満了

（資料：http://www.jili.or.jp/tebiki/tebiki.pdf.）

保障
積立
アカウント型

「利率変動型積立終身保険（アカウント型）」について
上の図のように、人生で必要となる資金は人それぞれですし、同じ人でも人生のステージごとにことなります。このようなライフサイクルの変化に対応するため、保険料を保障部分と積立部分に分け、その配分を自由に何度でも変える事ができる「利率変動型積立終身保険（アカウント型）」が2000年に登場しました。この保険によりその時の自分のニーズに合わせた保障を確保できるようになりました。ただし同時に、資産運用実績により将来の受け取れる保険金の額が変動する、というこれまでの保険にはなかったリスクも背負うことを忘れてはいけません。

5

「リスク対応」が損害保険のビジネスです

1885年にガソリン自動車が発明され、人々の暮らしは飛躍的に便利になりました。しかし同時にそれまでになかった「自動車事故」という新たなリスクが生み出されたため、1896年には自動車保険の販売を開始しました。このように損害保険は新たなリスクに対応するためカバーする範囲を広げ続けています。

社会が発展するほど、リスクは巨大で複雑になっていきます。今ではロケットや原子力発電所など1件で何百億円という巨額の物件を引き受けることもめずらしくありません。でも、どうしてこんな離れワザみたいなことができるのでしょうか?それは、保険会社が自社で負担したリスクの一部についてさらに保険をかけて、1社あたりの負担金額を小さくしていく再保険という仕組みがあるからです。これにより保険市場全体にリスクを分散させることができます。最近ではリスク処理の舞台は資本市場にも広がり、リスクを証券化して、金融商品の形で投資家にリスク負担を分散させる手法が広く用いられています。

保険商品の提供はもちろん、リスクマネジメントサービスを提供し、社会の華やかな発展を裏から支えているのが損害保険会社です。2009年には新型インフルエンザに対応可能な保険はもちろん、流行期に企業活動を継続させるための事業継続計画の提供もしました。損保はワクチンに負けず劣らず大切なインフルエンザ対策になっています。

近年新発売された損害保険商品例

チャイルドシート育英費用保険、生損保一体型保険、テロ・政情変化対応保険、海外災害対応保険・積立管理組合総合保険、損保代理店賠償責任保険、IT業務賠償責任保険、企業総合賠償責任保険、事業総合保険、土壌汚染リスク簡易診断付き保険、夏の高校野球応援団保険、新お祭り総合補償プランリスクの証券化は正しく行えばリスク処理の可能性を広げる画期的な手段です。しかし近年では本来の目的を見失って、投機目的の複雑な金融商品として展開し、2008年以降の世界同時不況の引き金となってしまいました。

アメリカでは不動産需要を掘り起こすために、銀行は返済能力に問題がある（サブプライム）住宅購入者向けの融資を2000年代前半から乱発しはじめました。銀行がこんな危ない取引ができた最大の理由はこのようなサブプライムの融資先が資金返済できなかった場合に保証を与えるクレジットデフォルトスワップ（CDS）取引を投資銀行と行っていたことにあります……。

こんな感じで、サブプライムローン問題に端を発した金融危機について説明できますが、ちょっと難しいよね。だからみんなは以下の例を使って、リスクの証券化とCDSについてのポイントだけでも理解してくださいね。

リスク証券化とCDS

最近の金融商品は、このような証券化されたリスクを組み合わせて販売されることが多く、投資家は自分が買う商品のリスクの程度を十分に理解できていない例が少なくありません。

投資家

巨大リスク

切り分ける
＝
リスクの証券化

CDSはサブプライムローンというハズレのケーキを大量に含んだ福袋みたいなものと思ってください。ケーキ店の店主はそれなりの品質だと過信してサブプライムローンというケーキを入荷し、他のケーキと混ぜて格安の福袋を販売し利益を得ました。これに味をしめた店主はさらに「サブプライムローンケーキ」の比重をドンドン高めていき、いつの間にか自分でも「サブプライムローンケーキ」とそれ以外の区別が付かなくなり、格安福袋の販売に夢中になっていました。そしてある時、福袋を買ったお客さんがひどい食あたりを起こし、自分がひどい品質のケーキを売っていたことにやっと気づきました。でもすでに「後の祭り」で、対応に追われているうちに倒産に追い込まれてしまいました。ケーキ屋が倒産すると、小麦粉をおろしていた業者も収入がなくなり……というように、連鎖倒産が相次いだといった感じです。

6

保険で創り出す「信用」

ちなみに2番目に大きな買い物は生命保険と言われます。

マイホームの購入は人生最大の買い物と言われますが、たいていの人は住宅ローンを組んで購入すると思います。言い換えれば、ローンを返さなくちゃいけないのです。35年とか40年なんて長期のローンを組んでその間ずっと元気に働けるかな？　リストラされて収入がなくなっちゃったらどうしよう……なんて考え始めたら、家を買おうなんて気持ちはしぼんでしまいます。でも、そんなに落ち込まないで！　保険がそんな不安を解消します。

住宅ローン保証保険は、ローンの利用者（正確には債務者）が自ら保険料を負担して生命保険に入り、死亡事故などが生じたときに、この保険金によりローンの残額が支払われます。これにより残された家族は家を手放すことなく、そのまま住み続けることができます。さらにリストラなどによる収入の喪失に備えて個人ローン信用保険というものがあります。さらに金融機関は火災により資産がなくなるという事態を避ける（債権保全）のために、ローンを組む段階で借り手に対し火災保険への加入を義務付けています。

このように保険には信用を創造する機能があります。もし保険がなかったら金融機関は安心してお金を貸すことができないし、借りるほうも怖くて借りられません。そんなことになったら誰も家を買えなくなって社会は停滞してしまう……。保険はこんな社会のピンチを救っています。

住宅ローン保証保険の仕組み

保険会社
よろしくお願いします
¥
保険料の支払い
35年ローン
住宅ローン利用者（債務者）
返済
お借りします
借り入れ
住宅ローン
○○銀行
金融機関（債権者）
保険会社
何かあったらこれで…
死亡保険金（ローンの返済）
はい！
金融機関

7

安くて良質の保険商品を見つける方法

保険の価格を示す保険料には普通の商品の価格とはちょっと違った特徴があります。普通の商品なら需要と供給の関係から、みんなが欲しがる商品は値段が上がり、売れない商品は値段が下がっていきます。

でも保険の場合は需要と供給の関係だけから価格が決まるものではありません。保険料は純保険料と付加保険料から成り立ちますが、純保険料は事故発生確率を反映した部分であり、事故を起こしやすければその分保険料が高くなります。別の会社に行ってもこの傾向は変わりません。これに対し、付加保険料は保険募集や契約管理のコストを反映した部分なので、会社により差が出ます。

ところで、保険料が少しでも安い会社の商品を買うのが賢い選択でしょうか？　答えは必ずしもＹｅｓではありません。インターネット販売で人件費を削減して低価格化を実現した商品を購入するのはいいことですが、高額の商品を購入する場合は対面販売で十分な説明を受けてから購入する方が好まれる場合もあります。その他、配当の有無や将来的な保険料の変化などが影響してきますので、保険商品を現時点の保険料のみで序列化してその優劣を評価するのは不可能に近いことです。保険学で保険料の仕組みや契約条件を理解することが「安くて良質の保険商品を見つける方法」最良の方法かもしれません。

保険はこんなところでも買えます
万が一のために
医療保険に入ろう
保険料比較
インターネット
自賠責保険は
郵便局でも
加入ができます
携帯電話
24
自賠責保険
に入りたい
のですが…
生命保険に
入りたいの
ですが
スーパーマーケット
百貨店
銀行
銀 行
通 販
空港には
旅行傷害保険
の自動販売機
があります
いってきま～す
自動販売機

8

「かゆいところに手が届くサービス」続々登場!!

2010年4月に保険法が施行されると、保険会社も共済も同じ法律の下で規制されることになります。
少額短期保険業者は2006年4月に新たに認められた保険業の形態です。

「そんなに高額な保障はいらないけど、病気に備えたい。」そんなあなたは「共済」に目を向けてみてはいかがでしょうか？　共済は同じ職業の人や同じ地域に住んでいる人が組合（協同組合といいます）を作り、組合員の死亡や財産損害などをカバーする制度です。共済は民間の保険より商品のラインナップは少なく保障金額も少額だけれど、一般的に掛金（保険料）は安くなっています。ちなみに、共済最大手のＪＡ共済の２００９年３月期の総資産は43兆２１０４億円で大手生保に匹敵する規模を誇りますし、その他、全労済、都道府県民共済、コープ共済といった生協共済も含め共済は一大勢力になっています。

また、「ペットの治療費のための保険が欲しい」「持病があるので保険に入れないけれど、何か保障がほしい」といった一般的な保険ではカバーしきれない要望がある場合には少額短期保険業者を利用するという手があります。少額短期保険業者は、従来の保険会社に比べ資本金などの設立条件が緩和され新規参入しやすくなっていますが、少額で短期の保険商品しか販売できないといった制約があります。２００６年にはわずか2社の登録でしたが、２０１０年１月現在66社と増加してきています。

「かゆいところに手が届くサービス」を手に入れるための選択肢は増えています。あとは自分の生活環境などを考慮して自分にあった保障手段を選択してね。

世界の保険類似の助け合い制度

世界にはさまざまなタイプの保険に類似した助け合い制度があります。まずは、近代的な保険が確立する以前から世界各地で活用されてきた制度をいくつか紹介します。

☆日本の場合：無尽（むじん）、頼母子（たのもし）

近世に確立した地域の互助組織。無尽や頼母子と呼ばれる講（こう）を組織し、会員は決められた条件（偶発的事故、困窮度など）を満たすと、出資した資金の一部または全部が受け取れる仕組み。早く条件を満たすほど出資が少なくて済みます。

☆ブラジルの場合：コンソルシオ（consorcio）

二輪バイクの購入時に盛んに利用されてきました。抽選に当たった人に現物の二輪バイクが支給されますが、日本の無尽や頼母子同様、早く当たるほど得をします。都市部では若干廃れつつありますが、低所得者層が多い農村部では現在も重要な役割を果たしています。

これに対し、近代的な保険では満たされない需要に対応するため新たに生まれた制度もあります。

☆イスラム圏：タカフル(takaful)

イスラム法（イスラム教徒の宗教や生活に関する規定でシャリアと呼ばれます）を遵守した保険類似の仕組みです。1979年にスーダンで世界初のタカフル会社が設立され、近年急成長しています。

伝統的な保険はイスラム法で禁止される3つの要素（不確実性要素、賭博要素、金利要素）を含んでいるため教義に反することになります。そこで、一般の保険の契約者にあたるタカフル参加者が支払うのは保険料ではなく、経済的に困窮した人を救うために使われる基金への「寄付」と位置づけます。しかし、実際の運営は一般の保険とあまり変わらないようです。

イスラム教徒は世界の人口の約1/4を占めますが、教義との関係から保険の普及はあまり進んでいませんでした。現在、世界中の保険会社が盛んにタカフル市場に進出しており、今後目の離せない存在になりそうです。

COLUMN

2つのゼミのリンク
～ダブル・コア履修学生インタビュー

▼平田 瑞樹（2年）

〔所属ゼミナール〕総合学際演習・鳥居高ゼミナール
商学専門演習・中林真理子ゼミナール

私は商学専門演習では中林ゼミに、総合学際演習では鳥居ゼミに所属しています。中林ゼミでは主にリスクマネジメントを学んでいます。いまはまだ専門的な勉強に片寄ることなく、保険やリスクについて幅広く学んでいます。やはり商学専門ということで、テキストに出てくる保険などの専門用語には毎回初めて目にするようなものもありますが、その都度調べたり質問したりして、勉強しようという意識が高いゼミ学生が沢山います。また私はとくに、リスク管理のなかでも企業不祥事に対するリスクについて興味があります。夏の合宿では、企業が不祥事に対してどのようにリスクマネジメントしているのかを調べました。日本の社会では毎年いくつもの不祥事が起こるので、今後もこのテーマで研究していきたいと思います。

一方、鳥居ゼミではアジアについて学んでいます。アジアについてと言うと少し大雑把ですが、アジアのとくに途上国の経済発展や、日本企業のアジア進出や工場の移転など日本経済との関わりを中心に学んでいます。しかし、そればかりではなく文化を学ぶことや時には地方へ出て企業訪問などもして知識を深めています。また2年生の前期には、毎週アジア関連の新聞記事

を1つ見つけて、毎回のゼミの時間にそれを発表などもしていました。

中林ゼミも鳥居ゼミも自分で勉強しようと思える環境が整っていて毎回のゼミの時間が楽しみです。ゼミを選ぶときには、商学部に入ったのだから専門的な勉強をしたいという気持ちがありました。一方で、アジアの文化や日本企業のアジア進出などにも興味があったため、アジアについて学ぶ鳥居ゼミに入ろうと決めました。その後、中林ゼミに入ると決めるとき、初めは2つのゼミで課題や授業をやっていけるのかなという悩みもありました。

しかし、ゼミが始まってみると、その大変さのなかにやはり、やりがいというものを感じることができました。ダブル・コアを履修することによって、2つの全く別の研究テーマにも思えるゼミでも、実は繋がっている部分が多いことに気づかされました。たとえば、日本企業がアジアの途上国に進出する際、リスクというものがつきまといます。そのリスク回避については当然考えなくてはなりません。このような形で2つのゼミの勉強が繋がっているのです。もちろんマーケティングやマネジメントなどの分野のゼミでも同じように2つのゼミで学んでいることを結びつけることができると思います。ここにダブル・コアの魅力や面白さがあると思います。

COLUMN

背伸びしようよ！
～ファイナンス&インシュアランス・コース 履修学生インタビュー

▼依田 竜太（4年）

〔所属ゼミナール〕商学専門演習・森宮康ゼミナール

〔卒業後の進路〕アメリカンファミリー生命保険会社（就職内定）

　私はファイナンス&インシュアランス・コースで長い歴史を持つ森宮ゼミに所属し、そこでゼミ長を務めています。

　最初にゼミの活動について順を追って紹介していきます。森宮ゼミは「リスクマネジメントと保険」について研究していくゼミです。「リスク」というと大多数の人は「危険」という意味でとらえると思います。しかし本ゼミではそれを「損失の不確実性」と定義しています。たとえば明日雨が降るとします。そしてどの程度自分が雨によって濡れるかはわかりません。この「わからない」というところが「損失の不確実性」なのです。そして雨というリスクに対して、人は傘を持参したり、長靴を履いたりします。これが「リスクマネジメント」なのです。その最たる手法が保険というわけです。私たちはリスクマネジメントという切り口で企業活動から経済の流れなどを幅広く研究しています。具体的には毎週新聞を読みながら、保険界の重鎮である森宮康先生の解説を聞き、そして自分たちも議論しあってリアルタイムなリスクセンスを養っています。大きな活動としては東京学生保険ゼミナールへの参加が挙げられます。私たちのテーマは「保険金不払い問題」についてです。ゼミのチームで論文を書き上げ、発表用の資料を作成したりなど大変ではありましたが、よい経験になりました。

　リスクマネジメントとは関係はありませんが、３年生の夏に私たちゼミ生有志４名でニューヨークへ行きニューヨーク在住のOB・OGと交流し、さらに残りのゼミ生がいる東京とニューヨークとをインターネットで結びビデオ会議を行いました。この活動は一層の国際化を目指す明治大学にとって大きな一歩になったそうです。また後に、この手法を用いて特別テーマ実践という授業のなかでブラジルのサンパウロ大学とビデオ会議を行い、自分の価値観が拡がりました。

以上がおおまかなゼミの活動です。私は森宮ゼミでゼミ長をして大きく変わることができたと思います。森宮ゼミに入ろうと思ったきっかけは、先輩に「就職に強い」と薦められたからという何気ない小さなことでした。そしてゼミ長に立候補したのも、小中高と文化祭や運動会をサボってばかりいた自分をサボれない環境に追い込むのが理由でした。しかし、きっかけなんか何でもいいのです。背伸びしなければ、背は伸びないと私は思います。事実、就職活動の面接試験などでもゼミ活動やゼミ長の話を中心に話しましたし、それで希望業界であった金融業界への内定が得られたということは、さまざまな活動を通して経験値を上げた私を評価してもらえたということだと感じます。

最後に来年社会人になる私の決意を述べて締めくくりたいと思います。外国人が日本人の会議に参加して「とても不毛な時間だった」と漏らすそうです。なぜなら誰がこの議題の責任者なのか、誰が決定権を持つのかという点が曖昧なまま始まり、終わるからだそうです。外国人に合わせるわけではないのですが、これについては私も同意見です。森宮ゼミのOBとして、リスクを恐れずリスクを見極めてリスクテイクしていく人間に私はなりたいと思っております。

ゼミナールの夏期合宿

5限目

人生を経済学で考える

①誕生前の保険
②待機児童を減らすためには
③お受験の目的
④賃金の男女差別
⑤責任ある投票行動
⑥定額給付金の経済効果
⑦格差拡大の真因
⑧得する世代と損する世代

経済学 ● **畑農 鋭矢** 先生
（アプライド・エコノミクス・コース）

1

誕生前の保険

弱者や困窮者を保護するため、社会保障制度は不慮の災難や事故に対処し、人類の幸福に大きく寄与してきました。しかし、このような不確実性に対処することは民間の保険会社にもできます。なぜ、政府が社会保障制度を整備する必要があるのでしょうか。

ここで、哲学者ジョン・ロールズの「無知のベール」という考え方が有効です。無知のベールとは、社会の状況は知っているが、自分自身の状況（能力、家族環境、経済状況など）については無知なことをいいます。このような状況で、人はどのような社会保障制度を望むでしょうか。貧弱な社会保障制度でしょうか。充実した社会保障制度でしょうか。

たとえば、生まれる前のことを想像してください。どのような家庭環境に生まれるのか、どのような能力を持って生まれるのかわからなければ、充実した社会保障制度があった方が誕生後のリスクは少なくなります。つまり、社会保障制度は人生開始前の保険として機能しているのです。このような保険は民間の保険会社には到底提供できません。

しかし、手厚い社会保障制度にも弱点があります。人々の意欲を失わせてしまうのです。たとえば、失業保険制度が充実していると、失業しても当面は生活に困りません。この場合、職探しの意欲は低下するでしょう。つまり、誕生後のことを考えると、手厚い社会保障制度は経済活動の妨げになります。社会保障制度の充実にも自ずと限界があるのです。

いくよ～
どっち
にする？
成功するか
どうかわから
ないからな…
社会保障制度のない社会
社会保障制度の充実した社会
全部俺様のもの！
これだけ…
助け合おう
ありがとう
成功すれば
◎
チガウンダケドナ～
失敗しても
安心
ハタラカナクテモ
ダイジョウブ～

2

待機児童を減らすためには

待機児童とは、定員の制約から保育園に入園できずに順番待ちの状態にある子どものことです。

２００９年４月現在で全国に約2万5千人の待機児童がいます。この統計は認可保育園への入園希望を対象にしていますので、あきらめて認可外保育園に入園した子どもは漏れている可能性があります。

待機児童は、景気が悪くなると増える傾向にあります。しかし、長い目で見ると、女性の社会進出が進んだために保育園の需要が増えていることが最大の要因です。政府は保育園の増設を進めていますが、待機児童は必ずしも減っていません。

需要・供給曲線で考えると、待機児童は保育需要が供給よりも多いために生じます。このとき保育価格（保育料）は均衡価格より低いので、需給一致のためには保育料を引き上げるべきです。保育料を抑制することは逆効果になります。また、保育料抑制は保育園に低価格競争を強いて、補助のない認可外保育園の保育士は劣悪な就労環境におかれます。

待機児童は、都市部に多く、また3歳未満に集中しています。したがって、都市部の保育料を高く、また3歳以上の子どもに比べて、3歳未満の子どもの保育料を引き上げるべきです。ただし、この政策によって育児の負担が過重になるのであれば、子どもを持つ家庭への財政的支援を拡充する必要があります。このとき、補助を与える対象を低所得層に限定するなどの措置がないと、財政負担が非常に大きくなることには留意すべきです。

待機児童数の推移

	待機児童数				
年	総数	3歳未満		3歳以上	
2002	25,447	16,792	(66.0%)	8,655	(34.0%)
2003	26,383	17,893	(67.8%)	8,490	(32.2%)
2004	24,245	16,446	(67.8%)	7,799	(32.2%)
2005	23,338	15,831	(67.8%)	7,507	(32.2%)
2006	19,794	13,650	(69.0%)	6,144	(31.0%)
2007	17,926	12,942	(72.2%)	4,984	(27.8%)
2008	19,550	14,864	(76.0%)	4,686	(24.0%)
2009	25,384	20,796	(81.9%)	4,588	(18.1%)

(注：カッコ内は総数に占める割合。)
(資料：厚生労働省「保育所の状況等について」各年４月１日。)

地域別の待機児童数

	待機児童数	
北海道・東北	2,609	(10.3%)
北関東	500	(2.0%)
南関東	13,986	(55.1%)
中部・東海	1,149	(4.5%)
近畿	3,528	(13.9%)
中国・四国	447	(1.8%)
九州・沖縄	3,165	(12.5%)
合計（全国）	25,384	(100.0%)

(注：カッコ内は全国に占める割合。)
(資料：厚生労働省「保育所の状況等について」2009年４月１日。)

保育市場の需要・供給曲線

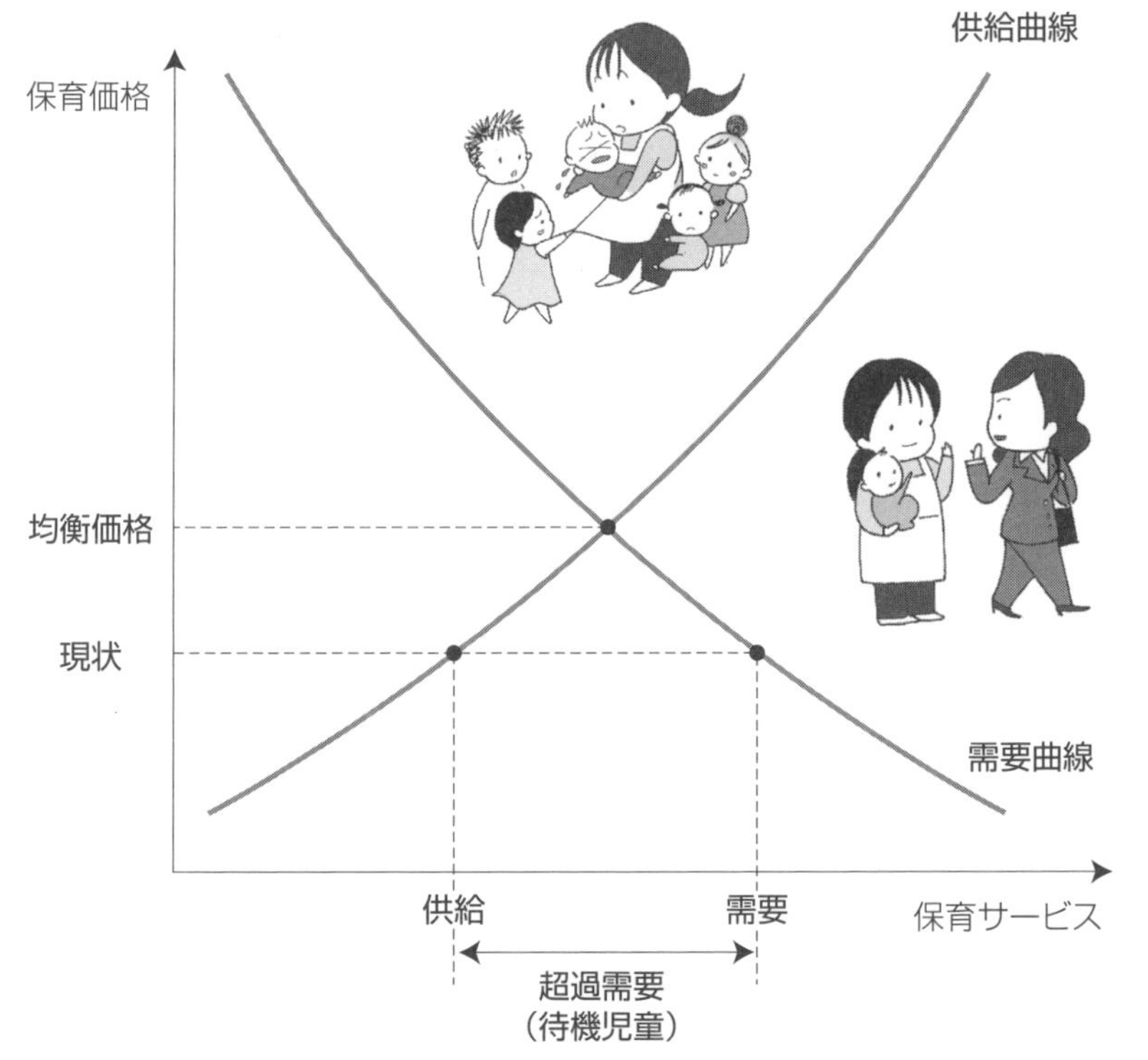
供給曲線
保育価格
均衡価格
現状
需要曲線
供給
需要
保育サービス
超過需要
（待機児童）

3

お受験の目的

小学校、中学校、高校、果ては大学でも、いわゆる「お受験」は一部の有名校に集中します。有名校の卒業生は、その後の人生においても恵まれた環境のなかを進むことが多く、優秀な人が多いと考えられているのでしょう。

経済学者ゲーリー・ベッカーは、教育の最大の効果は人の能力を高めることにあると考えました。この理論は一見説得的です。われわれが嫌いな勉強をするのは、勉強が自分の能力を高めてくれると考えているからでしょう。すると、皆が有名校に入りたがるのは、その教育が優れており、われわれの能力をより高めてくれるからということになります。

しかし、有名校の卒業生が優秀なのは本当に学校教育が優れていたためでしょうか。有名校の入学生が元々優秀だっただけとは考えられないでしょうか。そう考えると、有名校の教育には実質的な意味はないのです。仮にそうだとしても、優秀な人々は有名校に入りたがるというのが、経済学者マイケル・スペンスによるシグナリング理論の説明です。

一般に、人の能力は企業には正確にわかりません。このような場合、優秀な人は有名校に入学することで、自分の優秀さを企業に誇示します。企業側も有名校の卒業生が平均的に優秀であることを知っているので、有名校の看板を重視するのです。大学生が勉強せず、卒業という看板だけを求めるのも、必ずしも非合理的な行動とは言えません。

マルの大きさ＝能力

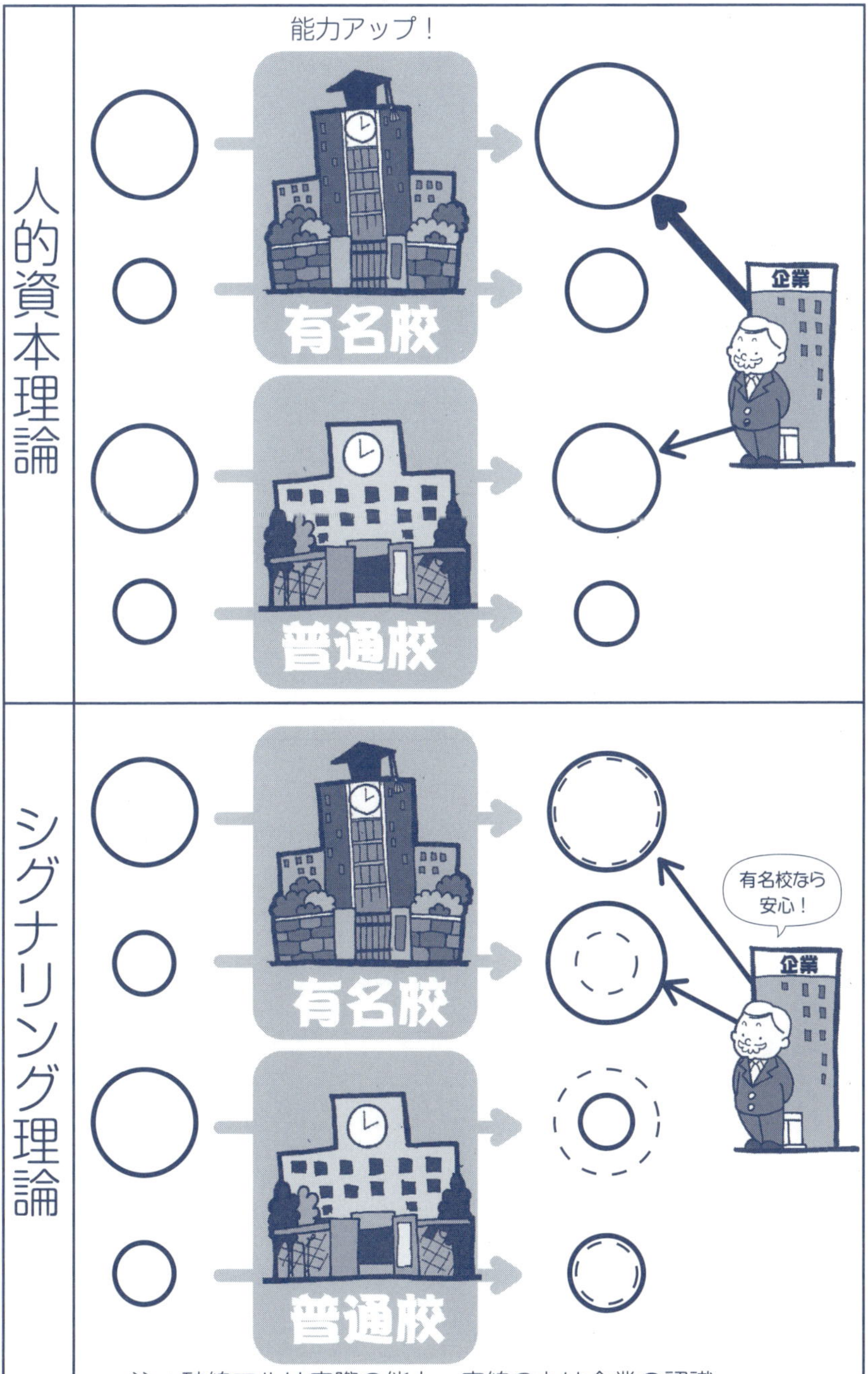
人的資本理論
能力アップ！
有名校
普通校
企業
シグナリング理論
有名校
普通校
有名校なら
安心！
企業

注：破線マルは実際の能力、実線の丸は企業の認識

4

賃金の男女差別

古今東西、差別は人間の歴史とともにあります。もちろん、経済活動も差別と無縁ではありません。たとえば、性別によって賃金には大きな格差があります。この賃金格差は能力差を反映していると考えることもできますが、これまでの研究蓄積によると、同じ能力と考えられる男女の間でも女性の賃金は男性の賃金より低くなる傾向にあるようです。

1つの説明は、経営者が男性を好み、女性を嫌っているというものです。しかし、この仮説には弱点があります。女性の能力を正当に評価する企業と比べて、女性を嫌う企業は生産性の高い女性労働者を逃してしまうために利益が少なくなり、遅かれ早かれ駆逐されてしまうのです。つまり、差別が長期的に温存されることをうまく説明できません。

これに対して、経済学者エドモンド・フェルプスは統計的差別仮説を示しました。一般に、企業は労働者個々の能力を完全には把握できません。このとき、能力の平均に男女差があると、企業は高平均の集団に好条件を提示すれば、よい労働者を集められます。能力差に限らず、女性の出産・育児等による離職確率が高いと企業が考えれば同じことです。

しかし、このようにして生じた賃金格差は、女性の学習意欲や職業訓練意欲を阻害する点で社会的には望ましくありません。また、高い能力を持つ女性ほど低賃金に見合わず、労働市場から退出してしまう可能性も指摘されています。

男女間賃金格差の推移

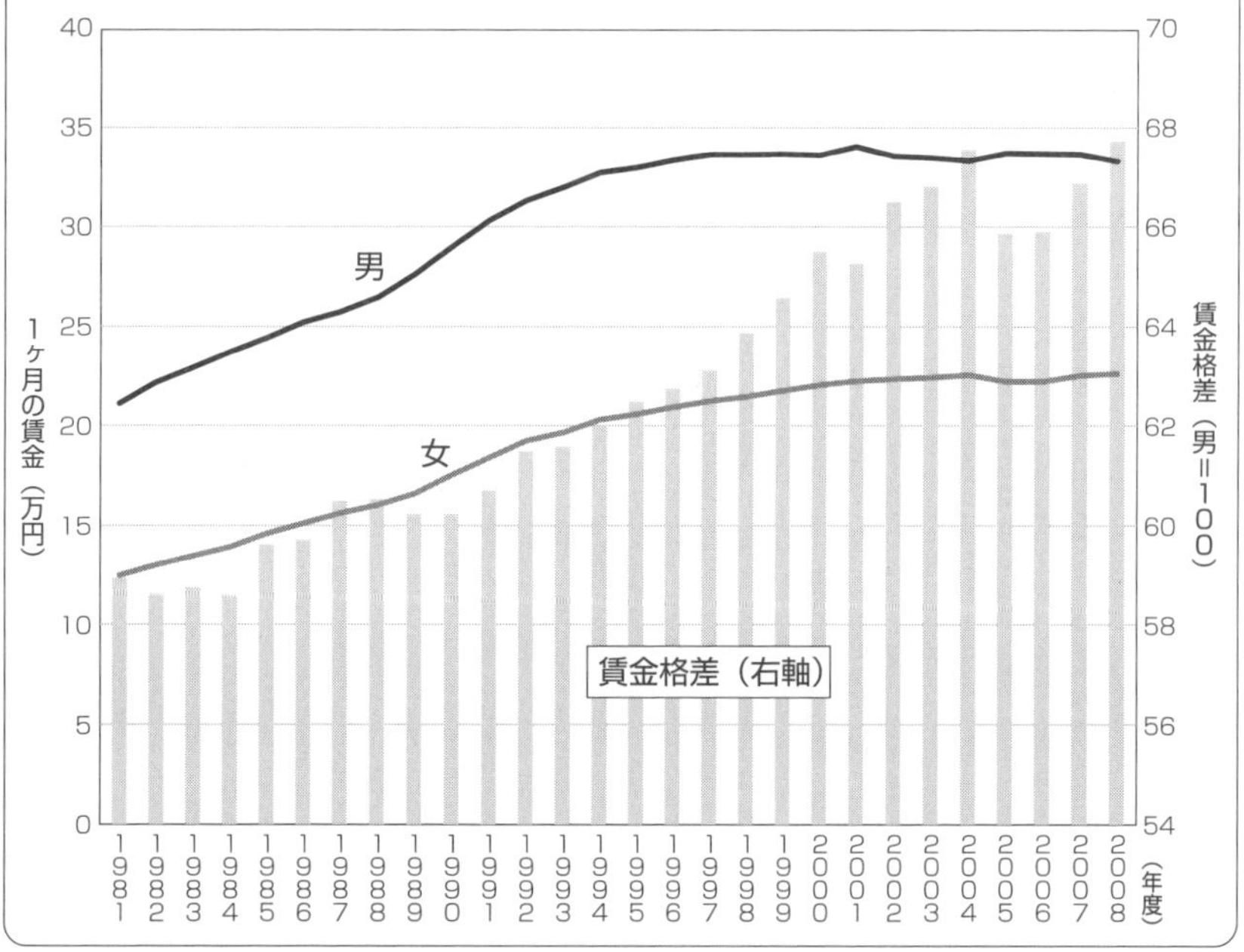

1ヶ月の賃金（万円）
賃金格差（男＝100）
男
女
賃金格差（右軸）
（年度）

（資料：厚生労働省「賃金構造基本統計調査」による所定内給与額の全労働者平均。）

男女間賃金格差の国際比較（男＝100）

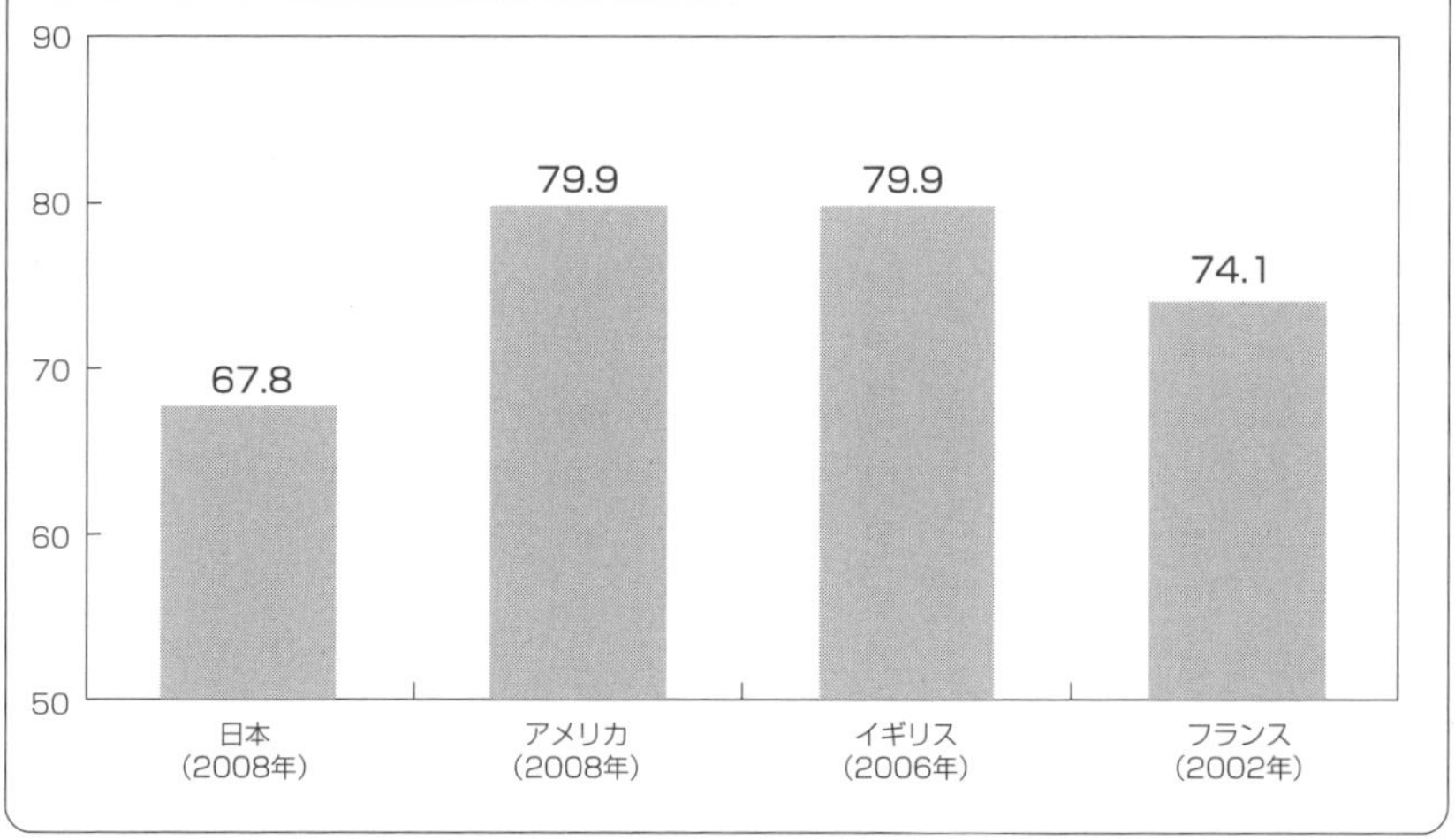

67.8
79.9
79.9
74.1
日本
(2008年)
アメリカ
(2008年)
イギリス
(2006年)
フランス
(2002年)

（資料：厚生労働省「男女間の賃金格差レポート」2009年9月。）

5

責任ある投票行動

民主主義において選挙は重要なイベントですが、投票の判断基準となる政策について十分な知識を有して投票を行っている人は多くないでしょう。普通に考えれば、これは民主主義の危機ということになりますが、伝統的な経済学ではそのように考えません。

もし、有権者の多数が無知ゆえに、その投票行動がサイコロを振るように確率的に決まっていれば、民主主義の決定には何ら問題は生じません。例として、200人の無知な有権者と1人の博識な有権者がいると考えましょう。XとYの政策があるとき、無知な有権者のうち100人がXに、残りの100人がYに投票するはずです。博識な1人は正しい政策に投票すると考えられるので、XとYのうち正しい選択肢が選ばれることになります。

このことを「集計の奇跡」とよびます。このとき投票の結果に不都合はありません。政策決定に問題が生じるとすれば、有権者の投票行動以外のプロセス、たとえば政治家や官僚が投票結果を尊重しないことなどが原因と考えられます。

ところが、経済学者ブライアン・カプランは、有権者の多数が誤った選択をする可能性を指摘しました。つまり、無知な有権者はXとYに半分ずつ投票せず、誤った政策に多数票を与えるのです。このとき、集計の奇跡は成り立ちません。そうだとすると、専門家ではない多数の有権者の知識をいかに増やすのかということがたいへん重要になります。

【集計の奇跡】

【多数派の誤り】

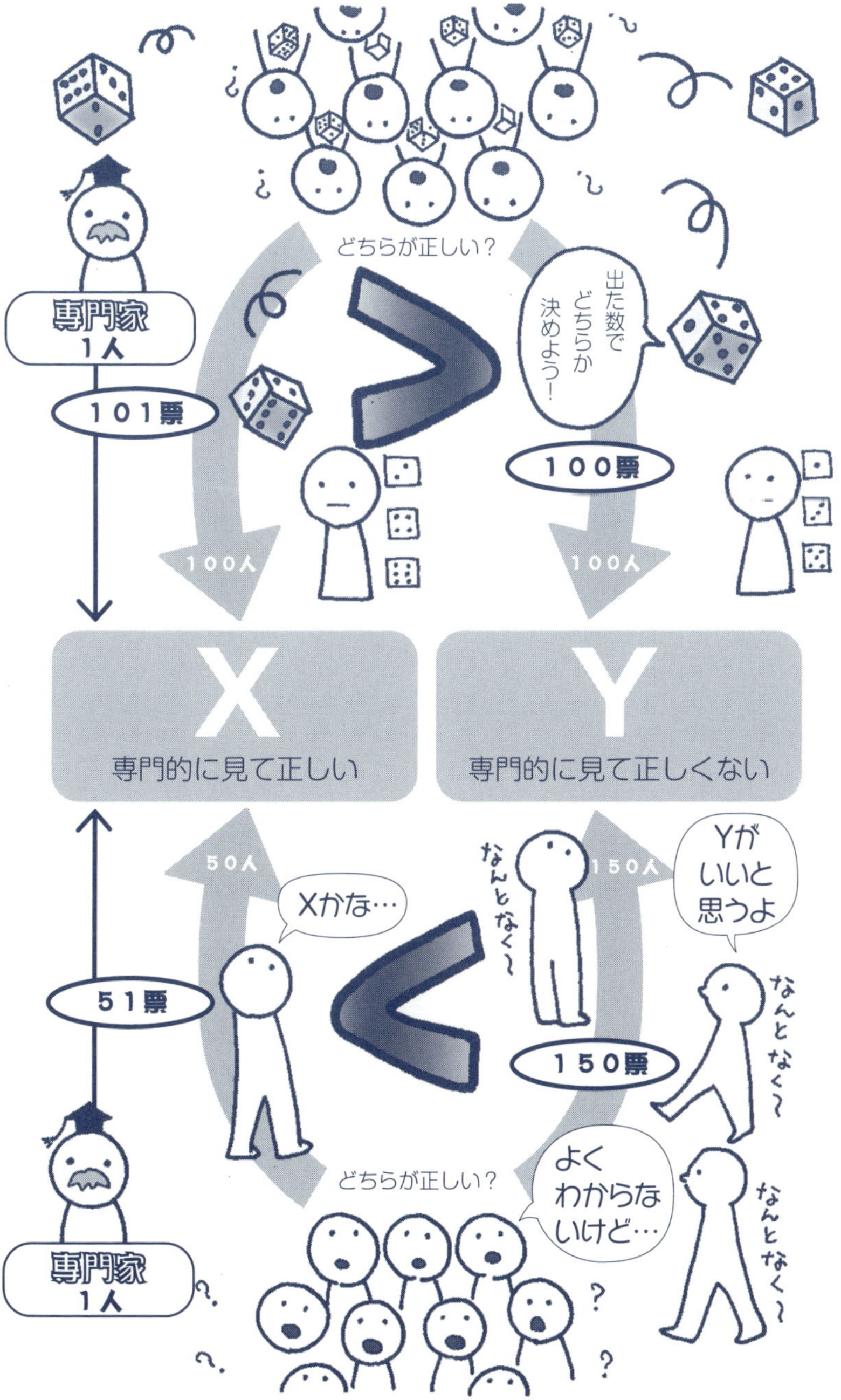

専門家
1人
101票
どちらが正しい？
出た数でどちらか決めよう！
100票
100人
100人
X
専門的に見て正しい
Y
専門的に見て正しくない
50人
150人
Xかな…
なんとなく〜
Yがいいと思うよ
51票
150票
なんとなく〜
どちらが正しい？
よくわからないけど…
なんとなく〜
専門家
1人

6 定額給付金の経済効果

もらう側からすれば、定額給付金は減税と同じです。政府が他の支出を減らさずに減税を実施すれば、その分だけ財政赤字（国債の発行）が増えることになります。国民が将来のことまで正しく予見していれば、この財政赤字は将来の増税を招くので、自分たちの負担と考えることでしょう。もし、国債の発行で減税されても、それが将来の増税で取り返されるとわかっていれば、人々の処分可能な所得（可処分所得）は変化しません。

可処分所得が変化しないということは、国債発行による減税が経済効果を持たないということを意味します。なぜなら、可処分所得が変わらないので、人々の消費も変わらないからです。また、減税によって現時点の所得は増えますが、増加分はすべて貯蓄にまわり、将来の増税を賄うことになります。つまり、この政策によって、国民に追加的な負担が生じることはありません。

このような可能性を最初に議論したのは、比較生産費説で有名な経済学者デヴィッド・リカードです。そこで、上述の考え方は「リカードの中立命題」とよばれます。ただし、この命題は現実世界に妥当するとは限りません。たとえば、現時点での所得が少なくて消費を我慢していた人は減税分を貯蓄せずに消費してしまうでしょう。リカードのほかの叙述を見ると、リカード自身は「リカードの中立命題」に懐疑的だったと考えられています。

定額給付金が消費として支出された割合

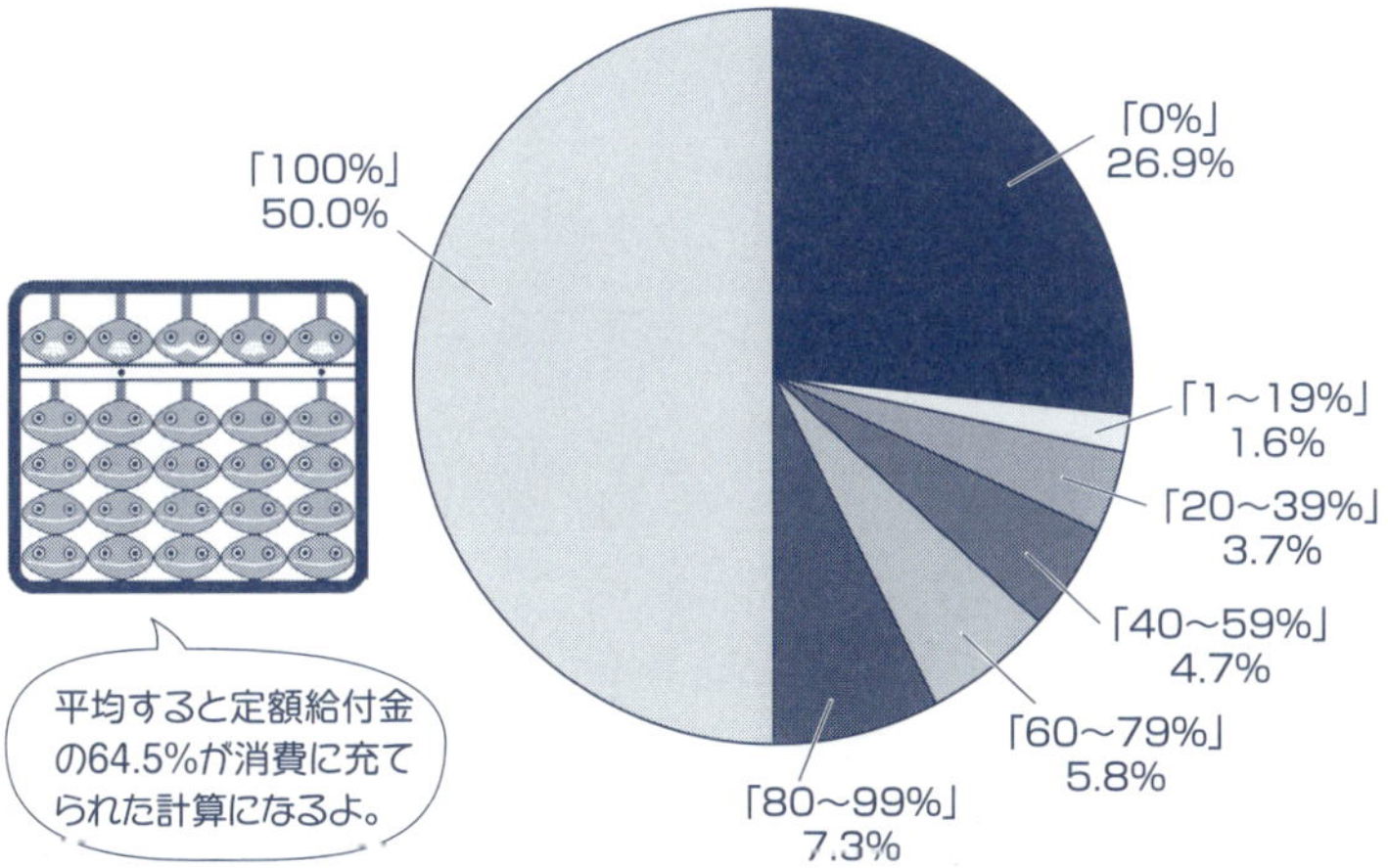

「0%」
26.9%
「1～19%」
1.6%
「20～39%」
3.7%
「40～59%」
4.7%
「60～79%」
5.8%
「80～99%」
7.3%
「100%」
50.0%
平均すると定額給付金の64.5%が消費に充てられた計算になるよ。

（注：上段「　」内は消費として支出された割合、下段は該当する世帯の構成。）
（資料：内閣府「定額給付金に関連した消費等に関する調査」2010年１月。）

でも、ほかのお金を節約しているかもしれないよ。合計でも消費は増えているのかなあ?

定額給付金による消費増加効果（万円）

分　類	商品・サービスの購入金額	うち定額給付金分
定額給付金がなければ購入しなかったとするもの	12,046（29.0%）	8,272（19.9%）
定額給付金がなくても購入したとするもの	34,583（83.2%）	15,750（37.9%）
より高価な商品・サービスを購入した、またはより多くの商品・サービスを購入したとするもの	7,154（17.2%）	3,279　（7.9%）
うち定額給付金によって増加した支出額	1,592（3.8%）	
無回答	3,809　（9.2%）	2,794　（6.7%）
合　計	50,438（121.3%）	26,815（64.5%）

定額給付金によって新たに発生した消費　**29.0%**　＋　定額給付金によって増額した消費　**3.8%**　＝　**32.8%**

（注：調査対象の集計値、カッコ内は定額給付金受取総額（41,585万円）に占める割合。）
（資料：内閣府「定額給付金に関連した消費等に関する調査」2010年１月。）

定額給付金の32.8%が消費の増加になったんだね。

7

格差拡大の真因

ジニ係数の数値が
大きいほど格差が
大きくなります。

小泉内閣（2001年4月〜2006年9月）のもとで進められた構造改革の評価は分かれています。マイナスの評価の主なものは格差拡大でしょう。ただし、格差拡大という現象は1980年代から継続して確認されるので、小泉構造改革の責任とは限りません。

1990年代の格差拡大に注目したのは経済学者の橘木俊詔です。彼は、格差を表すジニ係数が、1990年代以降において上昇傾向にあることを指摘しました。この結論に対して重要な反論を展開したのが経済学者・大竹文雄です。彼は、この時期の格差拡大は高齢化の進行による見せかけにすぎないと主張しました。

一般に、格差は加齢とともに拡大します。入社1年目の賃金はそれほど差がないのに、定年前には出世の程度によって大きな差がつきます。高齢化の進行によって、格差の大きい高齢者数が相対的に増加すると、国の平均的な格差は拡大したように見えるのです。実際、1990年代の格差拡大は高齢化の進行でほぼ説明できます。

このような観点から考えると、同一年齢層の格差を検証することが重要です。21世紀に入る頃から若年層の格差拡大が目立ち、非正規雇用やニートの増加がその一端を表しています。この現象は小泉内閣の時代に注目されましたが、非正規雇用の増加などはそれ以前から継続的に進行しており、すべてを小泉内閣に帰することはできません。

ジニ係数の推移

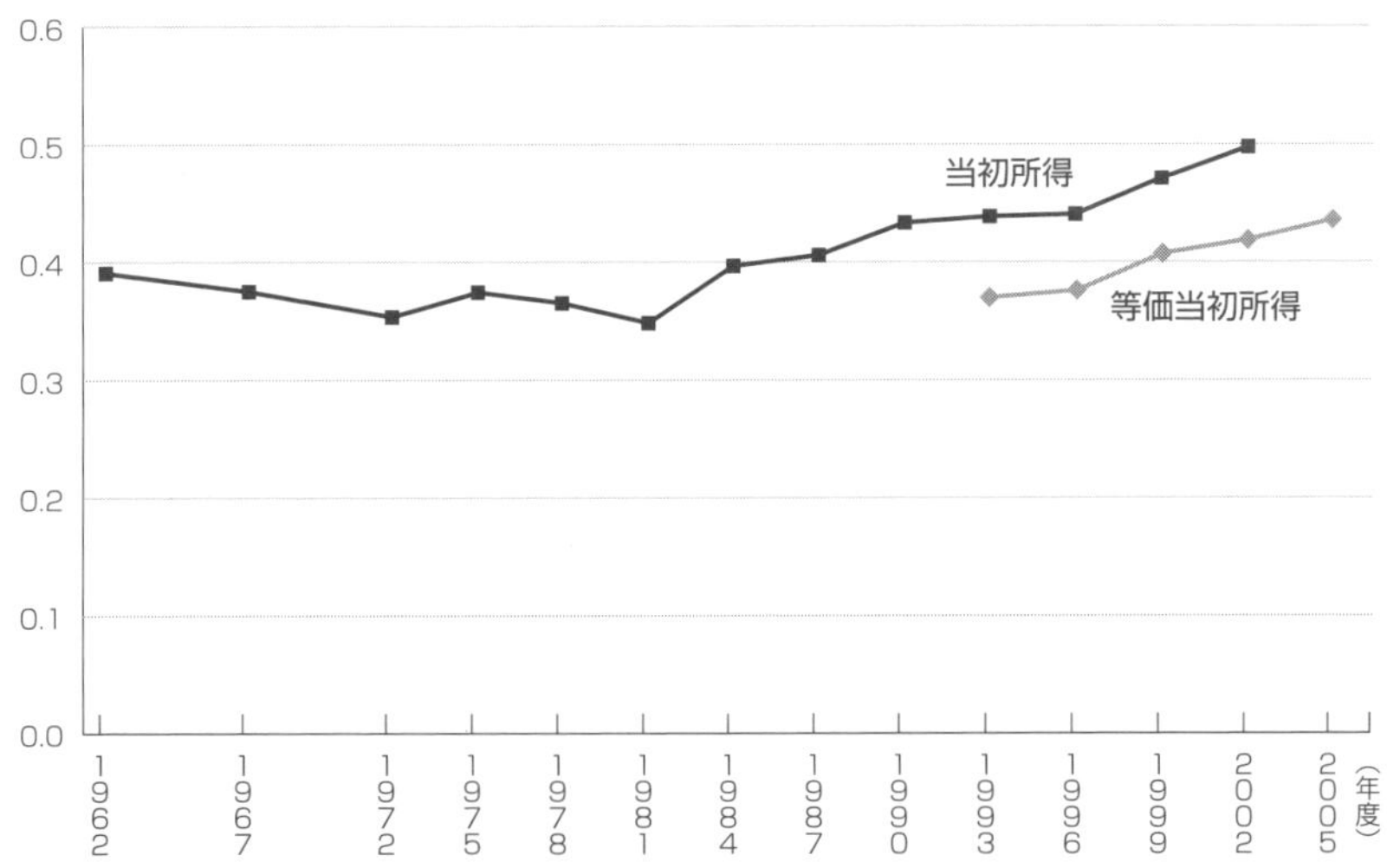

(注：当初所得は税・社会保険料の拠出前かつ社会保障給付の受給前の所得。等価当初所得は世帯人員人数を考慮して調整された当初所得額。)
(資料：厚生労働省（厚生省）「所得再分配調査」。)

年齢階級別のジニ係数の推移

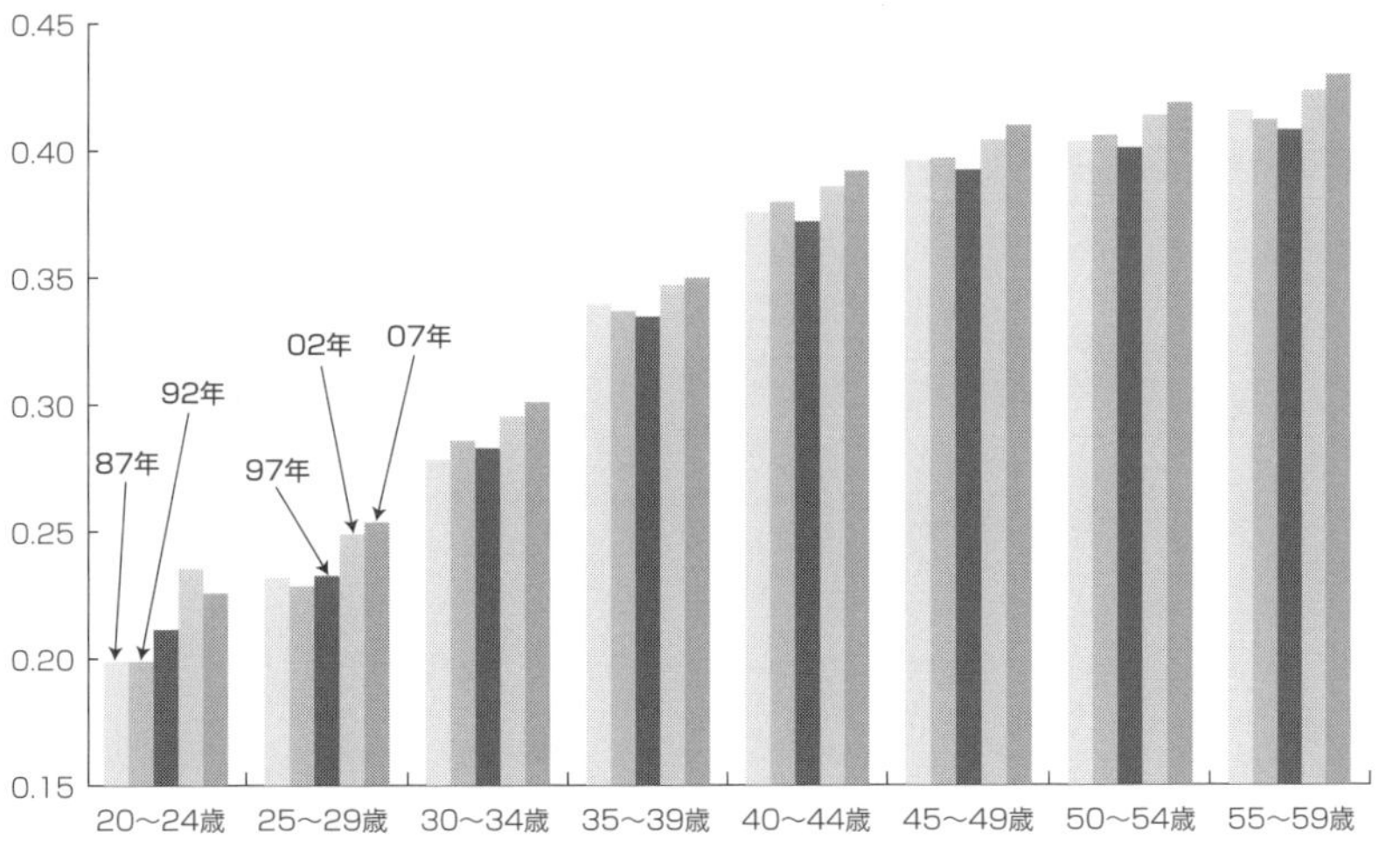

(注：総務省「就業構造基本調査」の労働所得による。)
(資料：内閣府『経済財政白書』2009年度。)

8

得する世代と損する世代

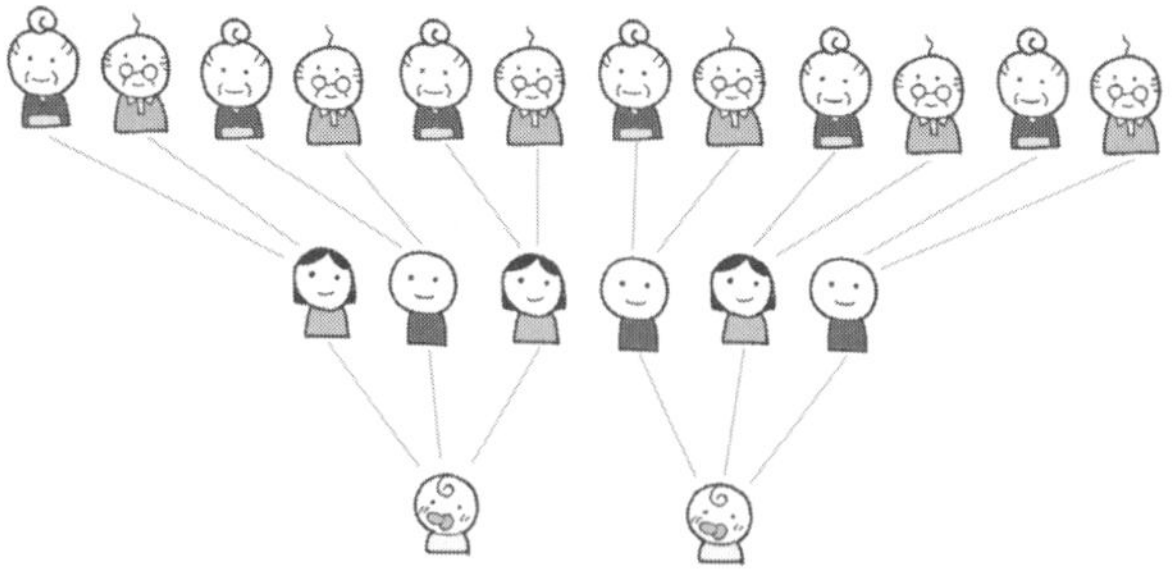

生涯を通じて、われわれは政府との間で多額の金銭授受を行います。税金や保険料を支払う一方で、教育の補助、年金や医療サービスなどの社会保障給付を受け取ります。政府への支払いから受け取りを差し引いて合計したものは、生涯の純負担とよぶことができます。純負担は所得階層によっても異なりますが、生まれ年（世代）によっても異なります。

経済学者のアラン・アゥアバックとローレンス・コトリコフは、世代会計とよばれる手法を開発し、世代による生涯純負担の違いを明らかにしました。1995年を基準とした主要先進諸国の計算結果によると、どの国でも、まだ生まれていない将来世代の純負担はすでに生まれている現在世代の純負担よりも大きくなります。

ただし、その格差の大きさは国によって異なります。日本では将来世代の純負担は現在世代の4・38倍、イタリアで3・24倍、米国で2・59倍、ドイツで2・56倍、フランスで1・96倍、カナダで1・03倍という結果でした。つまり、日本は将来世代に多大の負担を強いていることになります。

その最大の原因は高齢化の進行です。世界でも類を見ない高齢化のスピードにより、公的年金を代表とする社会保障制度が世代間で一方的な金銭の受け渡しを発生させています。いまこそ将来世代の不利益を是正する制度設計が必要とされているのです。

高齢化率（65歳以上人口／総人口）の推移

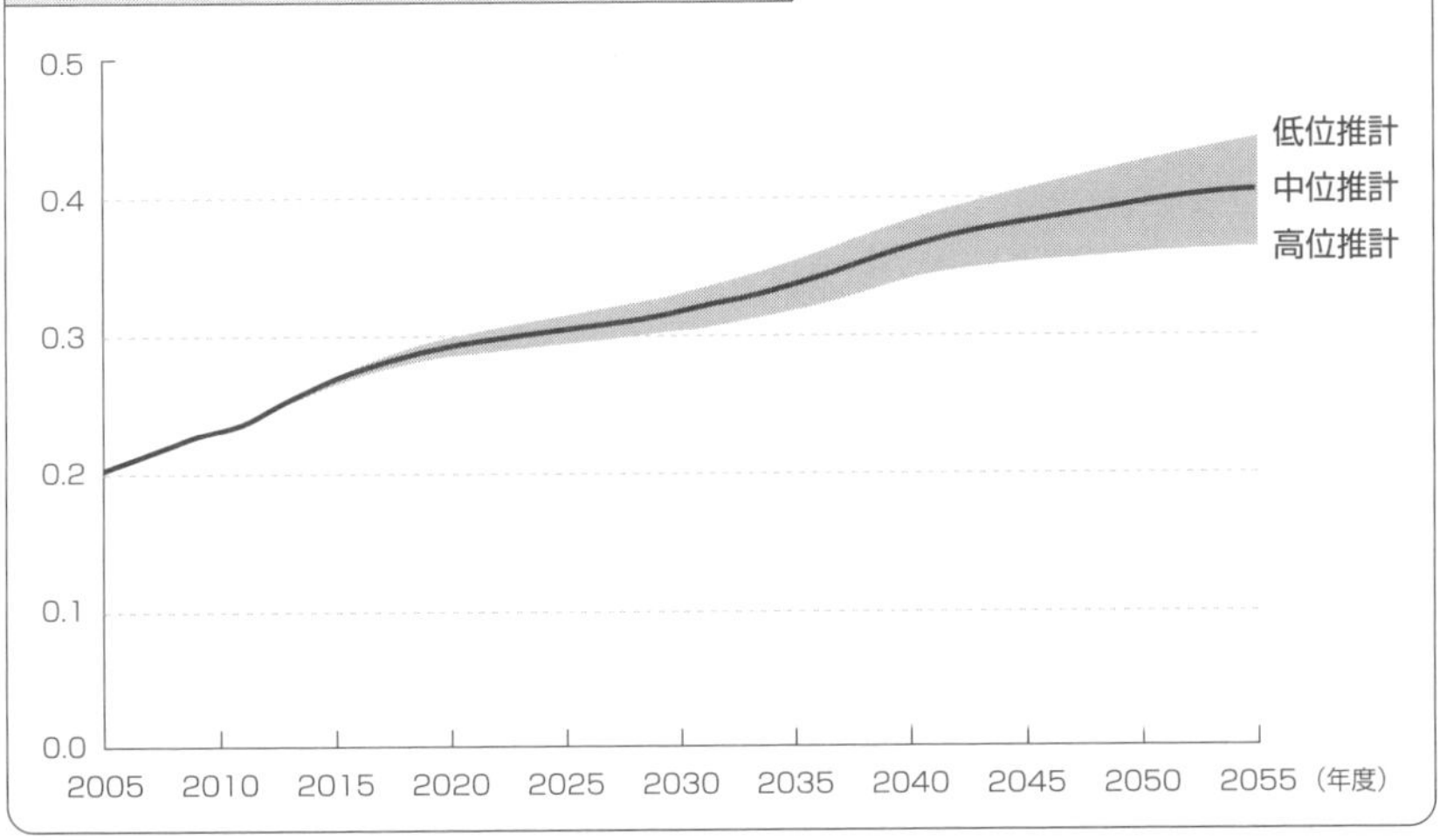
0.5
0.4
0.3
0.2
0.1
0.0
2005
2010
2015
2020
2025
2030
2035
2040
2045
2050
2055（年度）
低位推計
中位推計
高位推計

（注：中位推計は平均的な予測、低位推計は悲観的な予測、高位推計は楽観的な予測。）

（資料：国立社会保障・人口問題研究所「日本の将来推計人口（2006年12月推計）」。）

社会保障給付費の推移

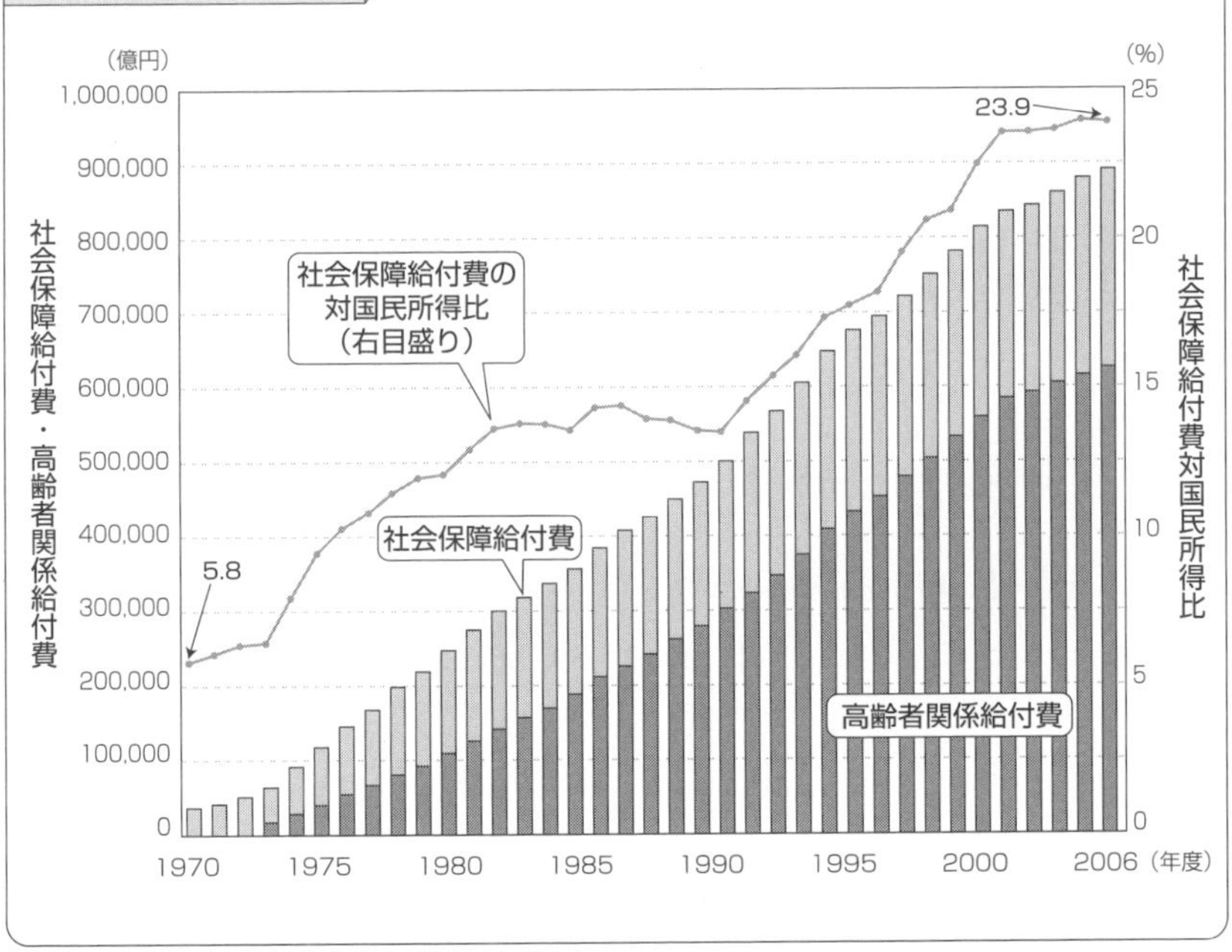
（億円）
1,000,000
900,000
800,000
700,000
600,000
500,000
400,000
300,000
200,000
100,000
0
（%）
25
20
15
10
5
0
社会保障給付費・高齢者関係給付費
社会保障給付費対国民所得比
社会保障給付費の対国民所得比（右目盛り）
社会保障給付費
高齢者関係給付費
5.8
23.9
1970
1975
1980
1985
1990
1995
2000
2006（年度）

（資料：内閣府『高齢社会白書　平成21年版』。）

COLUMN

未知の世界に積極的に挑戦！

～ダブル・コア履修学生インタビュー

▼小林 緑（4年）

〔所属ゼミナール〕総合学際演習・久松健一ゼミナール
商学専門演習・千田亮吉ゼミナール

〔卒業後の進路〕㈱三菱東京ＵＦＪ銀行（就職内定）

2年次から商学専門演習と総合学際演習の2つのゼミナールに所属し、異なる分野の研究を並行して取り組むダブル・コアは、商学部独自の教育システムであり、私は迷わずに履修することを決めました。

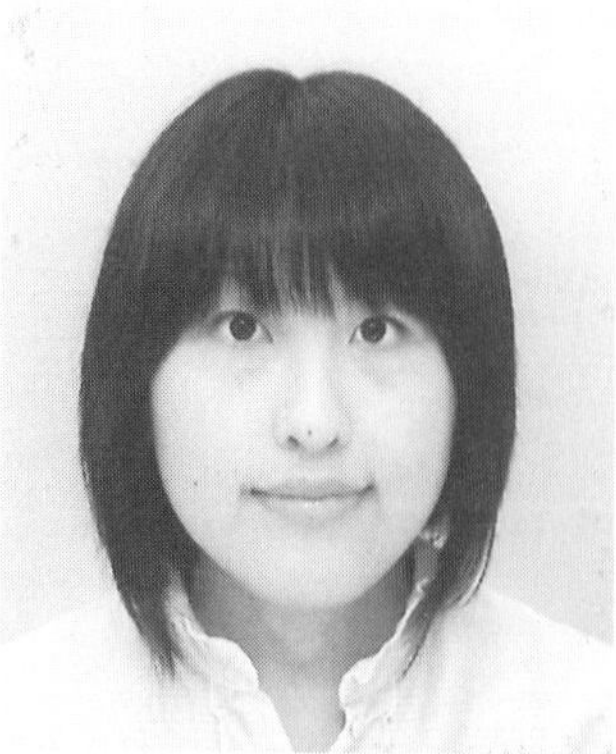

商学専門演習では公共経済学や計量経済学、またゲーム理論など新しい分野の経済学を学んできました。2年次には財政に関するテーマで奨学論文に挑戦、3年次にはＩＳＦＪ日本政策学生会議に参加すべく、政策提言論文の執筆にあたりました。私自身は医療費削減に関するテーマでゼミの仲間と共に研究し、また他大学の学生ともディスカッションを重ねながら最終発表の場である政策フォーラムでプレゼンテーションを行いました。

総合学際演習ではフランス語検定の受験対策問題集の作成を進めてきました。1・2年次に学んだフランス語をさらにブラッシュアップさせ、ゼミ生全員がフランス語検定に挑みました。その時に「こんな参考書があったら」と思い、出版社に話をして参考書出版の企画がスタートしました。3級・4級・5級の3つのチームに分かれて作業をし、現在は完成原稿を出版社に提出し終え、最終の調整中です。

商学専門演習と総合学際演習のゼミに3年間所属して、さまざまな知識や経験を積み上げてきましたが、共通していえることとして以下のようなことが挙げられると思います。

まず1つ目は、未知の世界に積極的に挑戦していく力が身についたことです。古典的なものから最新のものまで幅広い経済学を学び、そこから現実の社会に結びつけて考えることも、自ら企画し本の出版を手掛けることも、大学のゼミならではのことだと思います。

2つ目は、チームで取り組むことの重要性です。論文を作成するときも、本の原稿を執筆するときもグループに分かれて作業をしてきました。そのなかで自分はどのような役割を果たすべきか、あるいはどのようにチームに貢献できるのかを考えることは、今後の社会生活において求められる力の1つであると考えます。

そして3つ目は、課題の発見と解決能力です。現状を正しく認識し、そこにある課題や問題点を見出す。そして、それに見合った最善の解決手段を考えることは決して容易ではありません。しかし、仲間と話し合い考え抜くことを通してそのような力を養うことができたと思います。

ここに挙げた力は、いずれも社会人として必要となる力ではないでしょうか。その力を明治大学商学部で培うことができたこと、そしてその素晴らしい環境が整っているということにとても感謝しています。

●参考書出版時の校正紙サンプル

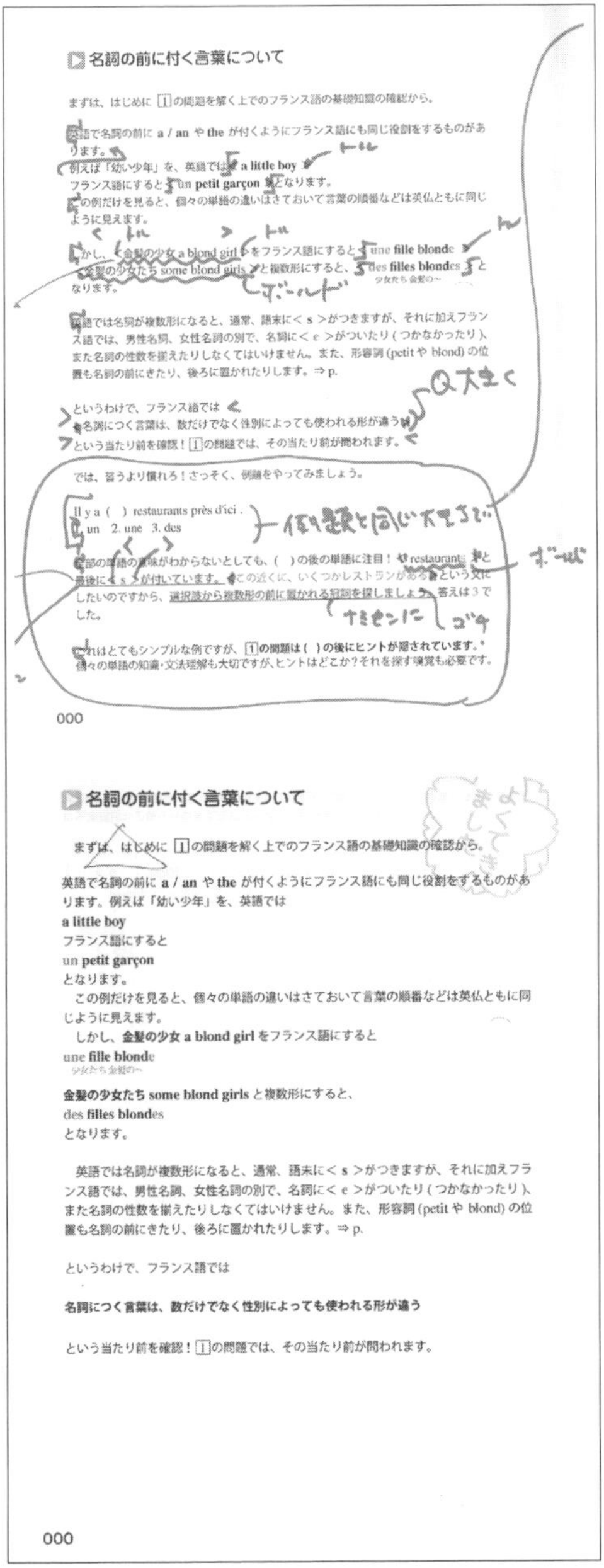

名詞の前に付く言葉について

まずは、はじめに 1 の問題を解く上でのフランス語の基礎知識の確認から。

英語で名詞の前に a / an や the が付くようにフランス語にも同じ役割をするものがあります。
例えば「幼い少年」を、英語では a little boy
フランス語にすると un petit garçon となります。
この例だけを見ると、個々の単語の違いはさておいて言葉の順番などは英仏ともに同じように見えます。
しかし、金髪の少女 a blond girl をフランス語にすると une fille blonde
金髪の少女たち some blond girls と複数形にすると、des filles blondes となります。
少女たち 金髪の〜

英語では名詞が複数形になると、通常、語末に< s >がつきますが、それに加えフランス語では、男性名詞、女性名詞の別で、名詞に< e >がついたり（つかなかったり）、また名詞の性数を揃えたりしなくてはいけません。また、形容詞 (petit や blond) の位置も名詞の前にきたり、後ろに置かれたりします。⇒ p.

というわけで、フランス語では
名詞につく言葉は、数だけでなく性別によっても使われる形が違う
という当たり前を確認！1 の問題では、その当たり前が問われます。

では、習うより慣れろ！さっそく、例題をやってみましょう。

Il y a ( ) restaurants près d'ici .
1. un 2. une 3. des

全部の単語の意味がわからないとしても、( )の後の単語に注目！ restaurants の最後に< s >が付いています。この近くに、いくつかレストランがあるという文にしたいのですから、選択肢から複数形の前に置かれる冠詞を探しましょう。答えは3でした。

これはとてもシンプルな例ですが、1 の問題は ( ) の後にヒントが隠されています。個々の単語の知識・文法理解も大切ですが、ヒントはどこか？それを探す嗅覚も必要です。

000

名詞の前に付く言葉について

まずは、はじめに 1 の問題を解く上でのフランス語の基礎知識の確認から。

英語で名詞の前に **a / an** や **the** が付くようにフランス語にも同じ役割をするものがあります。例えば「幼い少年」を、英語では
a little boy
フランス語にすると
un petit garçon
となります。
この例だけを見ると、個々の単語の違いはさておいて言葉の順番などは英仏ともに同じように見えます。
しかし、**金髪の少女 a blond girl** をフランス語にすると
une fille blonde
少女たち 金髪の〜
金髪の少女たち some blond girls と複数形にすると、
des filles blondes
となります。

英語では名詞が複数形になると、通常、語末に< **s** >がつきますが、それに加えフランス語では、男性名詞、女性名詞の別で、名詞に< **e** >がついたり（つかなかったり）、また名詞の性数を揃えたりしなくてはいけません。また、形容詞 (petit や blond) の位置も名詞の前にきたり、後ろに置かれたりします。⇒ p.

というわけで、フランス語では

名詞につく言葉は、数だけでなく性別によっても使われる形が違う

という当たり前を確認！1 の問題では、その当たり前が問われます。

000

COLUMN

「商学部ゼミナール協議会」にもチャレンジ！

～ダブル・コア履修学生インタビュー

▼本瀬 正倫（4年）

〔所属ゼミナール〕総合学際演習・鳥居高ゼミナール
商学専門演習・横井勝彦ゼミナール

〔卒業後の進路〕㈱セブン-イレブン・ジャパン（就職内定）

私はダブル・コア制度を利用し、商学専門ゼミでは「日系自動車企業の中国における技術移転」について研究を進め、論文を書きました。また、総合学際ゼミでは、商学専門ゼミと関連づけて日本と中国の民族性・習慣・制度などの違いについて研究を行ってきました。そして2008年の秋に、商学部ゼミナール協議会主催のゼミナール研究発表会という、プレゼンテーション大会に専門ゼミで出場し、教授の方々からご高評をいただきました。多くの学生や先生方の前で、パワーポイントを使用して自分たちの研究を発表する機会はそれまでありませんでした。したがって、緊張もしましたが、発表に対しても研究に対しても次なる目標ができ、とてもいい経験になりました。

私がダブル・コアを選んだ理由は2つあります。1つ目は、専門的な知識を商学専門ゼミで学び、教養的な知識を総合学際ゼミで学び、両者をリンクさせることでさらに知識の幅を広げ、理解を深めようと考えたからです。2つ目は、深く繋がりあえる仲間を学生のうちにより多く作りたいと考えたからです。ゼミとは、自分の考えていることを表現し、それに対して仲間から意見をもらい、議論する場です。ときには意見が対立することもありましたが、

結果的にお互いの意見をよく聞き新たな方向性を見出すことができました。本気で人と向き合うことにより、本心でぶつかりあえる仲間を多く作ることができました。

私はダブル・コアに挑戦することにより、時間管理を最も意識するようになりました。大変なときは週に2回レジュメを作り、パワーポイントを使用して発表をする場合があります。したがって、計画的に研究を進め発表の準備を行うことが求められ、時間というものをより意識できるようになりました。

また、ゼミ活動を通じて知った「商学部ゼミナール協議会」にも大学3年時にチャレンジしました。この組織は商学部にある約100のゼミを統括し、年間100回を超える企画を行う大学公認の学生自治組織であり、エントリーシートによるエントリーと面接を経て入る組織です。したがって、志が高い仲間が多く集うと思いましたし、1学年100人もの規模を対象とした企画を行えるなど、普段の学生生活では経験することができないことができると思い、迷わず応募しました。結果はありがたいことに委員長に選出されました。トップの仕事は組織の方向性を考えることは勿論のこと、いかにメンバーが自分の力を発揮できるような環境を作り出すかも大切な仕事であると考え、その実現に1番苦労しました。みんなを納得させることは簡単ではありませんが、私はその理想を追い求め会話をすることに1番時間を費やしました。その結果、予想以上の企画を実現されることができ、多くの学生に見ていただくことができました。最も嬉しかったのが、引退するときに全員から「この組織に入ってよかった」、「マサノリが委員長でよかった」と泣きながらいってくれたときでした。やっと委員長の責務から解放された瞬間であり、努力が報われた瞬間でもありました。

私は、ダブル・コアそしてゼミナール協議会と三足の草鞋をはいて「激動」の大学3年生としての生活を送ってきました。ここで経験したこと、出会えた仲間は私の一生の財産です。これらをひっさげて社会に出ても躍進したいと思います。

学生の研究論文集

商学総合学際セミナー

第１集（2007）

商学総合学際セミナー第１集の刊行によせて…… 商学部長　福宮　賢一　(１)

バイオの視点から食の最先端を考える…………… 浅賀宏昭ゼミナール　(３)

「ヨーロッパの歴史と文化」研究 ………………… 北田葉子ゼミナール　(19)

ＥＵ入門―ヨーロッパ統合の理念をたどる―… 佐々木直之輔ゼミナール　(39)

室町時代を生きた人々の生活と文化……………… 清水克行ゼミナール　(61)

現代アイルランド文学を読む

　―ジェイムズ・ジョイスを中心に―…………… 杉崎信吾ゼミナール　(73)

西洋美術史入門……………………………………… 瀧口美香ゼミナール　(81)

文化の諸相…………………………………………… 永井善久ゼミナール　(103)

身体運動文化と社会………………………………… 長尾　進ゼミナール　(119)

異文化コミュニケーション研究「日本企業と外国

…………………………………………………… ハ

「文化とアイデンティティ」 …………………… 広

和泉キャンパス明大マートにおけるレジ袋削減プ

……………………………………………………

メディアにおける現代ドイツ研究………………

明治

学生の懸賞論文集

目　　次

『奨学論文集』第38集の刊行によせて …………商学部長　福宮　賢一（ 4）

『第38回奨学論文』の審査を終えて……………………………………………

……………………………奨学基金運営委員会委員長　猿渡　敏公（ 6）

［特　選］

企業倫理　～企業は倫理的になれるのか～ ……４年　山口　尚美（ 8）

［入　選］

女性雇用と企業の利益率について　～個別企業のデータを用いた計量経済分析～ ……………………………………４年　萩原　里紗（ 33）

現代インドにおけるカーストと労働者 …………４年　三橋　　領（ 59）

［佳　作］

教育格差是正に向けて　～教育バウチャーの分析と効果的な導入方法～（要旨） ………………………………２年　岩田　有未　他４名（ 83）

非正規雇用拡大措置の経済的有効性　～シミュレーション分析による実証分析～（要旨） ………………………２年　鈴木　宏明　他４名（ 88）

今問われる、量的緩和政策　～VARモデルによる分析～（要旨） ………

…………………………………………２年　田口　直紀　他４名（ 93）

地方交付税制度改革への検討（要旨）２年　長島　佳隆　他３名（ 98）

女性の社会復帰促進のために　～高齢者労働力を活用した新たな保育サービスの創出～（要旨） ………………３年　住田　章洋　他８名（103）

容器包装に関するリデュース・リユース対策（要旨）………………………

…………………………………………４年　木下　香澄　他１名（108）

現代社会における地域間交流の一考察　～世代間コミュニケーション能力の向上へ挑戦～（要旨） ……………３年　藤井　啓介　他２名（113）

―1―

6限目

都市の交通を考えよう!

①混雑する街、汚れる空気

②道路混雑と大気汚染を減らすために

③「混雑料金」とは何か

④公共交通を便利で快適にする

⑤「自動車社会」アメリカでは

⑥ストラスブールの衝撃

⑦鉄道の混雑は、いま

⑧鉄道の混雑は減らせる

都市・地域交通論 ● **中村 実男** 先生
（マーケティング・コース）

1

混雑する街、汚れる空気

特に1960年代からの伸びは急激で、1965年の173万台が、1975年には1458万台に増加しています。

みなさんは、吉永小百合という女優さんを知っていますか。いまでも映画やCMで活躍していますが、1960年代には、日本で一番人気のあるアイドル女優でした。彼女の主演映画の1つに、1963年の「いつでも夢を」（日活㈱、監督・野村孝）があります。その映画の中に、彼女が友人の母親と、東京都心の交差点に立っている場面があります。たくさんの自動車が道路をふさいで、ひどい渋滞です。友人の母親は、思わず「自動車の洪水」と口にします。画面が少しぼやけていますが、これは排気ガスのせいでしょうか。

高度経済成長とともに、自家用車を保有する人が増えました。所得が増えたうえ、大量生産で自動車の価格が安くなり、また道路の整備が進んだためです。東京の場合は、すでに1960年前後から道路の混雑がひどくなっていました。

現在、世界中の都市が、増え過ぎた自動車に悩んでいます。混雑に加えて、大気汚染、騒音、交通事故…。解決法はあるのでしょうか？　映画の中では、友人の母親が指摘します。「1台に1人しか乗っていない。もっと乗せればいいのに」と。小百合が応じます。「その分、クルマの量が減るってわけですね」。これはまさに「相乗り」のススメです。実はいま、アメリカでもっとも重視されている混雑対策が、自家用車の「相乗り」なのです。驚くべき「先見の明」といえるでしょう。

自家用乗用車保有台数の推移

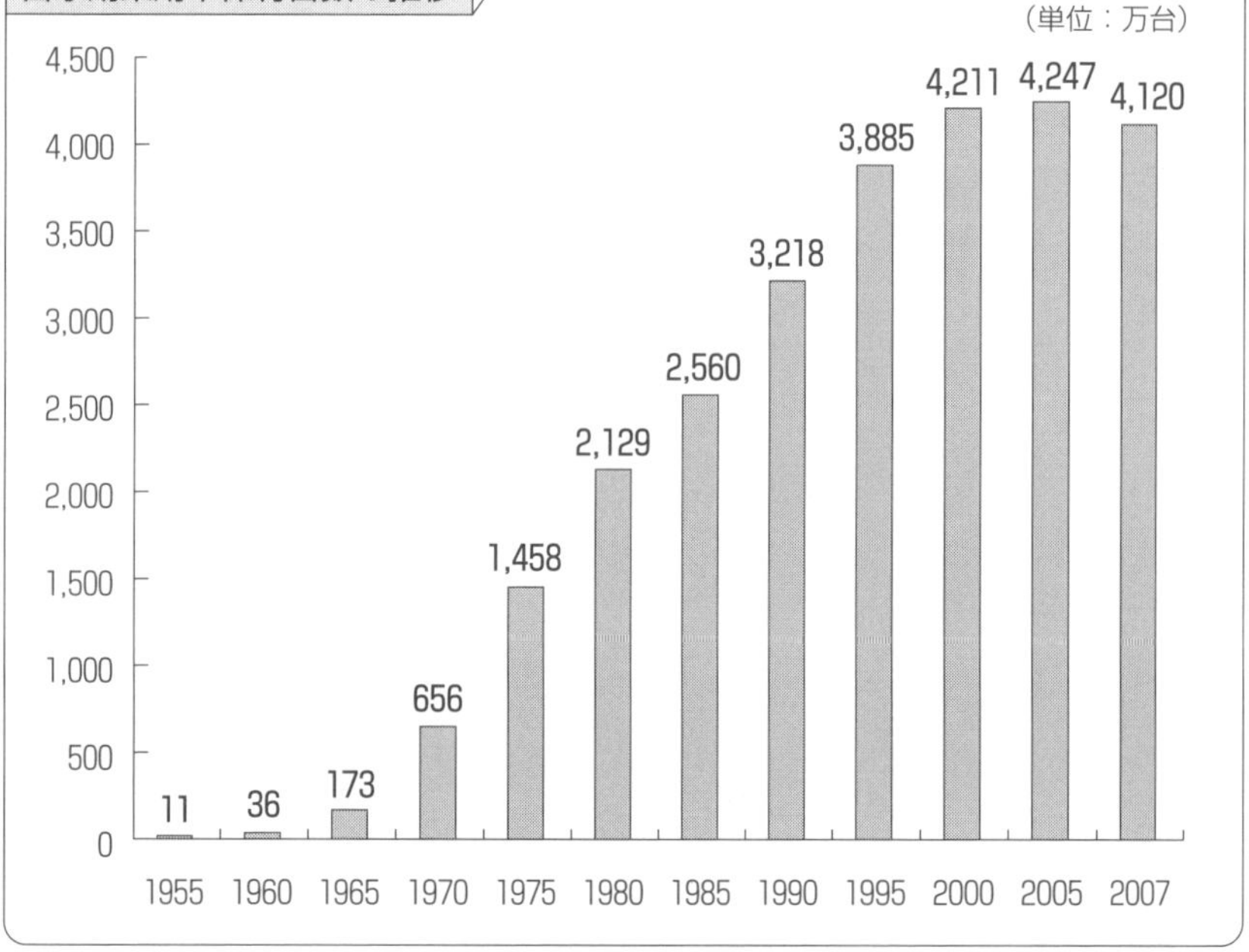
（単位：万台）
4,500
4,000
3,500
3,000
2,500
2,000
1,500
1,000
500
0
11
36
173
656
1,458
2,129
2,560
3,218
3,885
4,211
4,247
4,120
1955
1960
1965
1970
1975
1980
1985
1990
1995
2000
2005
2007

（注：各年度末現在の自家用乗用車（軽自動車を除く）の台数。）

（資料：国土交通省自動車交通局監修「数字でみる自動車2009」（社）日本自動車会議所発行。）

1台に1人
では混雑
渋滞
渋滞
渋滞
渋滞
渋滞
渋滞
相乗りに
すれば
混雑対策
になるよ
相乗り
まだ
かな〜

2

道路混雑と大気汚染を減らすために

自動車はさまざまな特長を持っています。だからこそ、所得が増えると、人々はこぞって自動車を買うようになったのです。自動車の特長は、「いつでも、どこへでも、乗り換えなしで、快適に」移動できることです。鉄道やバスなど公共交通との大きな違いです。

自動車のおかげで、暮らしは大変便利になりましたが、増えすぎた結果、混雑や大気汚染が深刻な問題となっています。これまでは、自動車の増加に合わせて、次々と道路がつくられてきました。しかし、そのようなやり方は、大都市ではもう限界です。現在最も必要なのは、「いまある道路を有効に使うこと」と「自動車の利用を減らすこと」なのです。

「いまある道路を有効に使う」とは、交差点の信号を工夫する、道路を一方通行にする、右折専用の車線を設ける、違法駐車の取締まりを厳しくするといった方法で、車の流れをよくすることです。立体交差によって踏切をなくすのも重要な対策です。

「自動車の利用を減らすこと」は、混雑を減らすためにも、また大気汚染を減らすためにも、最も重要な対策です。技術の進歩によって、1台の車が排出する有害物質が減少したり、燃費（1リットルの燃料で走れる距離）が向上しても、自動車の利用が増え続けるとしたら、その効果は薄れてしまうからです。自動車の利用を減らす対策は、「交通需要マネジメント」とよばれ、いま、世界中の混雑対策と環境対策の中心となっています。

混雑を減らすには、どうしたらいいんだろう?
道路を増やすのは、もう無理だし…
大切なのは、いまある道路を有効に使うこと。
そして、何よりも自動車の利用を減らすことだ!これを「交通需要マネジメント」と言うんだよ。
渋滞
一方通行
駐車禁止
立体交差
右折専用車線
①
②
③
④
右折禁止
左折禁止

3

「混雑料金」とは何か

自動車の利用を減らすには、「自動車を使いにくくする」必要があります。それには、規制という方法と、経済的な方法とがあります。規制の代表的な例は、自動車の乗り入れを制限する歩行者専用区域（モール）の設定です。歩行者の他に、路面電車やバスなど公共交通（トランジット）の乗り入れを認める場合は、トランジットモールといいます。

経済的な方法には、ガソリンの税金や駐車料金を高くするという方法があります。しかし、最も効果が高いのは、混雑した道路を利用する自動車から、特別に「混雑料金」をとるという方法です。「混雑料金」を払いたくない人は、別の時間帯、別の道路、あるいは別の交通手段（公共交通、二輪車、徒歩など）に移ることになります。その道路を利用するのは、料金を払っても使いたい人だけなので、混雑は確実に減るのです。

ロンドンでは、市長の強いリーダーシップによって、2003年に「混雑料金」が導入されました。平日の午前7時から午後6時半までの間、都心に入る自動車や、都心を通過する自動車から、1日5ポンド（約700円）を徴収する制度です。導入されると、自動車の乗り入れが大幅に減り、混雑はかなり緩和されました。また、導入に合わせて、バスの本数が大幅に増やされた結果、自動車の利用をやめた人の多くは、便利なバスに移りました。2007年には、スウェーデンのストックホルムも「混雑料金」を導入しています。

●モールの標識（ドイツ）

ロンドンの混雑料金

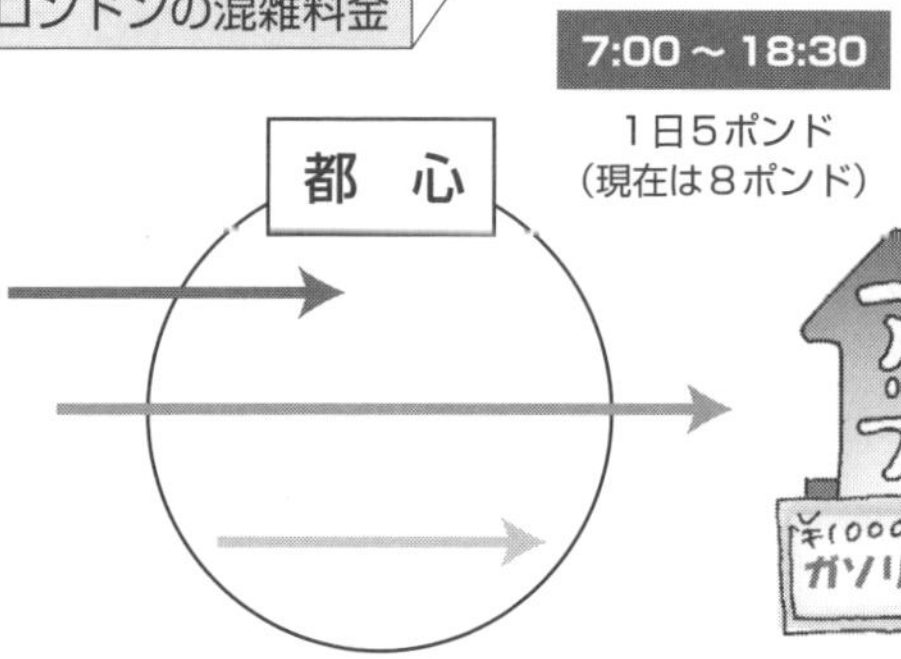

都心に入る車、都心を通過する車のほか、
都心内だけを走る車からも、料金をとる。

（注：2007年から「18：00まで」に短縮されました。）

混雑料金の比較

	開始年	対 象	技 術	料 金
シンガポール	1998年 （現行方式）	乗用車 タクシー 貨物車	電子式 （ICカード）	時間帯別・ 車種別料金
ロンドン	2003年	乗用車 貨物車	ナンバー 自動読取装置	均一料金
ストックホルム	2007年	乗用車 タクシー 貨物車	ナンバー 自動読取装置	時間帯 別料金

（注：シンガポールでは1975年に世界で初めて混雑料金が導入されました。）

4

公共交通を便利で快適にする

自動車の利用を減らすには、利用をやめる人の「受け皿」となる公共交通（鉄道やバス）も必要です。ただし、魅力的な公共交通でなければ、人々は自動車の利用をやめることはないでしょう。では、魅力的な公共交通とは、どのようなものでしょうか。

まず、「運賃を安くすること」が考えられます。確かに、運賃を安くすれば利用者は増えるでしょう。しかし、その多くは、もともと自動車をあまり使っていなかった人たちなのです。つまり、自動車から公共交通に移る人は、わずかなのです。海外のいくつかの都市では、運賃の無料化実験も行われましたが、それでも、あまり効果はありませんでした。

実は、もっと効果があるのは、「公共交通を便利で快適にすること」です。人々が自動車を使うのは、「いつでも、どこへでも、乗り換えなしで、快適に」という特長があるからでした。鉄道やバスも、自動車のこの特長に近づくことが重要なのです。

「いつでも」とは、運転本数を増やして待ち時間を減らすこと、「どこへでも」とは、路線網を広げることです。また、「乗り換えなしに」とは、交通手段の乗り換えをなくしたり、乗り換えの負担を軽くしたりすることです。たとえば、別々の鉄道会社がお互いの路線に乗り入れる「相互乗り入れ」や、駅へのエスカレーターの設置などです。「快適に」とは、車両や駅の冷房化、座席の改良など、そして何よりも、車内の混雑を減らすことです。

公共交通を便利で快適にすれば、自動車から公共交通に移る人が増える。たとえば、「相互乗り入れ」になれば、乗り換えなしで1本で行けるから便利だよ。
公共交通を便利で快適にすることも、交通需要マネジメントの1つだよ。

相互乗り入れの例

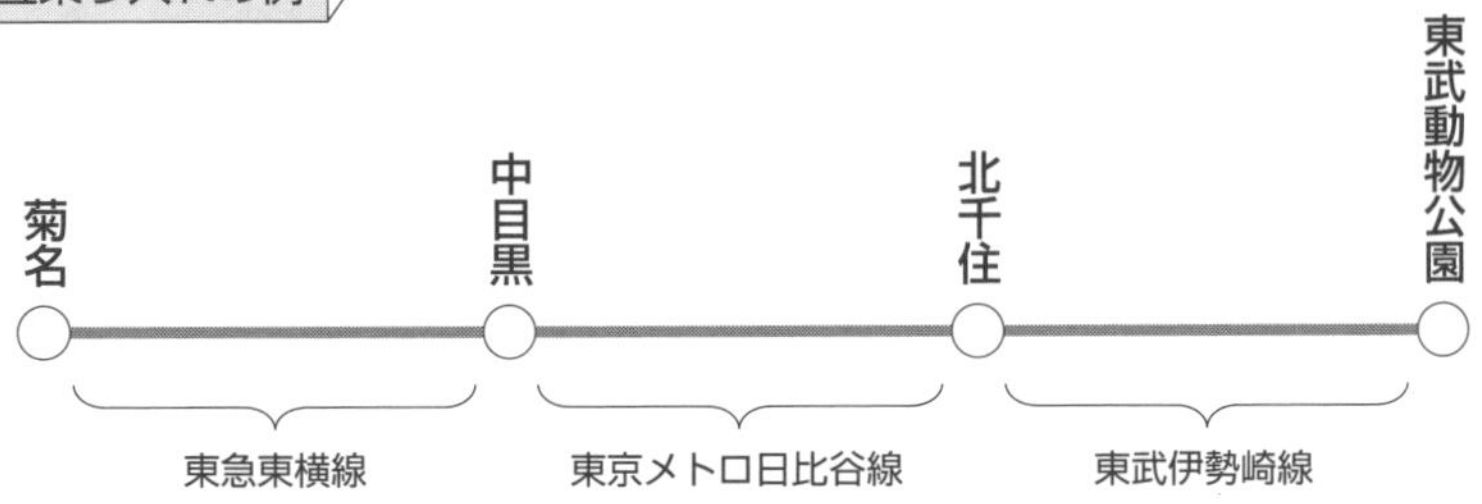
菊名
中目黒
北千住
東武動物公園
東急東横線
東京メトロ日比谷線
東武伊勢崎線

交通需要マネジメントの分類

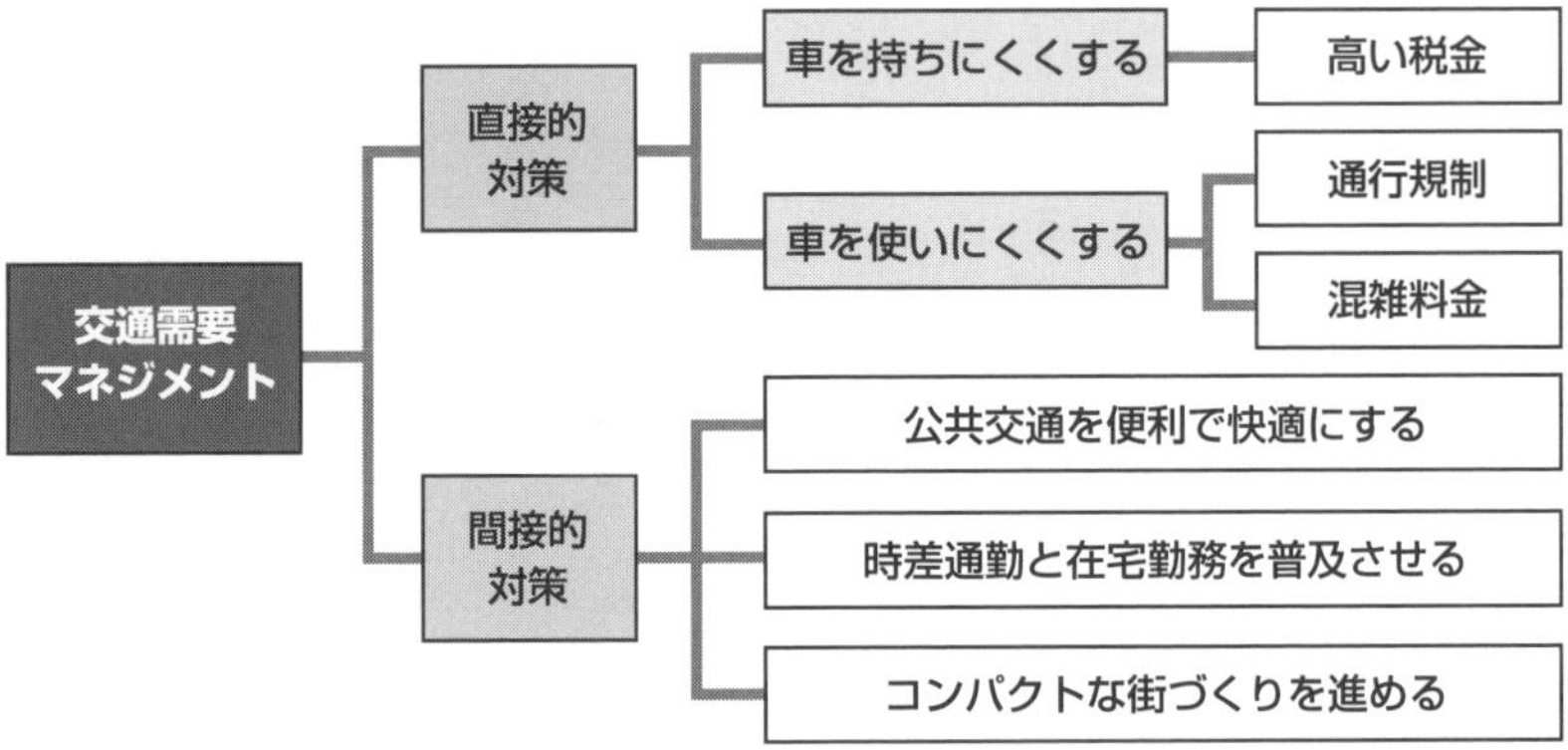
交通需要マネジメント
直接的対策
車を持ちにくくする
高い税金
車を使いにくくする
通行規制
混雑料金
間接的対策
公共交通を便利で快適にする
時差通勤と在宅勤務を普及させる
コンパクトな街づくりを進める

5

「自動車社会」アメリカでは

アメリカは自動車（自家用車）中心の社会です。会社に行くにも、買物をするにも、おもに使われるのは自動車です。全国的な調査によれば、移動の90％近くが自動車によって行われています。日本とは大変な違いですが、それには理由があります。

アメリカでは、第二次世界大戦の後、都市に住む人々が広い住宅を求めて、次々と郊外に移り住むようになりました。現在では、国民の半数が郊外に住んでいます。アメリカの郊外住宅は、日本とは比較にならないくらい、広い範囲に分散しています。そのため、鉄道やバスではカバーしきれません。どうしても、自動車に頼らざるを得ないのです。

自動車中心となったのには、もう1つ理由があります。それは、自由を愛するアメリカ人にとって、いつでも好きなときに、好きなところへ行ける自動車は、「自由の象徴」そのものだということです。政府も、国民が自動車を使いやすいように、無料の高速道路を全国に張りめぐらせたり、ガソリンの税金を安くしたりしてきました。

いくら道路混雑や大気汚染が深刻になっても、政府が自動車の利用をおさえることは大変難しいのです。そのため政府は、利用を制限せず、しかも混雑や大気汚染を減らす方法はないかと、知恵をしぼってきました。その解答の1つが「相乗り」の促進であり、「HOVレーン」とよばれる「相乗り」専用の車線が設けられ、効果を上げてきました。

アメリカにおける通勤交通手段

（単位：％）

年	自動車			公共交通	その他
	1人乗り	相乗り	小計		
1980	64.4	19.7	84.1	6.4	9.5
1990	73.2	13.4	86.5	5.3	8.2
2000	75.7	12.2	87.9	4.7	7.4
2007	76.1	10.6	86.7	4.8	8.5

（注1：自動車には乗用車、トラック、バンが含まれる。 注2：2007年以外は国勢調査結果。）

（資料：アメリカ商務省資料より作成。）

●HOVレーンを示す標識

◇ 左車線
2人以上の
「相乗り」のみ
月～金
5AM ～ 9AM
3PM ～ 7PM
中央分離帯そばの車線がHOVレーンです。
都市
HOVレーン
相乗り専用車線
郊外

6

ストラスブールの衝撃

世界に衝撃を与えたのは、LRTの斬新なデザインです。丸みをおびた流線型で、車体の7割が窓です。床は低く、高齢者も楽に乗り降りできます。

フランスにストラスブールという街があります。ドイツ国境に近い人口約25万人の古都で、LRT（次世代型路面電車）を中心にした街づくりで世界的に知られています。

自動車による混雑や大気汚染が深刻となったこの街では、1960年に廃止された路面電車が、1994年、新たにLRTとして復活しました。現在、5つの路線があり、運転本数も多いので、市内の移動や、市内と郊外の間の移動に大変便利です。

市内中心部は、歩行者とLRTの専用区域（トランジットモール）となり、自動車の乗り入れが禁止されました。そのため、歩行者は安心して散歩やショッピングを楽しめるようになりました。また、中心部周辺や郊外のLRTの駅には、駐車場が整備されています。自動車で自宅を出た人は、そこに駐車し、LRTに乗り換えて市内に向かいます。これを「パーク&ライド」といいます。

LRT、トランジットモール、パーク&ライドの「3点セット」によって、市内を走る自動車が減少し、混雑や環境が大きく改善されました。LRTの沿線には、オフィスや住宅や商業施設がつくられ、LRT中心の「コンパクトな街づくり」が進められています。

2006年、富山市に誕生した富山ライトレールは、日本のLRT第1号です。富山市も、LRTを中心とした、「コンパクトな街づくり」を進めています。

●ストラスブールのLRT（次世代型路面電車）

●パーク＆ライド

自宅から駅まで自動車で。　駅に自動車を駐車し、　電車に乗り換える。　目的地に到着。

●富山ライトレール

7

鉄道の混雑は、いま

外国の都市では、先進国でも途上国でも、道路の混雑が最大の交通問題となっていますが、日本では、鉄道の混雑も大きな問題です。東京の場合、朝のラッシュ時の平均の混雑率（乗車人員÷定員）は170％となっています。路線によっては平均200％（定員の2倍）を超えるところもあり、また、1本1本の列車をとれば、200％を超えるものは少なくありません。これでは、とても快適な通勤・通学とはいえません。

鉄道の混雑は、首都圏で最大の交通問題となっています。一番の原因は、多くの職場が都心に集中し、一方、住宅の多くが郊外にあることです。現在、東京23区内で約670万人が働いていますが、うち約300万人は、東京の多摩地域や神奈川・千葉・埼玉などから通勤しています。これだけ多くの人が、ほぼ同じ時間帯に鉄道を利用するため、あれほどの混雑が生まれるのです。では、混雑を減らすには、どうしたらいいのでしょうか？

それには、「運べる人数を増やすこと」と、「利用する人数を減らすこと」の両方が必要です。運べる人数を増やすには、運転本数の増加、列車の編成両数の増加、車両の大型化などの方法があります。さらに効果の大きいのは、新しい路線をつくったり、すでにある路線の線路を増やす（複線を複々線にする）ことですが、莫大な費用と長い期間が必要です。すでに首都圏では、「運べる人数を増やすこと」は限界に近づいています。

鉄道の混雑率の目安

100%	定員乗車。座席につくか、吊り革につかまるか、ドア付近の柱につかまることができる。
150%	肩が触れ合う程度で、新聞は楽に読める。
180%	体が触れ合うが、新聞は読める。
200%	体が触れ合い、相当な圧迫感がある。しかし、週刊誌なら何とか読める。
250%	電車が揺れるたびに、体が斜めになって身動きできない。手も動かせない。

（資料：（社）日本民営鉄道協会ホームページ「民鉄用語辞典」を参考に作成。）

東京圏の鉄道混雑率の推移

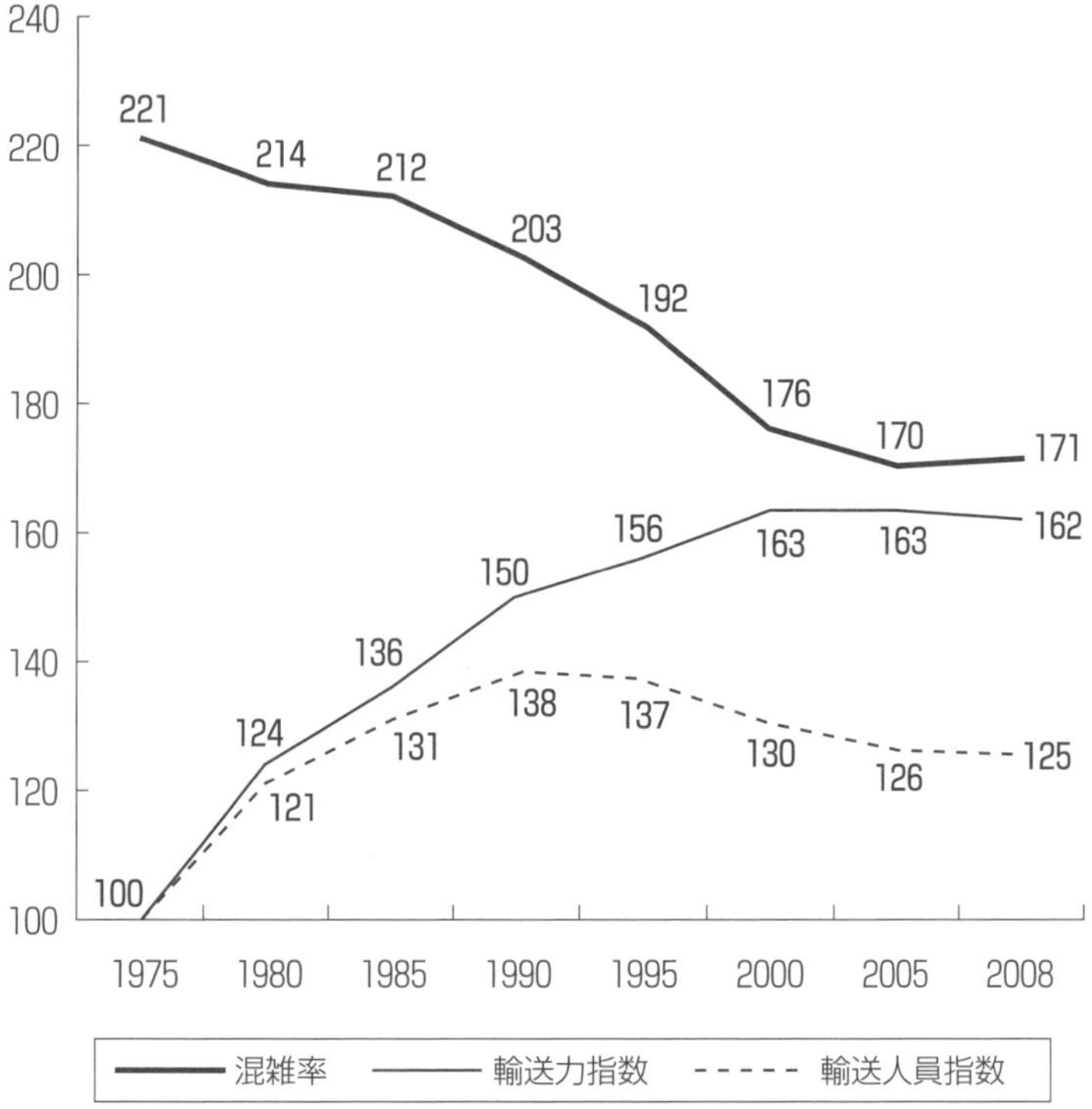

240
220
200
180
160
140
120
100
221
214
212
203
192
176
170
171
100
124
136
150
156
163
163
162
121
131
138
137
130
126
125
1975
1980
1985
1990
1995
2000
2005
2008
混雑率
輸送力指数
輸送人員指数

（注１：混雑率は、主要路線のラッシュ時１時間の平均混雑率。）

（注２：輸送力は、主要路線のラッシュ時１時間の輸送能力（＝運べる人数）。）

（資料：国土交通省鉄道局監修『数字でみる鉄道2009』（財）運輸政策研究機構発行。）

8

鉄道の混雑は減らせる

混雑をもっと減らすには、「利用する人数を減らすこと」が重要です。少子高齢化や不景気の影響、そして都心に住む人の増加によって、近年、ラッシュ時の利用者は少しずつ減少しています。しかし、まだまだ不十分です。

ラッシュ時の利用者をさらに減らすには、ラッシュ時を避ける「時差通勤」の普及が有効です。そのためには、実施する企業に対し、定期運賃の割引率を大きくすることも一案です。日本では、企業が定期代を負担しているので、企業の負担が減るからです。

逆に、「ラッシュ時の運賃を高くすること」も有効です。そうすれば、時差通勤を導入する企業が増えるでしょう。問題は、「混雑によってサービスが低下しているのに、運賃を高くするのはおかしい」という意見です。一見もっともに思えますが、鉄道会社は、ラッシュ時に備えてたくさんの車両を用意しています。つまり、ラッシュ時の利用者が鉄道会社の負担を重くしているわけです。その意味からも、ラッシュ時の運賃を高くすることは合理的なのです。技術的な課題も、ほぼ解決しています。あとは、どのようにして利用者や企業を納得させられるかです。

このほか、家で会社の仕事をする「在宅勤務」の普及や、職場と住宅を近づける「コンパクトな街づくり」によって、移動の必要性自体を減らすという対策もあります。

こんなにツライ思いをしてるのに、運賃が高くなるのは納得いかないよ。
でも、鉄道会社だって、ラッシュ時の運行本数を増やすため、車両と人員の確保でたいへんだよね。

時	明治駅［明治鉄道］東京方面　平日																	
5	11	19	25	36	45	53												
6	0	6	12	17	23	28	34	40	51	56								
7	0	3	7	11	15	18	21	25	30	32	35	39	41	43	48	50	54	56
8	0	2	4	6	8	10	12	13	17	19	21	24	26	28	32	34	46	56
9	0	2	4	6	8	10	12	15	19	22	25	31	33	36	43	46	53	56
10	2	5	8	11	14	17	20	23	31	35	39	47	51	55				
11	3	7	11	15	19	23	27	31	39	43	47							
12	3	7	11	15	19	23	27	31	39	43								
13	3	7	11	15	18	23	27	31	39	43	47							
14	3	7	11	15	19	23	27	31	39	43	47							
15	3	7	11	15	19	23	27	31	39	42	45	51	54	57				
16	0	3	6	9	12	15	18	21	27	30	33	39	42	45	50	53		
17	0	3	5	7	10	12	14	16	21	23	25	30	32	34	39	41	48	56
18	1	4	6	8	10	13	15	17	22	24	26	31	33	35	40	42	48	56
19	1	4	7	9	12	16	20	22	29	31	34	39	41	45	49	52		
20	1	4	7	11	15	18	21	25	32	35	39	46	49	53				
21	3	9	14	18	23	28	34	38	48	52	55							
22	0	6	10	15	20	25	30	35	46	50	56							
23	1	8	13	16	22	27	33	37	50	58								
24	6	15																

首都圏ではラッシュ時対策として、フレックス・タイムの導入や、時差通勤・通学を推進してるよ。

在宅勤務の人が多くなれば、ラッシュ時の混雑も減るよ。

COLUMN

「負けたくない」と思える仲間がいっぱい！

～ダブル・コア履修学生インタビュー

▼安藤 大輔（4年）
〔所属ゼミナール〕総合学際演習・福本勝清ゼミナール
商学専門演習・中村実男ゼミナール
〔卒業後の進路〕東ソー㈱（就職内定）

商学専門演習は中村ゼミ、総合学際演習は福本ゼミに所属しています。中村ゼミでは都市交通の研究をしており、交通分野におけるマーケティング、経営、観光、まちづくりが主なテーマとなっています。

私はそのなかでも、まちづくりに興味があり、富山市のまちづくりの研究に最も力を入れました。富山市は車を自由に利用できない高齢者や交通弱者にも暮らしやすいようなまちづくりを目指しており、公共交通の利便性向上やまちなか居住に力を入れています。研究をするにあたり、フィールドリサーチのほか富山市の森市長を訪問し、インタビューも行いました。卒業論文では交通弱者の足の確保にテーマを絞り、コミュニティバスの研究に取り組んでいます。

福本ゼミでは、中国の社会や文化、歴史の研究をしています。そのときどきの時事ニュースから、中国における日本企業の研究などを通して中国経済に最も興味を持ちました。人民元という通貨面からみた中国経済について、卒業論文で取

り上げる予定です。

以上の2つのゼミに所属し、ダブル・コアを経験することによって大きく分けて2つのことを得ることができたと感じています。1つはゼミ生と切磋琢磨し、より多くの人とかかわることができたということです。ゼミという小さいコミュニティではありますが、「この人には負けたくない」という仲間が多くいました。このような環境で切磋琢磨しながら、ゼミの活動ができたということは自分自身の成長につながったと思っています。また、総合学際演習では他の専門コースのゼミ生と接することで多くの刺激を受けることでき、知識や考え方も広がったと思います。さらに、ゼミに3年間所属できるので、2つ上の先輩から2つ下の後輩まで直接かかわることができます。先輩や同学年からだけではなく、後輩から刺激を受けることもしばしばありました。

もう1つは、ゼミでの発表や発言の積み重ねが就職活動の面接に活かされたということです。もともと人前で話すことは苦手ではありませんでしたが、調べてきたことを分かりやすく伝えることはゼミ内でさえ容易なことではありませんでした。しかし、ダブル・コアを履修することで、発表・発言できる機会が増え、さらに向上心を持って取り組むことで、徐々に発表の質を高めていくことができたと思います。その結果、就職活動時の面接試験ではほとんど緊張することなく、自分の伝えたいことを伝えることができたと思います。

最後にこの文章を読んでおられる皆さんにメッセージを送りたいと思います。ダブル・コア履修をするにあたり、不安や迷いがあるかもしれません。ダブル・コアのメリット・デメリットを先輩から数多く聞いているかもしれません。確かに忙しさや、やるべきことは2倍になるかもしれませんし、ときには投げ出したくなるときもあると思います。しかし、得られるものはそれ以上だと思います。達成感や充実感もとても大きなものです。ぜひダブル・コアにチャレンジし、有意義な学生生活を送って下さい。

COLUMN

講義科目とは違うゼミの楽しさ

～ダブル・コア履修学生インタビュー

▼山越 泉季（4年）

〔所属ゼミナール〕総合学際演習・佐藤政光ゼミナール
商学専門演習・藤井秀登ゼミナール
〔卒業後の進路〕東日本旅客鉄道㈱ プロフェッショナル職（就職内定）

私の所属している藤井ゼミの研究テーマは、観光と交通についてです。3年生のときに提出した論文は「観光まちづくりと地域社会の役割～大分県由布院温泉を中心に～」をテーマに作成しました。主に観光に重点を置いて、由布院が観光地として発展するに至った契機を、まちづくりを興こすきっかけとなった2人の中心人物を基盤に調べ、それらを踏まえて、現在にいたるような、他とは異なる観光地へと成長した過程や、由布院が得たもの・失ったもの、また観光が由布院の現状にどう影響しているかを研究しました。この論文を作成する際は、同じグループ内に大分県出身の友人がいたこともあり、一

緒に大分県まで行ってアンケート調査も行いました。このアンケートでは、由布院住民の生活満足度を健康・安全・仕事・住居・余暇などのカテゴリーに分類して調査していきました。

またもう1つの佐藤政光ゼミでは、主に語学についての研究を行っています。このゼミには海外出身の学生も半数くらい所属していたので、すごく刺激を受けました。授業中も、初めのころは留学生の方が多く発言し議論しているという印象が強かったので、負けないように頑張ろうとするうちに発言回数も増加し

ていった気がします。私は言語の環境とバイリンガルの関係に興味があったため、2つ以上の言語が行き交う環境について研究しました。たとえば、夫婦の母語が違う場合その子供はどのように言語を学んでいくのか、どのような環境で育つのがうまく言語を操れるようになるのかといった内容です。

ダブル・コアへの挑戦は、正直、私たちの代が初めてでもあったので少し不安ではありました。けれども、一方では商学の専門的なことを学ぶことができるし、もう一方では自分の興味あること、つまりは好きなことについて学ぶことができたのでとても充実していたと思います。また合宿なども充実していました。ゼミ生とはお互いに、一緒に勉強していくという意識が強く持てるので、ゼミ仲間がたくさんいるというのもまた良い刺激になります。ゼミでは、広く浅くではなく小さく絞って深く研究していくことに多くの時間を費やすことができるので、通常の授業とはまた違った楽しさが得られます。少人数で、先生とお話できる機会も増えるので就職活動前など、社会に出る心構えや準備もしていけると思います。私は、最初に頑張って2つの入室試験を受けてみて良かったと思っています。

学生による模擬ベンチャー企業の取組み

チームはまるで会社の組織 模擬ベンチャーに挑戦

「普通じゃつまらないでしょ…」と語る水野勝之教授のもとでは現在、学生が中心となってさまざまなプロジェクトが進行中です。

例えば「千代田学」「模擬ベンチャー体験」「縄文生活体験スクール」「群馬県東吾妻町展示会」「子供のための金銭教育」「鳥取県の地域活性化活動」…。

会社組織に近い活動スタイルを通じて、一人ひとりが高い意識を持ち、目標達成に向けて取り組んでいます。

明大OB・OG会の懇親会にて

右：農林水産大臣賞を受賞した新得そば
左：水野ゼミの「水」と嬬恋の「恋」。学生がつくりました

7限目

会計がわかれば世の中がわかる

① 会計・簿記は万国共通語
② 損益計算書は成績表
　～百貨店グループと「ユニクロ」、もうける力くらべ～
③ 貸借対照表から財産がわかる！
　～東京ディズニーランドの財産がひとめで～
④ 簡単さに注目、キャッシュフロー計算書
⑤ 会社まるごとハウマッチ
⑥ 算数とはちがうの？ ～ホントの原価の計算～
⑦ なぜ公認会計士は人気があるの？
⑧ 税理士、国税専門官など
　税金についての仕事は、いつでも有望

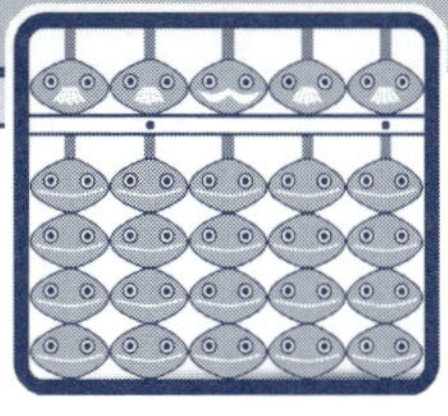

会計学 ● 野中 郁江 先生
（アカウンティング・コース）

1

会計・簿記は万国共通語

会社のお金や財産、利益の計算について学ぶのが会計です。会社の会計は、「複式簿記」というたいへん便利な記録のしかたをしています。すべての財産の変化を二重に記録するのです。たとえば、商品を仕入れ、現金を支払うと、商品が増えて、現金が減ります。お金を借りると借入金が増えて、現金が増えます。会社の帳簿は、複式簿記で二重に記帳されるので、正確になります。

1年間ごとに帳簿を区切り、決算をします。決算では、貸借対照表と損益計算書、キャッシュフロー計算書、利益金処分計算書をはじめとする決算書類がつくられます。大きな会社、小さな会社、商業、製造業、サービス業の区別なく決算書がつくられていて、これをみると一目で会社の利益や財産のことがわかってしまうというたいへん便利なものです。

決算により計算される利益の額は、税金の計算のもとにもなっています。決算書は、株主や投資家、銀行などに会社の様子を知らせるための資料です。そこで税法や会社法や金融商品取引法などの法律や規則により、細かく処理のしかたや手続きが決められています。

帳簿をつけて決算書をつくる（経理の仕事）、決算書が規則や法律にあっているかを調べる（監査の仕事）、決算書を読む（分析し、アドバイスする仕事）などの会計の仕事は、ますます大切な仕事になっています。

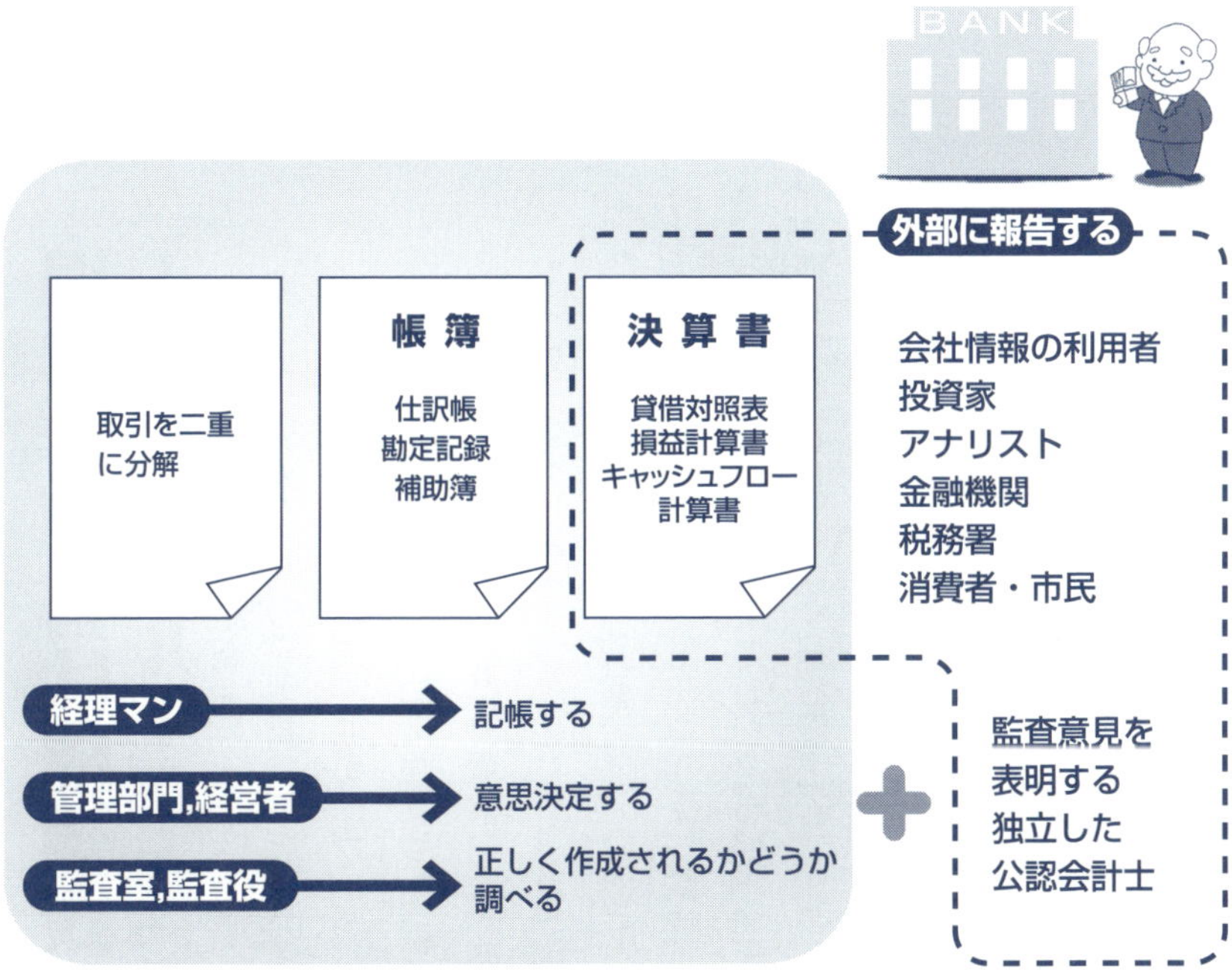
BANK
外部に報告する
帳簿
決算書
取引を二重
に分解
仕訳帳
勘定記録
補助簿
貸借対照表
損益計算書
キャッシュフロー
計算書
会社情報の利用者
投資家
アナリスト
金融機関
税務署
消費者・市民
経理マン
記帳する
管理部門,経営者
意思決定する
監査室,監査役
正しく作成されるかどうか
調べる
監査意見を
表明する
独立した
公認会計士

帳簿
領収書
残高
証明書
印鑑
損益
計算書
キャッシュ
フロー
貸借
対照
表
経営者
決算書は
正しくつ
くられて
いるかな
経理マン
監査役

2

損益計算書は成績表 ～百貨店グループと「ユニクロ」、もうける力くらべ～

1年間の成績表にあたるのは、損益計算書です。1年間に「利益はでたのか、つまりもうかったのか」「損失がでたのか」を示します。損益計算書では、会社の稼ぎである「収益」から、そのためにかかったコスト「費用」を引き算して、「利益」を計算します。

左の表の損益計算書をながめましょう。左側は、百貨店トップグループである三越・伊勢丹グループの損益計算書です。右側は、「ユニクロ」で知られるファーストリテイリングの損益計算書です。

三越と伊勢丹グループの売上高は1兆4267億円です。売上高から売上原価を引いた売上総利益は3975億円です。この売上総利益から販売費及び一般管理費を引いた営業利益は、196億円です。販売費及び一般管理費によって、利益がほとんどなくなっています。百貨店にとって、販売費及び一般管理費をいかに効率的にするかは大問題です。三越・伊勢丹グループの最終的な利益、当期純利益は47億円です。

右側のファーストリテイリングの売上高は、6850億円です。売上総利益は3415億円、営業利益は1086億円、当期純利益は498億円です。売上高は、三越・伊勢丹グループに比べて半分以下ですが、営業利益は5・5倍、当期純利益は10倍を超えています。「ユニクロ」の利益をあげる力のすごさがわかります。

当期純利益とは、最終的に会社に残る利益のことです。このなかから、株主へ配当金が支払われます。

損益計算書を比べてみます

（単位：億円）

科目	三越伊勢丹ホールディングス（2009年3月）	ファーストリテイリング（2009年8月）
売上高	14,267	6,850
売上原価	10,292	3,435
売上総利益	3,975	3,415
販売費及び一般管理費	3,779	2,329
営業利益（本業のもうけ）	196	1,086
営業外収益（利息や配当金の受け取りなど）	352	17
営業外費用（利息の支払いなど）	197	90
経常利益	351	1,013
特別利益（固定資産の売却益など）	13	5
特別損失（固定資産の売却損など）	249	63
税引前当期純利益	115	955
法人税等及び調整額等	68	457
当期純利益	47	498

計算式

売上総利益 ＝ 売上高－売上原価
営業利益 ＝ 売上総利益－販売費及び一般管理費
経常利益 ＝ 営業利益＋営業外収益－営業外費用
税引前当期純利益 ＝ 経常利益＋特別利益－特別損失
当期純利益 ＝ 税引前当期純利益－法人税等及び調整額等

3

貸借対照表から財産がわかる！～東京ディズニーランドの財産がひとめで～

オリエンタルランドの有形固定資産は、東京ディズニーランドの広い敷地、シンデレラ城やさまざまなアトラクション施設、お店です。

貸借対照表は、どんな財産をもっているのか、誰がお金をだしているかを示します。左の表は東京ディズニーランドを運営するオリエンタルランドの貸借対照表です。左側と右側に分かれていて、左側にもっている財産が、右側に財産の提供元が載せてあります。貸借対照表は、かならず右側の合計金額と左側の合計金額が同じになります。

財産のことを「資産」といいます。オリエンタルランドの資産総額は、６４５０億円です。いったいどんな財産をもっているのでしょうね。流動資産は、営業に必要なお金や商品、金融資産など、現金に替えやすい資産のことで、現金や売上債権、有価証券、棚卸資産などが含まれています。次に、同社の固定資産のうち有形固定資産は、資産合計全体の８割を占めています。有形固定資産は、建物・構築物、機械装置、土地などです。

また、負債のうちの流動負債と固定負債の両方に、社債と借入金があります。それらは利息を支払う負債なので、有利子負債といいます。オリエンタルランドの有利子負債の合計額は１８００億円で、同社がディズニーシーなどの超大型設備投資をするとき、外部から資金を調達しました。こうした積極的な政策は、成功しています。

夢の国、ディズニーランドを貸借対照表からみると、「どのようなアトラクションをつくるのか、どこから資金を得るのか」という財務の仕事の大変さ、大切さがわかります。

オリエンタルランドの貸借対照表

2009年3月末(単位：億円)

資産	
流動資産	882
現金預金	154
売上債権	157
有価証券	355
棚卸資産	107
その他流動資産	109
固定資産	5,568
有価固定資産	5,161
無形固定資産	112
投資等	295
資産合計	6,450

負債	
流動負債	1,112
買入債権	164
社債	200
借入金	208
その他流動負債	540
固定負債	1,601
社債	800
借入金	592
その他固定負債	209
負債合計	2,713
資本	
資本金	632
資本剰余金	1,114
利益剰余金	2,252
自己株式	−245
その他	−16
純資産合計	3,737
負債・純資産合計	6,450

- 流動資産：現金に変わりやすい財産
- 棚卸資産：商品・製品など
- 固定資産：現金に変わりにくい財産
- 有価固定資産：土地・建物など
- 資産合計：会社のもっている財産総額
- 流動負債：すぐに支払い期限がくる負債
- 固定負債：すぐには支払い期限がこない負債
- 負債合計：会社以外が資金を出している
- 純資産合計：会社が資金を出している株主のもの

貸借対照表の等式

資産合計6,450億円＝負債合計2,713億円＋純資産合計3,737億円

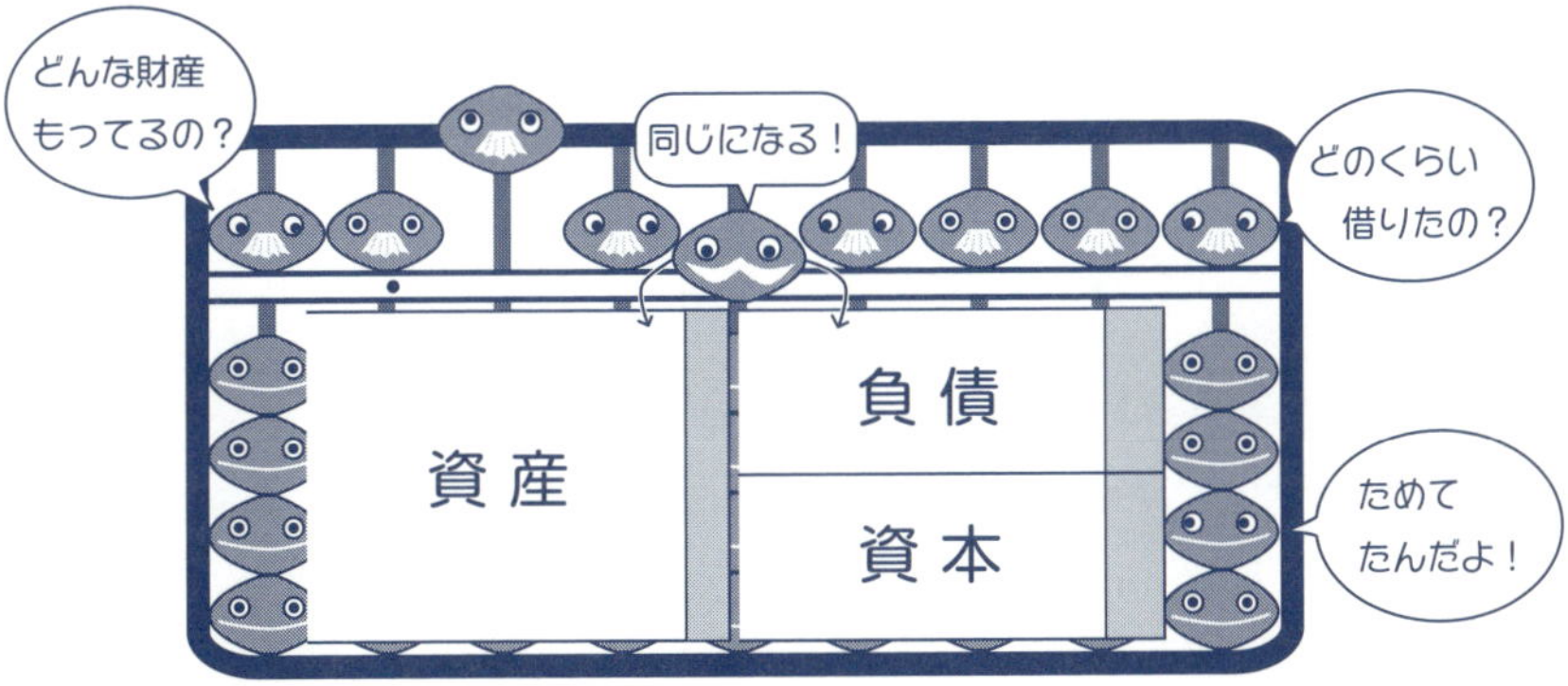
どんな財産もってるの？
同じになる！
どのくらい借りたの？
資産
負債
資本
ためてたんだよ！

純資産は、株主が払い込んだ資本金や資本剰余金、企業が利益として貯め込んだ金額である利益剰余金などが主なものです。負債が外からの資金調達であるので、純資産のことを自己資本ともいいます。
オリエンタルランドの純資産は3,737億円です。資本金や資本剰余金の合計が1,746億円、貯め込んだ利益剰余金が2,252億円です。自己株式を245億円、買っていて、発行している株式数を増やさないようにしています。

4

簡単さに注目、キャッシュフロー計算書

キャッシュフロー計算書は、わかりやすさが売りものです。英語のキャッシュ（cash）は現金のことですが、キャッシュフロー計算書のキャッシュは、現金よりも少し範囲が広く、現金および3カ月以内に現金にかわるもの、たとえば、満期のくる預金などをいいます。このキャッシュの1年間の流れを表にしたものが、キャッシュフロー計算書です。

左の表は、アサヒビールのキャッシュフロー計算書です。2007年度の営業活動によるキャッシュフローは、プラス696億円です。投資活動によるキャッシュフローはマイナス1178億円で、営業活動によるキャッシュフローを482億円も上回っています。積極的な投資が行われたことを意味します。また、財務活動によるキャッシュフローはプラス361億円で、不足するキャッシュを借り入れなどの負債によって調達したことがわかります。

一方、2008年度の営業活動によるキャッシュフローはプラス1061億円、投資活動によるキャッシュフローはマイナス582億円となっており、投資活動によるキャッシュフローは営業活動によるキャッシュフローを479億円も下回っています。

アサヒビールのキャッシュフロー計算書をみると、2007年度は、投資に積極的な経営を行い、2008年度は一転して、堅実な守りの経営を行ったことがわかるのです。

アサヒビールのキャッシュフロー計算書

（単位：億円）

年度 キャッシュフロー	2007年度	2008年度
営業活動によるキャッシュフロー	696	1,061
投資活動によるキャッシュフロー	−1,178	−582
財務活動によるキャッシュフロー	361	−464
キャッシュ増減額	−121	15

企業の売り上げや仕入れ、販売費、一般管理費などに関連した、主として営業活動から生じるキャッシュフローのこと。プラスになるのは普通であり、いかに大きくするかが重要です。
キャッシュは増えれば安心だけどね。
宝島
営業活動による キャッシュフロー
財務活動による キャッシュフロー
投資活動による キャッシュフロー
設備投資や事業の売買、子会社出資などについての「お金」の出入りのこと。事業を大きくしようとするときは、投資活動によるキャッシュフローのマイナスは大きくなります。
借入金や社債、株式の発行、配当金の支払いなどの資金調達に関する「お金」の出入りのこと。外部からの資金投入を増やせばプラスになり、返済を進めればマイナスになります。
チャンス島
借入れは少ないほうがいいけど、チャンスには使わなくちゃね。

5

会社まるごとハウマッチ

純資産方式では、ある会社がもっている資産が100億円、負債が60億円であれば、純資産は40億円です。したがって、この会社の値段は40億円になります。

あの会社を買いたいけれど、いくらだろう？ 会社の値段を決めるには、純資産方式、利益率方式、割引キャッシュフロー方式などがあります。

資産から負債を引くと、差額は資本になります。純資産方式は、この資本の額を会社のもちものである「純資産」とよんで、この純資産額を企業の値段とします。

利益率方式は、業界の平均的な利益率から会社の値段を計算します。ある業界で、純資産に対する利益の割合が平均10％である場合、純資産が40億円であれば、平均的な利益は4億円ですが、利益が2億円しかないと、平均的な会社に比べて2分の1しか利益が出ないので、この会社の価値も半分に、つまり20億円の値段しかないことになるわけです。

割引キャッシュフロー方式は、将来の営業キャッシュフローの総額から、会社の値段を見積もろうというものです。「これだけキャッシュが手に入るから、これだけの価値がある」という考え方です。

会社の値段を計算すると、計算のしかたによって、2倍も3倍もちがうことがあります。過去の価額である簿価を使ったり、将来の予測を入れたりするからです。しかし、実際は、買い手と売り手との交渉が成立したところで値段が決まるので、売買が成立しなければ、本当の値段はわからないまま、というわけです。このウヤムヤなところも会計の魅力です。

割引キャッシュフロー方式だと…
明治株式会社
60億円
すごいなぁ
利益率方式だと…
お買得？
純資産方式だと…
明治株式会社
20億円
明治株式会社
40億円
会社の値段の計算のしかたによって、2倍も3倍も値段がちがうことがあるけど良いのかなぁ。
実際は買い手と売り手との交渉が成立したところで値段が決まるから、心配いらないよ。

6 算数とはちがうの？〜ホントの原価の計算〜

算数にこういう問題があります。「原価200円の製品を100個つくって、単価250円で売りました。利益はいくらですか」。答えは5000円です。式で示すと次のとおり。

(250 − 200) × 100＝5,000

では、おなじ製品を200個つくるとどうなるでしょうか。算数では、おなじように次の計算をするでしょう。

(250 − 200) × 200＝10,000

ところが、現実はちがいます。たくさんつくれば、1つあたりの原価が安くなるからです。なぜ、たくさんつくると安くなるのでしょうか。原価には、生産高に比例して増える費用（材料費など）と生産高とは関係なく額が決まる費用（工場の設備関係の費用や家賃など）があるからです。いくつつくればいくらの利益になるかを知るには、原価を生産高に比例して増える費用と生産高に関係のない定額の費用に分けなければなりません。

生産個数と原価、売上高をグラフにしてみました。原価を生産高に比例して増える費用と生産高に関係なく定額の費用に分けてみることで、生産高の変化と利益の出方がよくわかります。グラフで、費用の合計が売上高と交差しているところがあります。66・66個のところです。67個以上つくって売れば、利益がでるということがわかります。

ホントの原価計算〈表〉

	50個	100個	150個	200個
生産高に関係なく定額の費用	10,000	10,000	10,000	10,000
生産高に比例して増える費用	5,000	10,000	15,000	20,000
合　　計	15,000	20,000	25,000	30,000
単位原価	300	200	166.6	150
売 上 高	12,500	25,000	37,500	50,000
利　　益	△2,500	5,000	12,500	20,000

※△は損失

ホントの原価計算〈グラフ〉

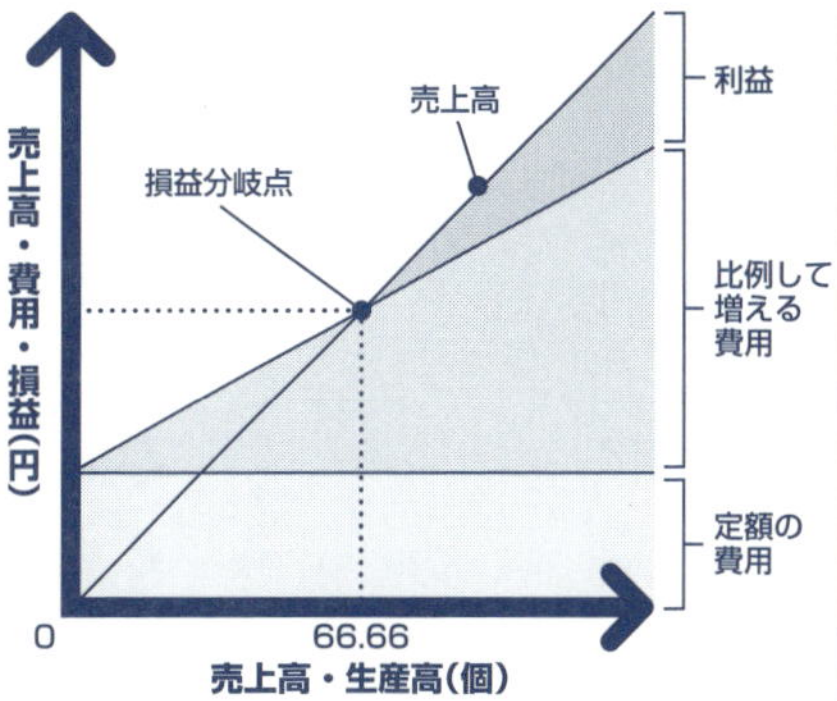
売上高・費用・損益(円)
売上高
損益分岐点
利益
比例して増える費用
定額の費用
0
66.66
売上高・生産高(個)

66.66
ここから先は利益よ

利益が出るのはまだまだだ
がんばれ

7

なぜ公認会計士は人気があるの？

公認会計士試験は、司法試験とならぶ、もっともむずかしい資格試験です。人気があります。なぜでしょうか。専門性の高さと地位の独立性に魅力があるといえます。公認会計士は、税理士やコンサルタントとおなじような仕事もしますが、公認会計士だけができる仕事は、会社の決算書が正しく作成されているかどうかを証明する「監査証明」です。

過去に、りそな銀行の自己資本比率が４％を下回っていて、このままでは存続できなくなることを明らかにしたのは、公認会計士の組織である監査法人でした。これをキッカケに、２兆円近い公的資金が、りそな銀行に投入されることになりました。もし、公認会計士が、これをみのがしていたら、「粉飾決算」に手を貸していたことになるところでした。いまでは、一般の会社にかぎらず、自治体などの公的機関でも、公認会計士の監査を受ける団体が増えています。

最近、日本の若い人たちで、アメリカの公認会計士になる人が増えています。世界中で多くの企業が、国際会計基準やアメリカの会計基準で決算書を作成するようになっています。わが国の会計基準も、国際動向を積極的に受け入れてきています。とくに、株式市場や債券の市場には国境がないので、会計基準がおなじになっていくことはさけられません。会計士は、こうしたグローバル化のなか、ますます重要な仕事になっていくでしょう。

クライアントとの
打ち合わせだ
売り上げを伸ば
すためには…
帳簿を見せ
てください
エンロン事件はね
ニューヨークは
どうかな
株式公開を支援
した会社の株価
は好調だな
国際会計基準の
影響は…
Welcome to CPA World !!

8

税理士、国税専門官など税金についての仕事は、いつでも有望

税金の計算は会社の利益などをもとにしているので、税の仕事も会計の専門知識が必要です。

公認会計士は、監査についての専門職ですが、わが国では、税理士の人数のほうが圧倒的多数です。なぜなら、税理士の仕事は、税金を納めなければならないすべての事業体や個人の税金の申告にかかわっているからです。納税者のすべてが「お客さま」なのです。

税理士は、経理担当者に代わって決算書をつくったりしますが、税理士だけが行うことができる仕事は、税金の申告書をつくったり、税金の額を計算したりすることです。会計と一番関係が深いのは、会社の利益をもとに税金を計算する法人税や事業税ですが、固定資産税や相続税、贈与税の計算でも、財産評価論などの会計の知識がおおいに役立ちます。

税理士は、経営者、個人にとって身近で、頼りになる存在です。税法が認めている範囲で、税金の繰延、税額の減額ができるように知恵を絞ります。税務署が調査にきたときには、税理士が立ち会います。たくさんの企業や個人の税金にくわしい税理士は、会社や税金を納める人のホームドクターともいえます。

国税専門官は、税務署職員で、税のエキスパートです。また国税専門官は、税務署に長年勤務すると税理士の試験科目が一部免除されるようになるので、人気があります。

税金にかかわる業務も、国際化の進展によって、外国税額控除、移転価格税制といった判断のはばの大きい業務が増えてきており、税に関する専門性も高まる一方です。

税金の支払い
が大変だ
頼れる
ホームドクター
ね!!
カルテ
税金の計算だ
けでなく、ア
ドバイスをも
らって元気に
なったよ
このままでは、
やっていけません

COLUMN

1人では限界がある受験勉強を乗り切る

～公認会計士を目指す学生インタビュー

▼**大西 要輔（3年）**

〔所属ゼミナール〕商学専門演習・松本穰ゼミナール

私は大学2年生の時からすでに、3年次にはアカウンティングコースに進もうと決めていました。そのため、2年次に行われたゼミの入室試験ではアカウンティングコースの松本ゼミを希望し入室しました。

公認会計士試験を受験している私にとって、アカウンティングコースには、同じ志を持った仲間が多くいます。とくに松本ゼミは公認会計士を目指している者、税理士を目指している者、金融関係を目指している者、マスコミ分野を目指している者、体育会で大学名を背負って日々努力し、将来はプロを目指している者などさまざまな友人や先輩、後輩がいる環境にあります。フィールドが違っていても皆それぞれの目標に向かって努力しており、それを後押ししてくださる松本先生や仲間がいるというのはこのゼミでしか経験できないことだと思います。

また、大学で

は教授が学生の名前を覚えるということは語学の授業以外にはほとんどなく、授業は完全に受身であり、授業後に質問に行ったとしても名前を覚えてもらえることは稀です。その中で唯一ゼミは先生と身近に接することができる貴重な場であり、人生経験豊富な先生の話を聞けるというのはとてもためになります。

さらに、松本ゼミには1000人を超えるOBやOGが居り、年に1度皆が集まるOB・OG会では、公認会計士や税理士をはじめとして、第一線で活躍している方や、事業を成功させた方など、幅広い人脈があり、その方々と話す機会があるというのは貴重なことだと思います。

さて、話は変わりますが、私のいまの状況は公認会計士の1次試験に合格し、2次試験も終わって結果待ちという状況にあります。私が受験勉強を通して1番感じたことはゼミの友だちをはじめとする仲間に支えられて、いまの自分があるということです。大学のない日は朝から晩まで専門学校で勉強し、大学がある日は空き時間に大学付属の学習指導機関である、「経理研究所」の自習室で勉強するという毎日でした。その中でやはり1人で勉強していると、ほかの人の進捗度や理解度がわからず、どこまで手をのばして勉強すべきかの判断が難しくなります。公認会計士試験は広範な分野から出題されるため、すべての範囲を押さえることは事実上困難だとも言われ、1人で勉強するには限界があります。そのときに先輩や友人から情報を聞き勉強に生かしたり、行き詰っているときや、リフレッシュしたいときに一緒に楽しめる仲間がいるということが受験勉強において最も大きな安心材料であり、メリハリある大学生活を送れている一因だと私は思います。

私は充実した大学生活を送るためには、何かしらの目標を持ったり、かけがえのない友人と出会うことがその秘訣だと思います。その場を提供してくれるゼミに入室することを強くオススメします。

COLUMN

受験勉強へのモチベーションを維持するために

～公認会計士を目指す学生インタビュー

▼中村 陽平（3年）

〔所属ゼミナール〕商学専門演習・山本昌弘ゼミナール

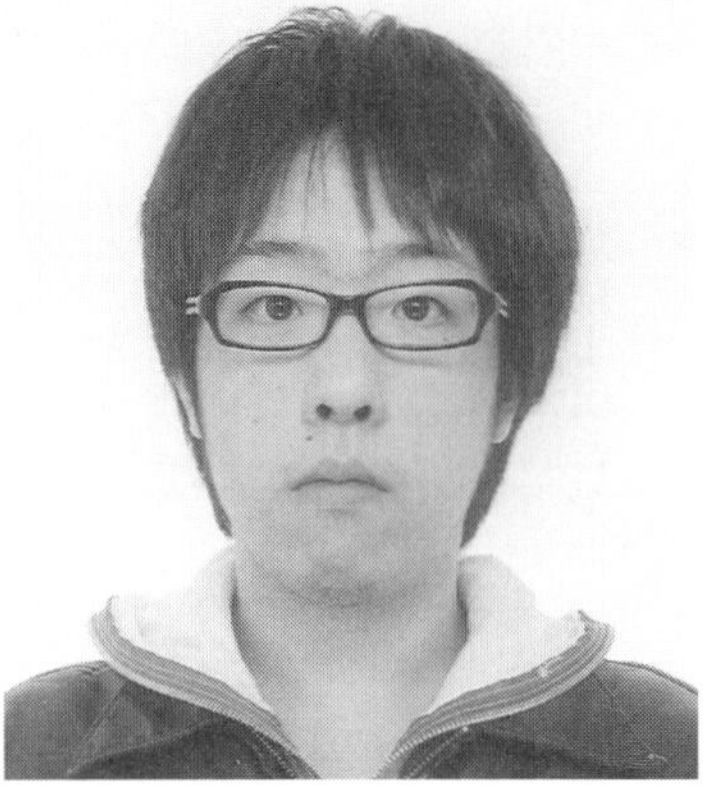

私の所属するゼミでは、国際会計論について勉強しています。主に、日本の会計諸基準と国際財務報告基準（IFRS）や国際会計基準を基軸として、会計基準の国際的な統合の現状と課題についての議論を行っています。これらの学習によって、会計基準の国際的統合等に関わるテーマを体系的に検討し、国際的統合の大きな変化に内在する会計思考を明らかにして、さまざまな国において生じている国際的な対立の部分も明らかにすることが可能になるのです。以前は、各国に独自の会計基準が存在していました。そして、それらの会計基準に従って会計処理などを行ってきました。しかし、近年ではそれらを国際的に統合しようとする動きが出てき始めたのです。そのような動きが出てきた理由として、国際的な比較が可能になるからという理由があげられると思います。理由はそれだけではなくさまざまですが、今日の日本の会計基準は大きく変化しているのです。

私は、現在、公認会計士試験を目指して勉強中です。大学1年のときに簿記の勉強を始め、2年生になって本格的に公認会計士試験の勉強を始めました。受験の専門学校に通学していたために、大学の授業との両立はかなり大変でした。また、公認会計士試験に向けての受験勉強は比較的長期間にわたるので、モチベーションを維持することがとても重要になってくると思います。受験勉強を行っていくなかで、成績が思うように上がらずモチベーションが低下し、まともに勉強が手につかないということもありました。また、本番の試験までに勉強が間に合うかなどという不安も持っていました。しかし、それでも途中で諦めず最後まで受験勉強をやり続けることができたのは、公認会計士になるという目標を忘れていなかったからだと思います。

ゼミの魅力としては、さまざまな目標を持っている仲間に出会うことができるということだと思います。ゼミのなかには、私のように公認会計士試験や他の資格を目指して勉強をしている学生や部活動やサークル活動に打ち込んでいる者、アルバイトに精を出している人などいろいろな仲間がいます。また、会計についての豊富な知識をもっている人も多いのでゼミで過ごす時間はとても充実した内容になっていると思います。とくに会計士の受験をする人たちは、多く意見を求められるために気を抜くことができず、ゼミの時間にはとてもよい刺激を受けることができます。そして、毎週1人ずつがあるテーマについて調べて発表をするのですが、そのテーマは毎回かなり難しくその準備は大変で、質問の受け答えを考えておくのも楽なことではありません。そのため、発表を終えたときには皆がとても大きな達成感を感じていると思います。このほかにも、ゼミではさまざまな経験ができ大学生活のよい思い出となるはずです。

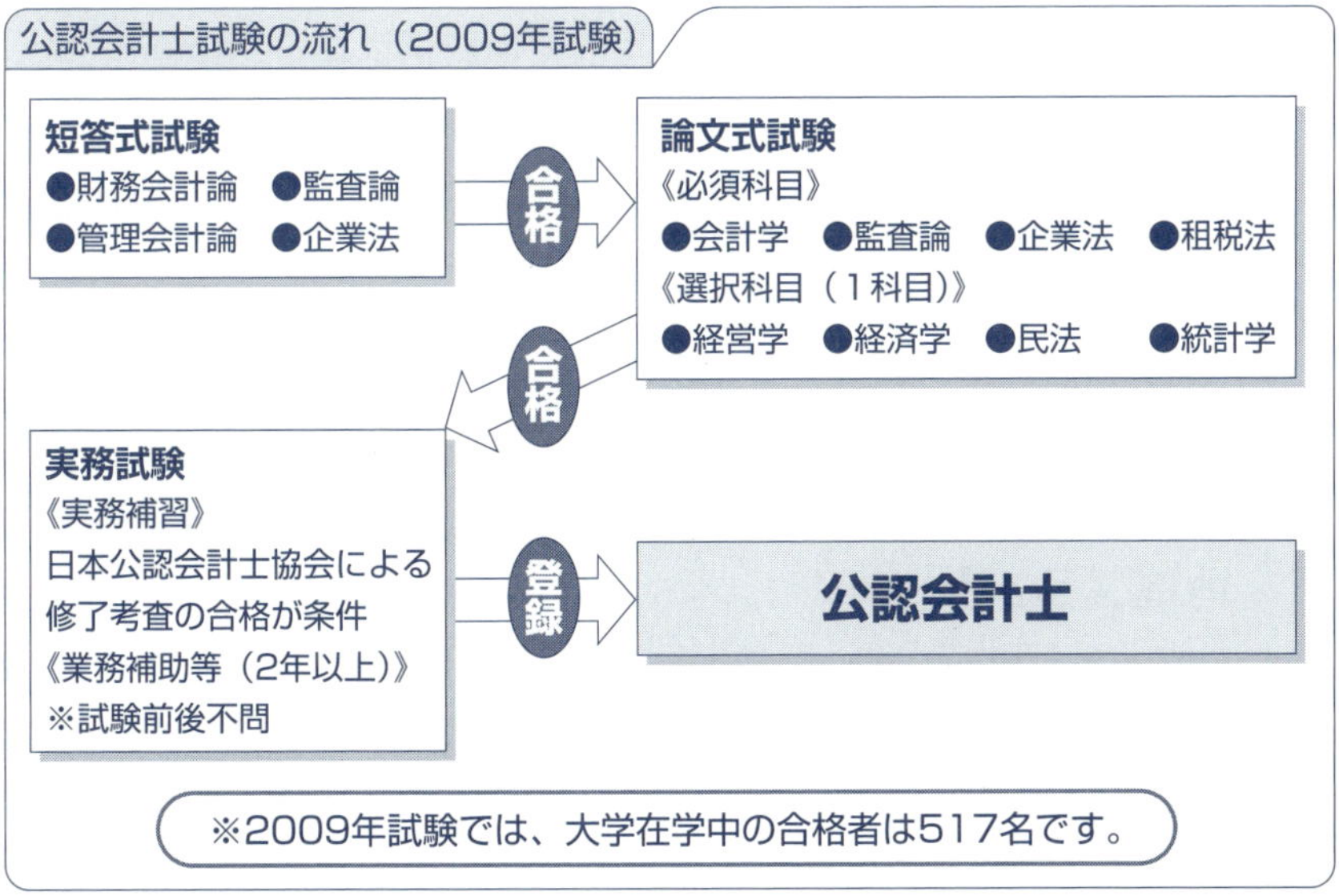

公認会計士試験の流れ（2009年試験）
短答式試験
●財務会計論　●監査論
●管理会計論　●企業法
合格
論文式試験
《必須科目》
●会計学　●監査論　●企業法　●租税法
《選択科目（1科目）》
●経営学　●経済学　●民法　●統計学
合格
実務試験
《実務補習》
日本公認会計士協会による
修了考査の合格が条件
《業務補助等（2年以上）》
※試験前後不問
登録
公認会計士
※2009年試験では、大学在学中の合格者は517名です。

（資料：公認会計士・監査審査会『公認会計士試験にチャレンジしてみませんか』および『公認会計士試験合格者調』（2009年）を参考に作成。）

学生によるフィールドワーク

空き店舗における マーケティング実習

小売店舗を実際に経営していくなかでマーケティングの実践を行い、商学部設置の諸科目で修得した諸理論についての実習を展開する。神奈川県三浦市と連携して、同地域の特産物販売と観光紹介等を目的とした店舗「なごみま鮮果」の運営を行う。

南信州地域振興

長野県飯田市を連携先として選定し、同地域の農産物や各種飲食料品などの特産物、ならびに伝統工芸品や工業製品について、その市場ニーズにあった商品開発や市場開発を実践する。あわせて、同地域の農業生産者、各業種の企業ならびに地場産業振興センターなどとの連携をはかりつつ、同地の地域ブランド「南信州○○○」のブランド構築や、農業を含めた産業振興、観光開発やイベント開催などについても広範囲に検討し、新たな方向性の企画ならびに提案を目指す。

現地での状況を適切にふまえ、学生らしい斬新なアイデアや戦略企画の構築をチーム活動として展開する。

地域ブランド

各地域の特産物の発掘、特産物のブランド化および地域のブランド化を主なテーマとする。特産物のブランド化や地域のブランド化に成功したいくつかの事例を調査するとともに、どのように地域ブランドを育成するかについて考える。

8限目

企業経営にICT（情報通信技術）を活かす

①コンピュータ技術とは～計算をするための技術と企業経営～

②ヒト・モノ・カネのその次は～情報という経営資源～

③企業情報システムの失敗～MIS、DSS、SIS～

④情報システムがなければはじまらない
～ICTを組み込んだビジネスプロセス設計～

⑤つながることは良いことだ～インターネットを利用したビジネスの展開～

⑥技術だけでは上手くいかない～企業の組織、人的資源と情報システム～

⑦知識を創り、知識を活かす～組織的知識創造と管理～

⑧社会を繁栄させる企業情報システム
～情報システムに関する企業の社会責任～

経営情報システム論 ● **村田 潔** 先生
（マネジメント・コース）

1

コンピュータ技術とは

～計算をするための技術と企業経営～

1940年代半ばに開発されたコンピュータ技術は2進法、つまり0と1を使った数値で表わされたデジタル情報を高速計算処理するための技術です。現在ではこれが通信技術と融合化されて情報処理と通信処理を統合的に行う、ICT（情報通信技術）と呼ばれる技術体系として確立されています。ではなぜ、計算するための技術が現代の情報社会の実現を可能にし、今や企業の中で必ずといっていいほど使われるようになったのでしょうか。それは、人間の行う論理的な情報処理はすべてデジタル情報の計算処理として実現することができるからです。そしてコンピュータ技術ではプログラムを書き、それを実行することであらゆるタイプの論理的情報処理を機械上で実行することが可能になるのです。

企業のように社会に対して役に立つ製品やサービスを提供するという目的を持って活動する組織では、あてずっぽうにその行動が決められるわけではありません。きちんとした根拠となる情報に基づき、論理的に、慎重に考えて企業がどのように行動すればいいのかが決められ、それに従って企業は行動します。つまり、企業行動の背後には論理的な情報処理活動が存在しているのです。また、会計処理や報告・連絡・相談・会議といったオフィスでの日々の業務、さらに経営者が行うさまざまな決定は、情報処理活動そのものであるといえます。そのためコンピュータ技術は企業活動のあらゆる局面で利用されるのです。

昔も今も、スーパーコンピュータもパソコンも、
コンピュータは汎用デジタル数値処理マシン

2

ヒト・モノ・カネのその次は
～情報という経営資源～

企業が製品やサービスを世の中に提供するためには、それを生み出すもとになるもの、つまり経営資源が必要になります。経営資源には経営者や従業員というヒト（人的資源）、生産設備や建物などのモノ（物的資源）、資本や運転資金といったカネ（資金的資源）があり、それに加えて情報も重要な経営資源の1つとして考えられるようになっています。

一般に情報的資源とは技術やノウハウ、ブランドなど企業に蓄積されている無形の資産を指し、特許や意匠、商標などの知的財産、さらには企業文化もこれに含めて考えることがあります。一方、ＩＣＴの発達と企業への普及によって多くの企業にデータベースシステムが構築され、顧客や業務に関する情報を大量に蓄積し、柔軟に処理することができるようになりました。その結果、経営者がコンピュータを操作して、経営上の判断や計画作りといった意思決定に役立つ情報や知識を手に入れることができる仕組み、すなわち、情報システムの整備が進められるようになっています。こうした取り組みは現在、ＢＩ（ビジネスインテリジェンス）と呼ばれ、これまで企業の情報化のために開発されてきたさまざまな技術や手法を取り入れた形でのシステム開発が試みられています。このような、必ずしも長期にわたって企業活動に有用ではない、しかし、ある状況、ある時点において必要であり、役に立つ情報も企業の経営資源として認識されるようになりつつあります。

情報がヒト・モノ・カネを結びつける
ヒト
モノ
カネ
人的資源
物的資源
資金的資源
情報的資源
経営資源
無形の資産
技術
ブランド
ノウハウ
etc…
BI（ビジネスインテリジェンス）

3

企業情報システムの失敗
～MIS、DSS、SIS～

BIのような取り組みは、つい最近始められたわけではありません。1960年代初頭にはアメリカでMIS（経営情報システム）という概念が提唱されました。これは、企業経営者の仕事である意思決定の質を高めるために、企業内において「必要な時に、必要な人に、必要な情報を」与えることを目指した情報システムでした。現在のようにパソコンがあるわけでもなく、企業に働く人たちが自在にコンピュータを操るだけの知識やスキルを持っていなかった時代にMISが目指すものは高望みにすぎるものでした。実際、1970年代に入る頃には「MISは失敗した」という評価が定着しました。その後、MISの反省を踏まえてやはり経営者の意思決定を支援するためのシステムとしてDSS（意思決定支援システム）の開発が試みられましたが、あまり良い成果は上がりませんでした。

1980年代後半にはSIS（戦略的情報システム）の名の下に、情報システムが競争に勝つための武器になるということが主張され、その成功事例も紹介されたため、日本でもSISブームが巻き起こりました。しかし、情報システムの構築のみで企業に競争優位がもたらされるということは幻想に過ぎず、ブームは3年間ほどで沈静化してしまいます。

ICTの導入は、製造現場やオフィスにおけるコスト削減と生産性向上をもたらしました。しかし同時に、多額の情報システム投資が無駄にされてきたこともまた事実なのです。

現在の企業情報システムの成功・発展の
陰には多くの失敗があった…
情報システムが
競争に勝つための武器に
経営者の
意思決定を
支援するために
必要な時に
必要な人に
必要な情報を
あたえられれば…
ICT
SIS
80年代
70年代
60年代
DSS
MIS
SISは、無駄な
情報投資の代名詞に…
DSSは、
ユーザーのニーズに
こたえられず…
MISは、
紙くず製造システム
とののしられ…

4

情報システムがなければはじまらない
～ICTを組み込んだビジネスプロセス設計～

1990年代に入り、ICTは益々発展を続けます。もともと別個の技術として開発されてきた情報処理技術と通信技術が一体化され、それと共に技術の標準化が進行します。各メーカーがバラバラの規格でハードウェア、ソフトウェアを作る時代は過去のものになったのです。どのコンピュータを使ってデータを作成しても、他のコンピュータでそれを利用できるデータの互換性も当たり前のこととなりました。このことによって、さまざまなメーカーが提供する情報通信機器やソフトウェアを最適な形で組み合わせて情報システムを構築するシステム統合が可能となり、情報システム開発の柔軟性が向上しました。企業が抱えているビジネス上の問題を、ICTを導入することで解決するというソリューションの提供がICT関連企業のビジネスのあり方として脚光を浴びるようになります。

こうしたことを背景に、ビジネスプロセス、つまり仕事のやり方を、ICTの存在を前提として見直そうという機運が高まります。ICTはそれを利用する企業にとって理想的なビジネスプロセスを実現させる要素、すなわちイネーブラーとして認識され、コストの削減、生産性の改善、顧客満足の向上のためにICTを駆使した情報システムを必須の要素とするビジネスプロセスが設計されるようになります。そして、1995年以降のインターネットの普及が、ビジネスプロセスのあり方をより高度化させることになったのです。

一体化
通信技術
情報処理技術
ICT
技術の標準化
どのコンピューターを
使ってデータを作成しても
ほかのコンピューターで
利用できる互換性
ICT
ＩＣＴは理想的な仕事のやり方を実現するためのイネーブラー
どうぞ
net
データベースへの問い合わせ処理で
必要なデータを必要な時に
ワークフローの導入によって
定型業務処理をスピードアップ
グローバルに展開
する企業活動を
ネットワークが
的確にサポート

5

つながることは良いことだ
～インターネットを利用したビジネスの展開～

1995年はインターネット元年と呼ばれています。この頃になると、ネットワーク技術における革新とインフラの整備、そして情報通信に関わる規制緩和が、世界中を結びつける低価格で高速の通信網を利用可能にしました。インターネット技術が企業にとって持つ意義の1つは、それが、分業し、協働する仕組みである企業がどうしても負担しなければならない通信（コミュニケーション）コストを劇的に低下させたことにあります。このことは、企業内部の部門間だけではなく、取引先の企業や顧客をもネットワークでお互いに結びつける形でビジネスプロセスを設計することを可能にしました。企業の外部の取引先との関係性を、ネットワーク技術を駆使して良好に保つことが可能になったのです。

たとえば、SCM（サプライチェーンマネジメント）と呼ばれる仕組みは、原材料の購入から生産、流通、そして最終的な消費者への製品およびサービスの提供に至る一連の流れに関係する企業間をコンピュータネットワークでつなぎ、必要な情報を通信しあい、共有することで全体の流れが最適化されるようにするものです。また、CRM（カスタマーリレーションシップマネジメント）は、個々の顧客との取引情報をデータベースに保存し、それに基づいて問合せやクレームへの対応を含めたきめ細かな顧客対応を実現することによって顧客満足を高め、企業と顧客との長期的な良い関係性を実現しようとするものです。

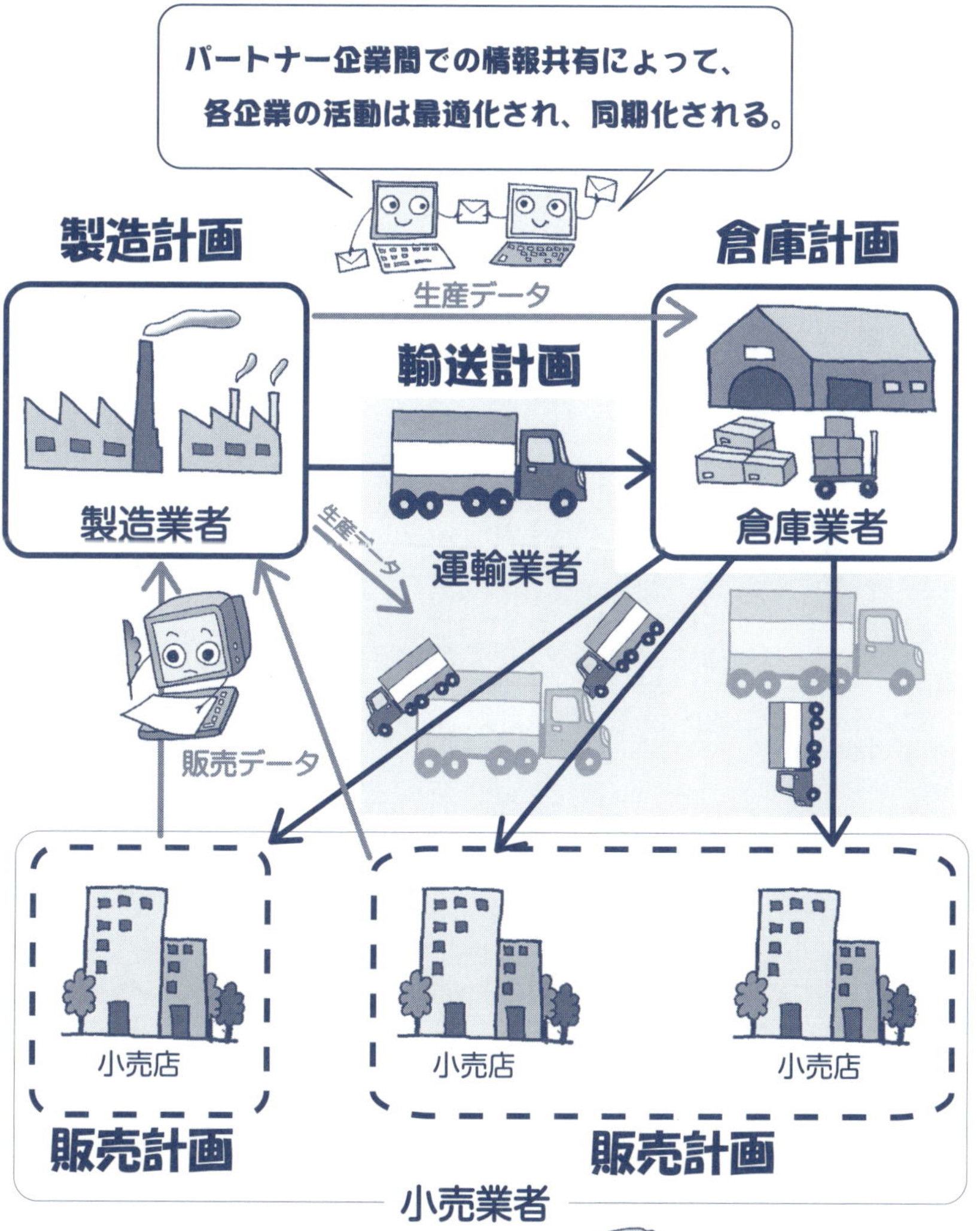
パートナー企業間での情報共有によって、
各企業の活動は最適化され、同期化される。
製造計画
倉庫計画
生産データ
輸送計画
製造業者
倉庫業者
運輸業者
販売データ
小売店
小売店
小売店
販売計画
販売計画
小売業者
情報の流れ
モノの流れ

小売業者の販売実績データをもとに…

（1）小売店で**売れる分だけ製造**するように計画し、

（2）製造スケジュールに合わせて**トラックの手配**をし、

（3）必要な倉庫**スペースを確保**し、

（4）**無駄な在庫が出ないように**小売店に製品を届ける。

6

技術だけでは上手くいかない
～企業の組織、人的資源と情報システム～

実証分析とは、経験的な事実について統計学の手法を使って行われる分析のことです。

１９５０年代から現在まで、企業はコンピュータ技術をはじめとするＩＣＴを企業活動に取り込み、それによって実現されるコストの削減、生産性の向上と顧客ニーズを充足することを通じて、競争を勝ち抜いていこうとしてきました。しかし、ノーベル経済学賞受賞者であるロバート・ソローが１９８７年に、コンピュータ投資が急拡大しているにも関わらず、統計上に生産性の向上は表れていないということを指摘しました。これはＩＣＴの「生産性パラドクス」と呼ばれる現象です。

この指摘について、２人の研究者が膨大な企業データを利用して実証分析を進めました。ポール・ストラスマンとエリック・ブリニョルフソンです。ストラスマンは、企業のＩＣＴ投資額と業績との間には相関関係がなく、生産性パラドクスが存在することを示しました。一方、ブリニョルフソンは、ＩＣＴ投資と業務の分権化を組み合わせた企業は、ＩＣＴ投資も分権化もしない企業に比べ、生産性が高いことを発見し、生産性パラドクスが存在しないことを実証しました。両者の主張は完全に対立しているように見える一方で、実は符合する部分があります。それは、ＩＣＴ投資が企業の生産性に対する効果をもたらすためには、組織や従業員への対応が不可欠だということです。ＩＣＴは企業の組織と、人的資源としての従業員との整合性があるとき、はじめてその効力を発揮するのです。

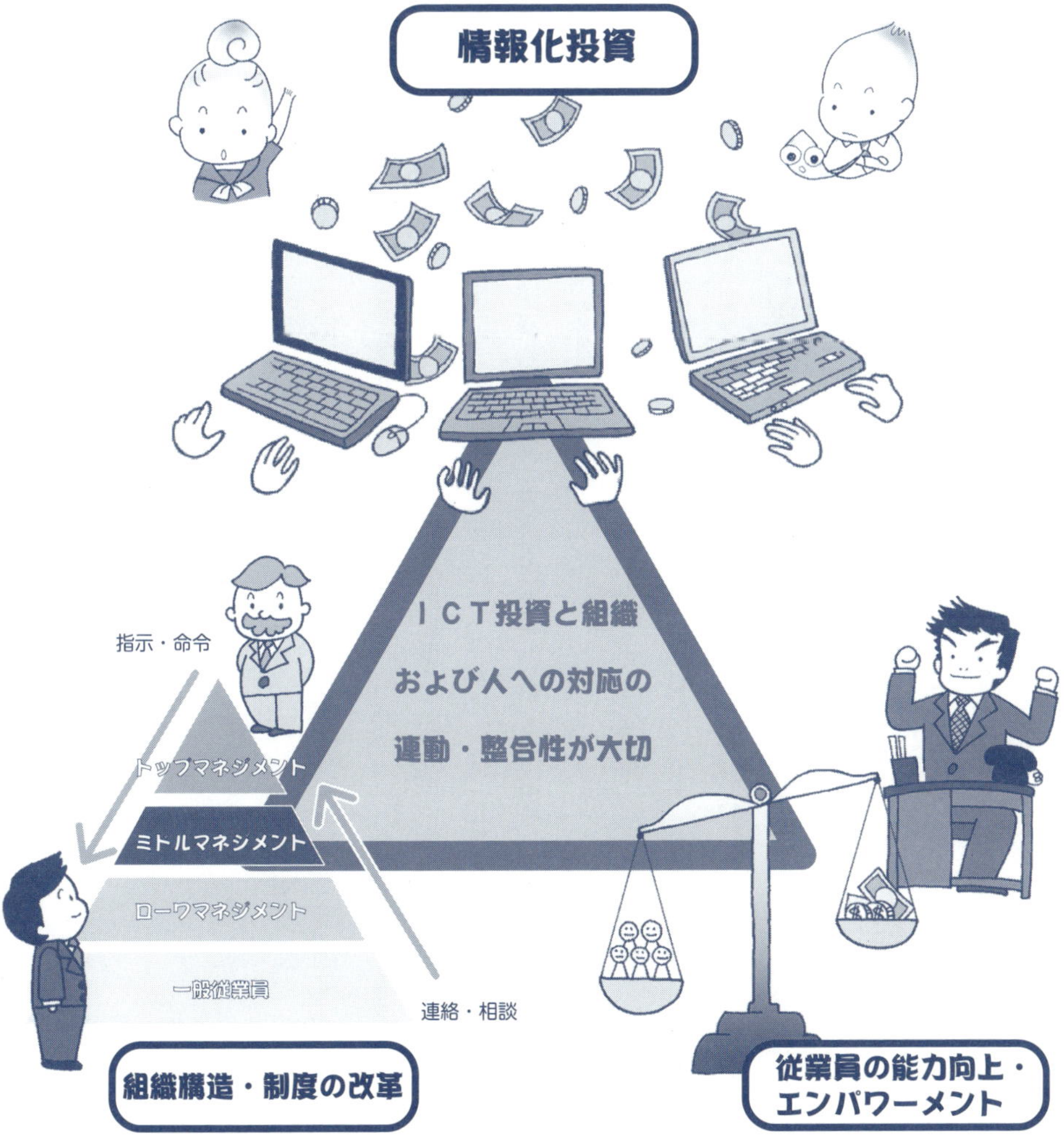
情報化投資
ICT投資と組織
および人への対応の
連動・整合性が大切
指示・命令
トップマネジメント
ミドルマネジメント
ローワマネジメント
一般従業員
連絡・相談
組織構造・制度の改革
従業員の能力向上・
エンパワーメント

7

知識を創り、知識を活かす
～組織的知識創造と管理～

ＩＣＴの発達は主に３つの側面で見てとることができます。１つ目は情報処理（計算）の高速化、２つ目は記憶（メモリ）スペースの大容量化、３つ目は通信の高速化（広帯域化）です。今や企業は、大量のデータをデータベースに蓄積し、柔軟なデータ処理を行い、多様なデータを社内外の必要な人々に必要な時に通信することが可能となりました。こうしたことを背景に、企業では経営にとって役に立つ知識をデータベースの中から見つけ出し、それを従業員や取引先企業などと共有して、活用していこうとしています。このような取り組みはデータマイニングと呼ばれ、そのためのＯＬＡＰ（Online Analytical Processing）のような多次元データモデルを操作できる仕組みも開発されています。

たとえば、世界最大のスーパーマーケットチェーンを展開し、日本の西友の親会社でもある米国企業ウォルマートでは、「赤ちゃん用の紙おむつの横に缶ビールを置いておくとよい」という知識をデータマイニングによって発見しました。米国の一般家庭ではスーパーマーケットで何週間分もの買い物をまとめ買いをすることが普通で、紙おむつのようなかさばる製品を運ぶのはお父さんの仕事であることが多いからです。また、セブンイレブンジャパンでは、店舗での購買情報をリアルタイムで収集・蓄積し、柔軟な分析を行うことを可能にするデータマイニング環境を整え、同社の仮説・検証経営に活かしています。

企業の
データベースは宝の山
埋もれてる知識を
掘り起こすことが
企業に競争力を
もたらす！

8

社会を繁栄させる企業情報システム
～情報システムに関する企業の社会責任～

ＩＣＴの普及と浸透は、ＩＣＴ依存社会ともいえる状況を生み出してきました。こうした環境の中では、ＩＣＴを利用した情報システムがうまく機能しなければ、さまざまな問題が発生します。銀行のＡＴＭシステムが故障してしまったり、航空会社の座席管理システムに不具合が発生した時の混乱をニュースなどで目にしたことがあると思います。

現在ではＩＣＴを利用した情報システムの品質は、多くの人々の生活の質（クオリティ・オブ・ライフ）に直結することが多くなっています。たとえば、データベースの中に蓄えられている個人情報の内容が間違っている場合、受け取ることができるはずのサービスを受け取ることができなくなります。プログラムに誤りがあれば、それに基づいて誤った情報処理が行われ、思わぬ危害が人々に及ぶこともあります。個人情報の漏えいによるプライバシー侵害や金銭的被害の発生なども社会問題として認識されるようになってきました。

企業活動の多くを情報システムが担うようになってきた今日、企業は自社が構築・運用する情報システムの品質について社会に対する責任を負わなければならない状況にあります。また、取引会社との間で情報システムを利用してデータの交換を行うことや、自社の情報システムに取引会社の情報システム機能を組み込むこともあり、そのため、取引会社の情報システムの品質にも一定の社会責任を負うことが望まれるようになっています。

ICT依存社会では、システムの品質確保が求められている。それは、われわれの生活の質に直結している。

電子メール・携帯電話は不可欠の
コミュニケーションツール

ITCエンジニアは専門家としての責任を果たさなければならない

ON
OFF
ON
OFF
ON
○×銀行
ATM
社会的影響力の大きい情報システムの
停止や不具合は許されない
プライバシー保護は社会的課題

COLUMN

「気づく力」と「考える力」

～ダブル・コア履修学生インタビュー

▼坂井 俊祐（4年）

〔所属ゼミナール〕総合学際演習・浅賀宏昭ゼミナール
商学専門演習・富野貴弘ゼミナール
〔卒業後の進路〕明治大学大学院商学研究科

　私は、商学部でダブル・コアを履修しており、専門的な商学の分野を学ぶ商学専門演習と人間的な感性を高め、教養を身につけることのできる総合学際演習を同時に3年間履修してきました。

　商学専門演習では、経営学の分野である生産システム、サプライヤーシステムなどを専門とする富野先生の下で、「ものづくりと経営学」をテーマに学んでいます。製造業のように主にものづくりを行っている企業の活動に注目し、現代企業の実態について多方面から学んでいます。また同時に、工場見学などフィールドワークを通して、企業の内部に入り込んでその実態を自分の目で見ることで、座学だけではなく、自らの経験としての知識を身につけることにも力を入れています。ゼミ活動を通し、普段私たちが見ている企業の「外側」の部分だけでなく、基本的に目にすることのない企業の「内側」の活動にも注目できるようになり、これまでとは違った企業の見方を身につけることができました。

　総合学際演習では、理科系の分野である細胞生物学など生命科学を専門とする浅賀先生の下で、「バイオテクノロジーとバイオビジネス」をテーマに学んでいます。国内外で多方面に利用され始めているバイオテ

クノロジーに注目し、それらがどのようにビジネス化されていくかというプロセスを調査しながら学んでいます。また同時に、バイオテクノロジーという生命にかかわる問題を扱うため、法律や生命倫理の知識も身につけることができます。バイオテクノロジーの領域はとても広く、同時に各研究は日々進歩を続けています。身の回りの意外なところにバイオテクノロジーの進歩によって生み出されたものがあることを知り、技術の進歩を肌で感じながら行う研究には好奇心が刺激されます。ゼミ活動を通し、幅広い分野の知識と教養を得ることができます。また、新しい技術の動向を敏感に察知しようとする姿勢を身につけることができました。

　ゼミ活動を通し、私は「気づく力」、「考える力」を身につけることができたと考えています。これまで、多岐にわたるゼミ活動を通して知識を習得し、考え方を深めてきました。その結果、日常生活のなかで何気なく見ていたニュースや新聞記事の意味、これまで意識することもなかった文献や雑誌の存在に気づくと共に、それらの意義や動向を考えるようになりました。考えることは私に理解の喜びと新しい「なぜ？」という問いを与えてくれました。その「なぜ？」の答えを知るために、さらに新たな知識を習得し、考え方はより深まっていくという、良い学びのスパイラルを作り出してくれました。このスパイラルを生み出すための力をゼミ活動は私に与えてくれました。さらに、ダブル・コア履修は私の「なぜ？」という問いを感じさせる領域を広げてくれました。それと同時に専門的な視点と学際的な視点という多角的かつ俯瞰的な視野を私に与えてくれ、考えに柔軟性と奥行きを持たせることができるようになりました。

　ダブル・コア履修という2つのゼミ活動を同時に行うなかで、ときには負担を感じることもありました。しかし、ダブル・コアはその負担に見合った、もしくはそれ以上のものを自分に与えてくれたと思っています。

COLUMN

人よりも倍の挑戦フィールド

～ダブル・コア履修学生インタビュー

▼島田 夏希（4年）

〔所属ゼミナール〕総合学際演習・森永由紀ゼミナール
商学専門演習・風間信隆ゼミナール
〔卒業後の進路〕日本製紙クレシア㈱（就職内定）

　風間ゼミは、経営戦略を勉強の柱としており、2年次には経営学の基礎、3年次には、競争戦略やCSRを、そして4年次には経営の神様と言われるドラッカーのマネジメントについて学んでいます。また、これらとは別にグループに分かれ、半年かけて論文作成とプレゼン大会優勝を目指して挑む最大のイベントもあります。

　私は2年次では女性の職場復帰について、そして3年次では日本のものづくりを支える町工場の営業力についての研究をしました。3年次では沢山の町工場に足を運んだり、気になる書籍の著者にメールで質問をしたり、商社の方を対象に電話でヒアリング調査を行ったり、私たちと同じ理念を持つ企業に私たちの考える新たなビジネスを実際に見てもらったりと、さまざまな積極的な活動から多くの刺激を受け、研究をより良いものにしていきました。

　森永ゼミでは、環境問題を取り扱っています。なかでも印象的だったのは、身近なところから私たちが環境に対して働きかけるという方針のもと、明大マートの皆さんに協力していただき、レジ袋削減プロジェクトを立ち上げたことです。これは「学生が日々どれだけのモノを無駄にしているか気づくきっかけを与えたい！」という想いから始まったプロジェクトです。

　レジ袋使用量を調べ、

ポスター作成、店頭呼びかけ活動、学生へのアンケート調査、区へのヒアリングなどを行いました。この活動を報告書として学部長に提出し、交渉を重ねるなかで「新入生全員にオリジナルエコバッグを配布」といういままでにない新しい活動を行うことができました。このレジ袋削減活動はゼミの後輩に受け継がれていきます。これにより、学生1人ひとりが少しでも、環境を意識するきっかけになればと願っています。

ダブル・コアによって、「人よりも倍の挑戦フィールドが与えられた」と感じています。つまり、活動や経験の幅が広がるということです。1つのことに熱中するのではなく、2つ、3つのことに熱中する。勿論、それは人よりも忙しかったり、壁にぶつかることが多かったり……何かと大変です。しかし、その分充実感溢れる大学生活になることは間違いありません。私はそれを実感している商学部

学生の1人です。

フィールドが広い分、本当に多くの方に出会いました。そのなかでも、ゼミの仲間とは多くの時間を共に過ごし、沢山ぶつかり合い、さらに認めあったということから、いまでは「仲間」というよりは「家族」に近い関係です。大学のなかでゼミほど本気になれるものは、なかなかありません。そんな本気になれる場所が2か所あるなんて素敵ですよね。

私が2つのゼミで行ってきたことは、やらされているというのではなく、やりたいからやっているものばかりです。だからこそ、最後まで諦めずに続けることができましたし、たとえ、途中で思うような結果がついてこないときでも自信を持ってやり切ったといえました。そしてそれをまた次に活かし、レベルアップを目指してきました。

2つのゼミでの経験は、これから社会人になるうえでも必ず活かされると確信しています。つまずいてしまったときもゼミ活動の日々を思い出せば、必ずヒントが見つかるでしょう。2つのゼミでの経験を糧にして、これからもしっかりと前を向いて走り続けたいと思います。

学生による空き店舗経営

9限目

新しいもの・独自のものを世界に送り出そう!

①マーケティングとは一言でいえばどういうことか?
②クリエイティブ・マーケティングの時代がやってきた
③新製品はどのように普及していくのか?
④誰が新製品普及の担い手となるのか?
⑤消費者の「個」を重視するセグメンテーション戦略
⑥クリエイティブなメディア戦略が成功の鍵を握る
⑦クチコミを制する者が市場を制する
⑧クリエイティブなライフスタイルを志向する消費者たち

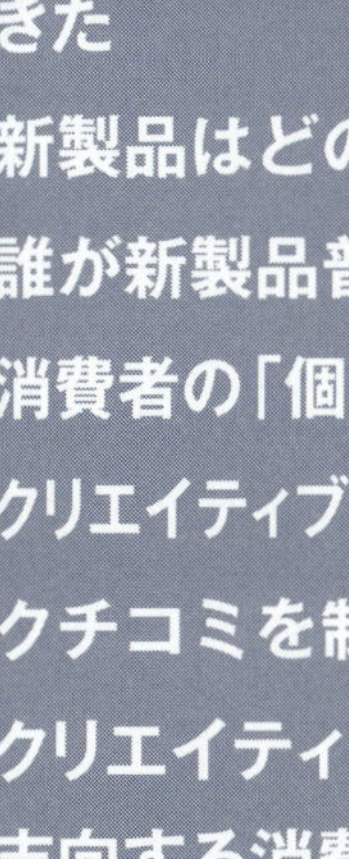

クリエイティブ・マーケティング論 ● **水野 誠** 先生
(クリエイティブ・ビジネス・コース)

1 マーケティングとは一言でいえばどういうことか？

　クリエイティブ・マーケティングとは何かを説明する前に、マーケティングとは何かについて触れておきたいと思います。正式の定義は定評のある教科書を読んでいただくとして、私自身の考えを思い切りわかりやすくいうならば、それは「お客様に価値あるものを創りだし、受け取っていただき、喜んでいただく」こととなります。「お客様」ということばを堅苦しくいえば「顧客」になりますが、お客様といったほうが、心がこもった感じがするので、多くの企業がそう呼んでいます。

　マーケティングにとって重要なことは、誰がお客様か（ＷＨＯ）、そのお客様にどんな価値を提供するのか（ＷＨＡＴ）を決定することです。前者はターゲティング、後者はバリュープロポジションなどと呼ばれ、マーケティング戦略の根幹をなします。さらに、何をすればよいのか（ＨＯＷ）を決定することをマーケティング・ミックスといいます。具体的には、製品、価格、広告・プロモーション、チャネルに関する意思決定をいいます。

　では、クリエイティブ・マーケティングとは何でしょうか。実は、一般によく使われる言葉ではありません。××マーケティングという言葉は巷に溢れ、大学でもいろいろな××マーケティングが教えられていますが、「クリエイティブ・マーケティング」という授業があるのは明治大学商学部ぐらいかもしれません。詳しいことは、次回説明しましょう。

マーケティングの教科書は数多くありますが、世界的に有名なのがフィリップ・コトラー、ケビン・レーン・ケラー著『コトラー＆ケラーのマーケティング・マネジメント』（ピアソン・エデュケーション）でしょう。電話帳のように分厚いことで有名な本ですが、最近では『基本編』という比較的コンパクトなバージョンも発売されています。

マーケティングの基本要素

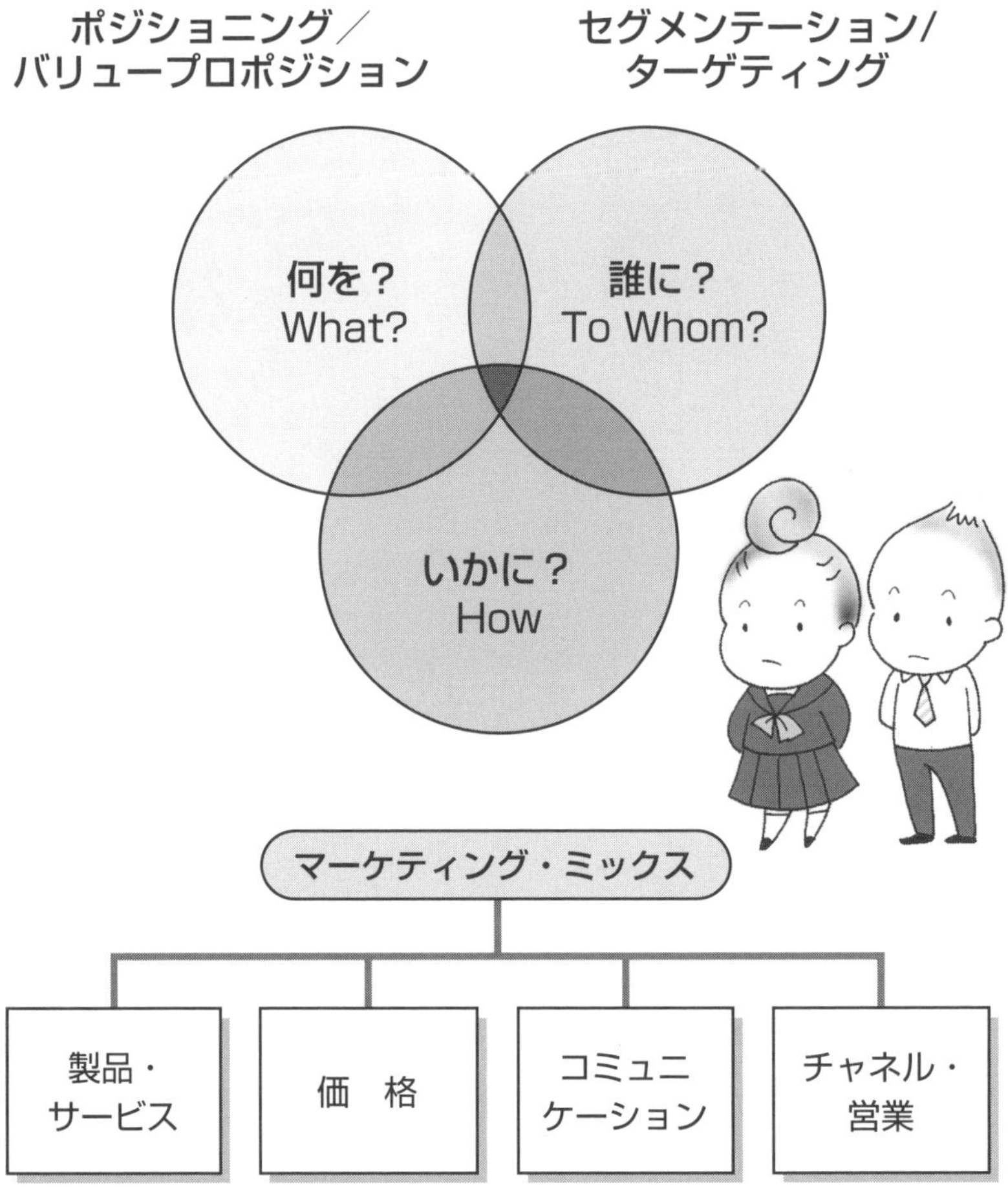
ポジショニング／
バリュープロポジション
セグメンテーション/
ターゲティング
何を？
What?
誰に？
To Whom?
いかに？
How
マーケティング・ミックス
製品・
サービス
価　格
コミュニ
ケーション
チャネル・
営業

2

クリエイティブ・マーケティングの時代がやってきた

クリエイティブ・マーケティングとは、前にお話ししたマーケティングのWHO、WHAT、HOWのいずれか（あるいはすべて）が「クリエイティブ」であることを意味します。では、クリエイティブであるとは、どういうことでしょうか。これは日本語に訳すと、創造的とか独創的という言葉になります。何か新しいもの、これまでにない独自のものを生み出すことが、クリエイティブという言葉で形容されるのです。

これまでなかったような新製品・新サービスによって人々のライフスタイルが大きく変わった例として、インターネットや携帯電話、携帯音楽プレーヤーを挙げることができます。インターネットの普及によって、人々は世界中の情報に瞬時にアクセスし、商取引を行うことができるようになりました。携帯電話や携帯音楽プレーヤーのおかげで、好きなときに好きな場所で友人と会話したり、音楽を聴いたりできます。そのことが周辺に多くの製品・サービスを生み出し、競争を通じて産業の構造変化を起こしています。

クリエイティブな製品・サービスが成功するには、技術的に高度であるかどうかよりも、使い勝手が飛躍的に改善され、消費者の感性に強くアピールするかが重要です。携帯音楽プレーヤー市場でアップル社のｉＰｏｄが成功したのは、画期的なインターフェースや斬新なデザインが大きな要因でしょう。市場で最後の審判を下すのは消費者の気持ちです。

情報通信機器の普及率（世帯）の推移

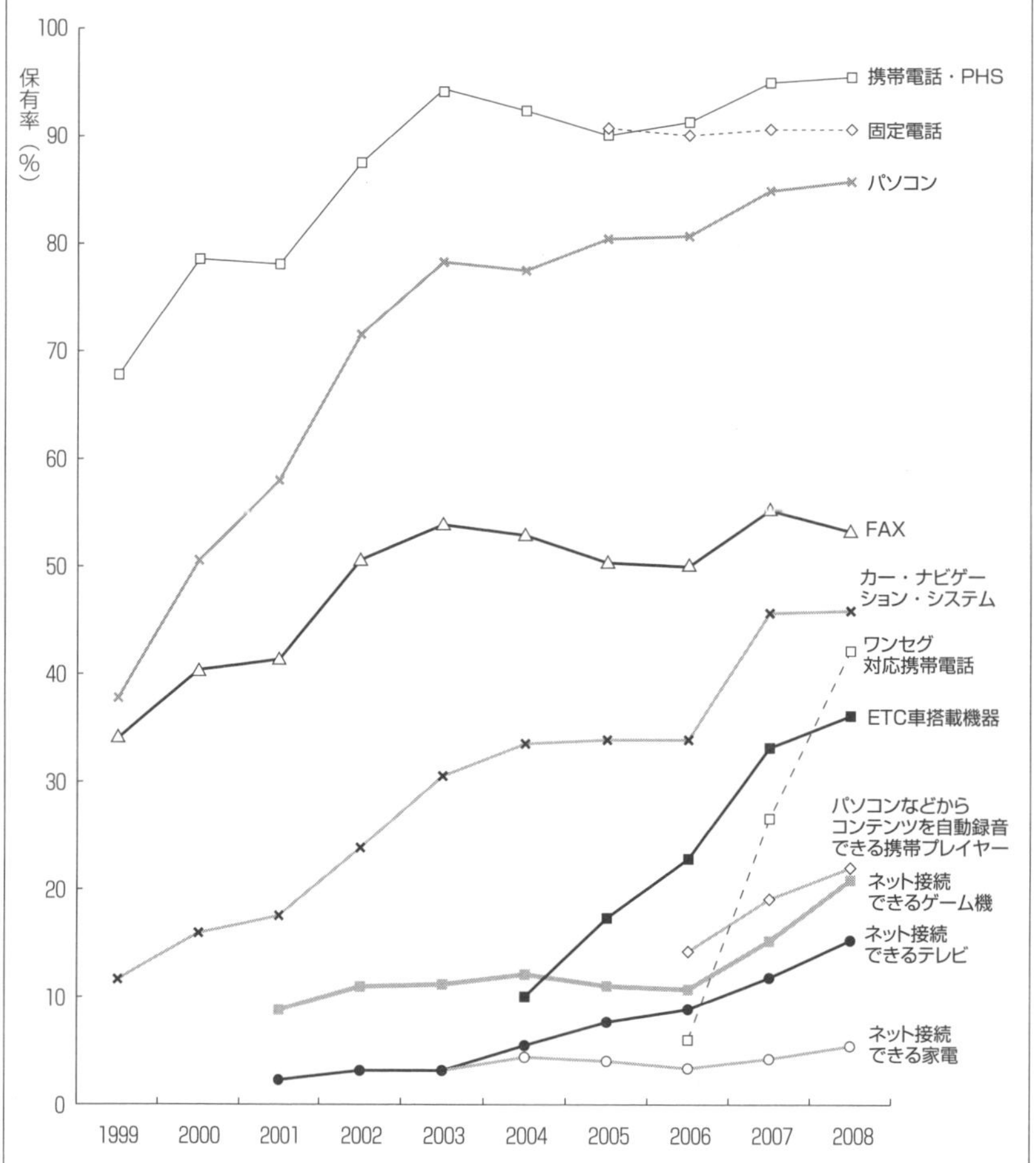

100
90
80
70
60
50
40
30
20
10
0
保有率（%）
1999
2000
2001
2002
2003
2004
2005
2006
2007
2008
携帯電話・PHS
固定電話
パソコン
FAX
カー・ナビゲーション・システム
ワンセグ対応携帯電話
ETC車搭載機器
パソコンなどからコンテンツを自動録音できる携帯プレイヤー
ネット接続できるゲーム機
ネット接続できるテレビ
ネット接続できる家電

（資料：総務省「通信利用動向調査」2009年。）

ワンセグ対応携帯電話が、すごい勢いで普及しています。

3 新製品はどのように普及していくのか?

クリエイティブな製品・サービスが市場に導入されたからといって、必ず多くの人々に受け入れられるわけではありません。大半の新製品・新技術は、たいして普及しないまま消えてしまうという現実があります。ごくわずか生き残ったものは、S字型のカーブを描いて社会に普及していきます。現在、どこの家庭にでもあるような製品は、すべてそうした経路で普及してきたのです（隣のページの図参照）。

S字型カーブは、普及が始まると徐々に速度を増していきます。したがって、初期段階で加速が始まるかどうかが第一関門になります。そこに働く要因の1つが、クチコミのような社会的影響です。それがあると「普及が普及を呼ぶ」現象が発生します。iPodの普及では、白いイヤホンコードが目立つことがプラスに働いたといわれています。逆にいうと、使用状況が人の目に触れにくい製品は、普及の加速化が起きにくいと考えられます。

もう1つのS字型カーブの特徴は、普及はいずれ減速し、ある上限に収束することです。人口が増えない限り、無限に普及が拡大していくことは不可能だからです。したがって、企業は事前にそれを予測し、準備しておくことが重要です。ただし、企業によってはそれを待たずに、既存製品を陳腐化させる新製品を導入し、普及を一からやり直すことで成長し続けようとする戦略をとる場合があります。これを「創造的破壊」と呼ぶこともあります。

耐久財の普及率の推移

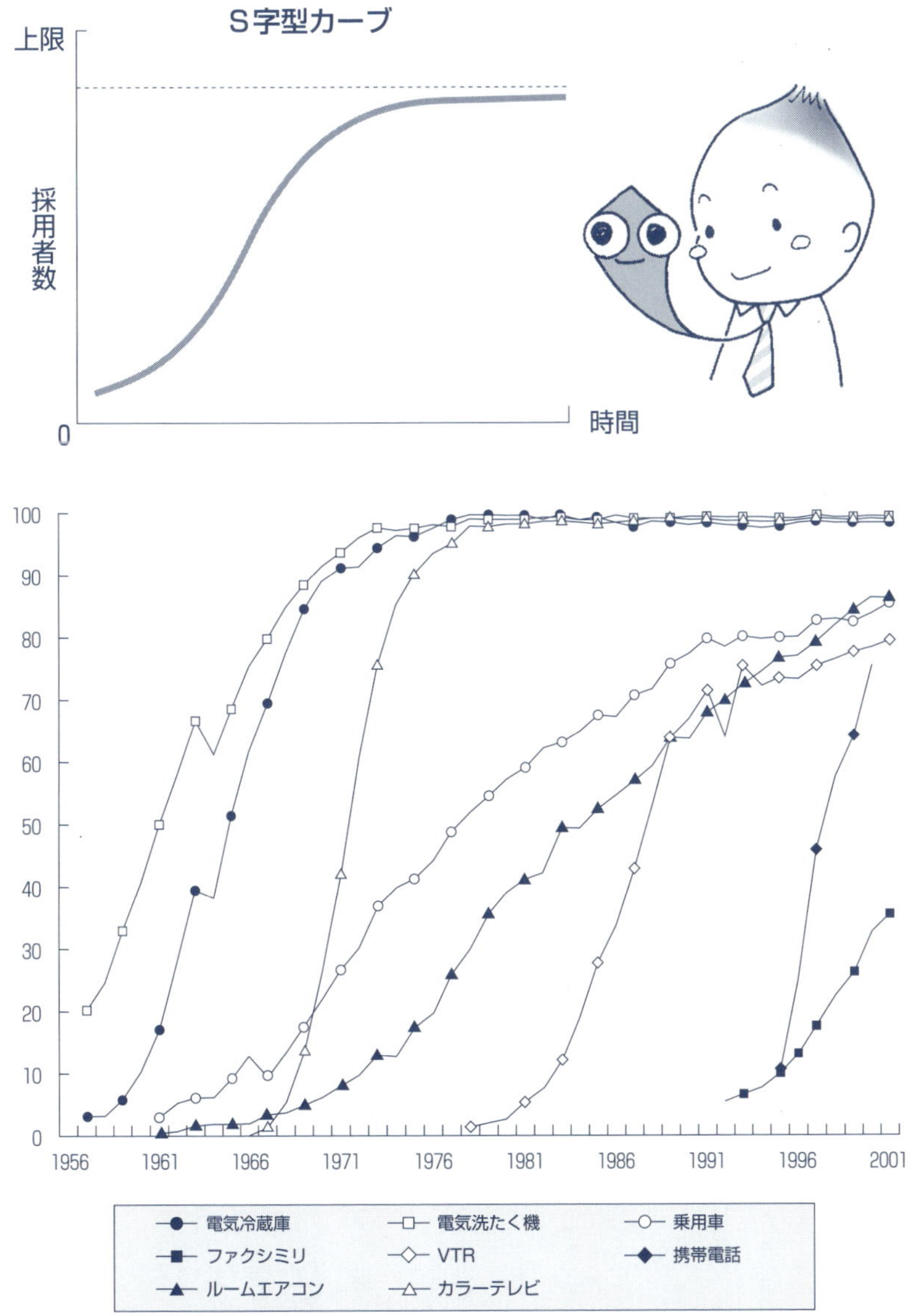
S字型カーブ
上限
採用者数
0
時間
100
90
80
70
60
50
40
30
20
10
0
1956
1961
1966
1971
1976
1981
1986
1991
1996
2001
電気冷蔵庫
電気洗たく機
乗用車
ファクシミリ
VTR
携帯電話
ルームエアコン
カラーテレビ

（資料：内閣府「消費者動向調査」2001年3月（ただし、携帯電話普及率は総務省「通信利用動向調査報告書」1997〜2000年より）。）

4

誰が新製品普及の担い手となるのか？

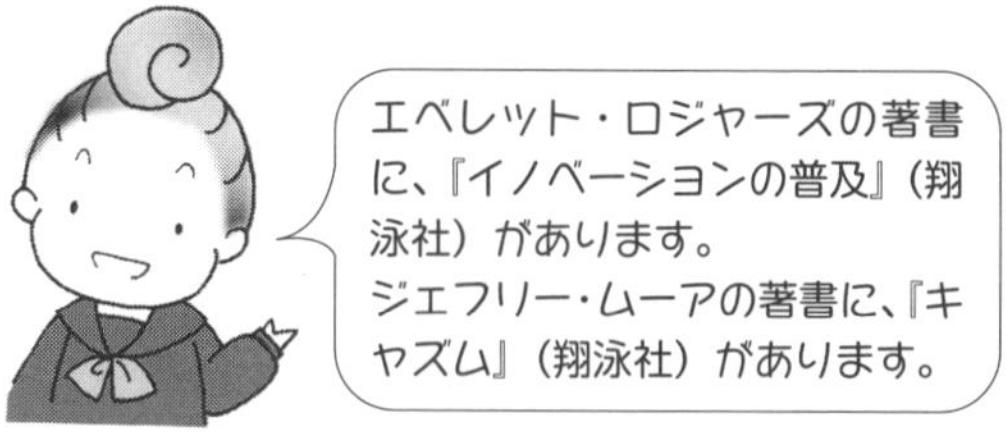
エベレット・ロジャーズの著書に、『イノベーションの普及』（翔泳社）があります。
ジェフリー・ムーアの著書に、『キャズム』（翔泳社）があります。

数多くの普及プロセスを研究してきたロジャーズは、新製品を採用する時期にしたがって、採用者を「イノベータ」「初期採用者」「初期多数派」「後期多数派」「採用遅滞者」という5つに分類しました。ロジャーズはこうした採用者類型のなかでも、新製品や新技術が広く普及していくうえで影響力が高いのは、初期採用者だと述べています。彼らが採用すると、多くの消費者に普及していくというのです。

「イノベータ」は最初に新製品や新技術を採用する人々であり、そうした人々の影響力が強そうに思えますが、実際はそうではないようです。彼らは技術に詳しく、新しいもの好きですが、一般の人々と直接コミュニケーションすることはなく、さほど影響を与えることがありません。それに比べて初期採用者は、イノベータに比べると多数派に近く、彼らに影響を与えることができるというわけです。

ロジャーズの考え方は、マーケティングの実務家の間にも広く浸透しました。ＩＴ産業のコンサルタントであるムーアは、「初期採用者」と「初期多数派」の間に大きな溝（キャズム）があり、それを乗り越えられなければ、大きな市場を生み出すことはないと主張しています。初期採用者が受け入れただけでは、普及の拡大が約束されるわけではないということです。このような考え方を基本としながらも、さまざまな議論があるのが現状です。

採用者の類型

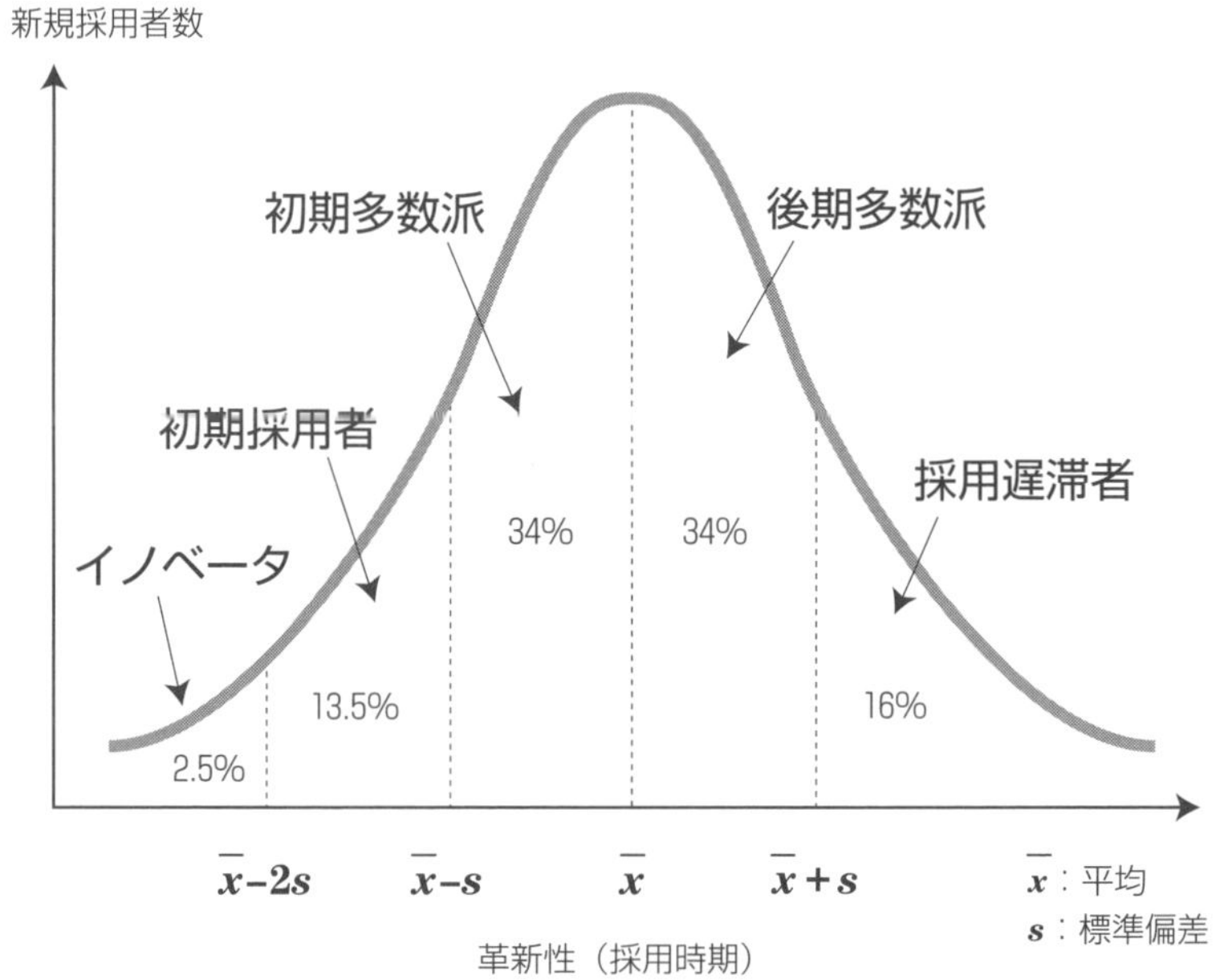
新規採用者数
初期多数派
後期多数派
初期採用者
採用遅滞者
イノベータ
34%
34%
13.5%
16%
2.5%
$\bar{x}-2s$
$\bar{x}-s$
$\bar{x}$
$\bar{x}+s$
$\bar{x}$：平均
s：標準偏差
革新性（採用時期）

5

消費者の「個」を重視するセグメンテーション戦略

消費者をその特徴に応じて区分することが「セグメンテーション」、本当にお客様にすべき人々を選び出すことが「ターゲティング」と呼ばれています。

マーケティングでは、お客様をみんな同じように扱うことはありません。世のなかにはいろいろな人がおり、自社が提供しようとしている価値をどう評価するかも異なります。したがって、消費者をその特徴に応じて区分し、本当にお客様にすべき人々を選び出す必要があります。そこでは、性別、年齢のような一般的な特性から価値観・ライフスタイル、あるいは製品の購入・使用実態など、さまざまな情報が用いられます。

最近では、お客様1人ひとりに対して「顧客生涯価値」を計算することが提案されています（これは企業から見た価値であって、お客様自身にとっての価値ではありません）。お客様との取引が1回限りで終わらず、長期にわたって何回も繰り返されると、安定した利益を得ることができます。なぜなら、新たにお客様を獲得することに比べ、お客様との関係を維持することにかかる費用は少ないと考えられているからです。

このような計算が可能になったのは、コンピュータが発達して、お客様1人ひとりとの取引を記録できるようになったからです。皆さんがポイントカードを使ったり、ネットで何かを買ったりするたびに、どこかで顧客生涯価値が計算されているといっても過言ではありません。メールでクーポンが届いたり、知らないアイテムを奨められたりする背景には、このようなハイテクを駆使したマーケティングが行われているのです。

顧客生涯価値

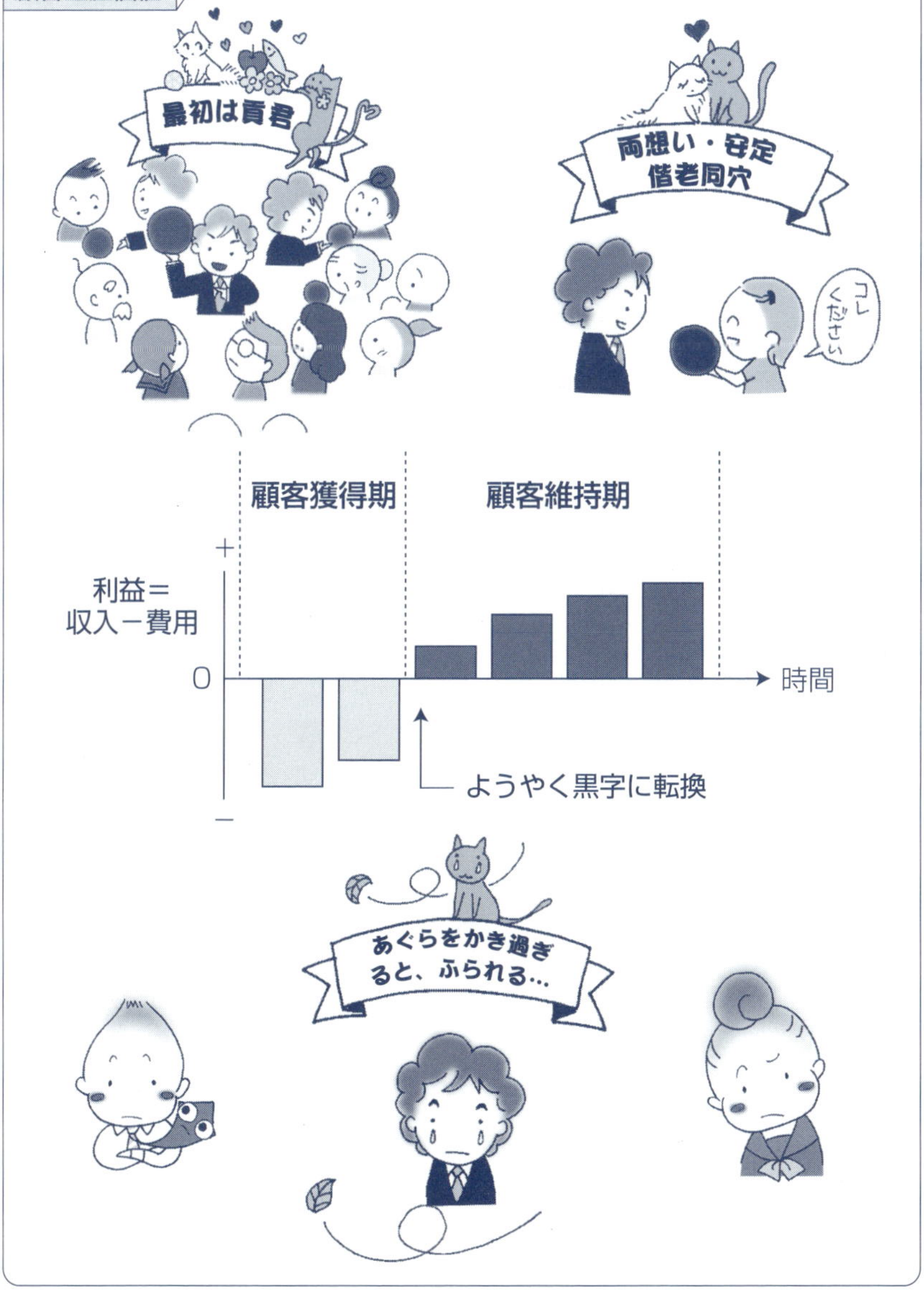
最初は貴君
両想い・安定
偕老同穴
コレ
くださ
い
顧客獲得期
顧客維持期
＋
利益＝
収入－費用
0
時間
－
ようやく黒字に転換
あぐらをかき過ぎ
ると、ふられる…

6

クリエイティブなメディア戦略が成功の鍵を握る

インターネットが一般の家庭に普及し始めてまだ10数年しか経っていませんが、いまや人口（15歳以上）の70％を越す人々が利用しています（携帯電話によるアクセスを含む）。実際、皆さんも、何かを買物するにしろ、どこかに出かけるにしろ、まずはネットでの検索から始めることが多いのではないでしょうか。したがって、現代のマーケティング・ミックスでは、インターネットを活用することが不可欠になっています。

インターネットの特徴の1つは、個人ごとに表示する内容を変えられる点にあります。そこでインターネット上では、前節で述べたターゲティングをより精密に行い、個人ごとに最も効果が見込まれる広告を出すことが行われています。その広告をクリックして企業サイトまで来たかどうかを測定できるので、個人ごとに広告の投資対効果を測定できます。これは、テレビや新聞、雑誌などの広告ではできないことです。

インターネットの広告費は2008年現在で7千億円近くに達し、雑誌やラジオを上回り、新聞を追い越そうとしています。しかし、テレビの1兆9千億円とはまだ大きな開きがあります。広範な視聴者に一挙に情報を伝達する点で、テレビに匹敵するメディアはまだありません。テレビとインターネット、その他のメディアをいかにうまく組み合わせ、効果的なコミュニケーションを行うかに関してもクリエイティビティが要求されています。

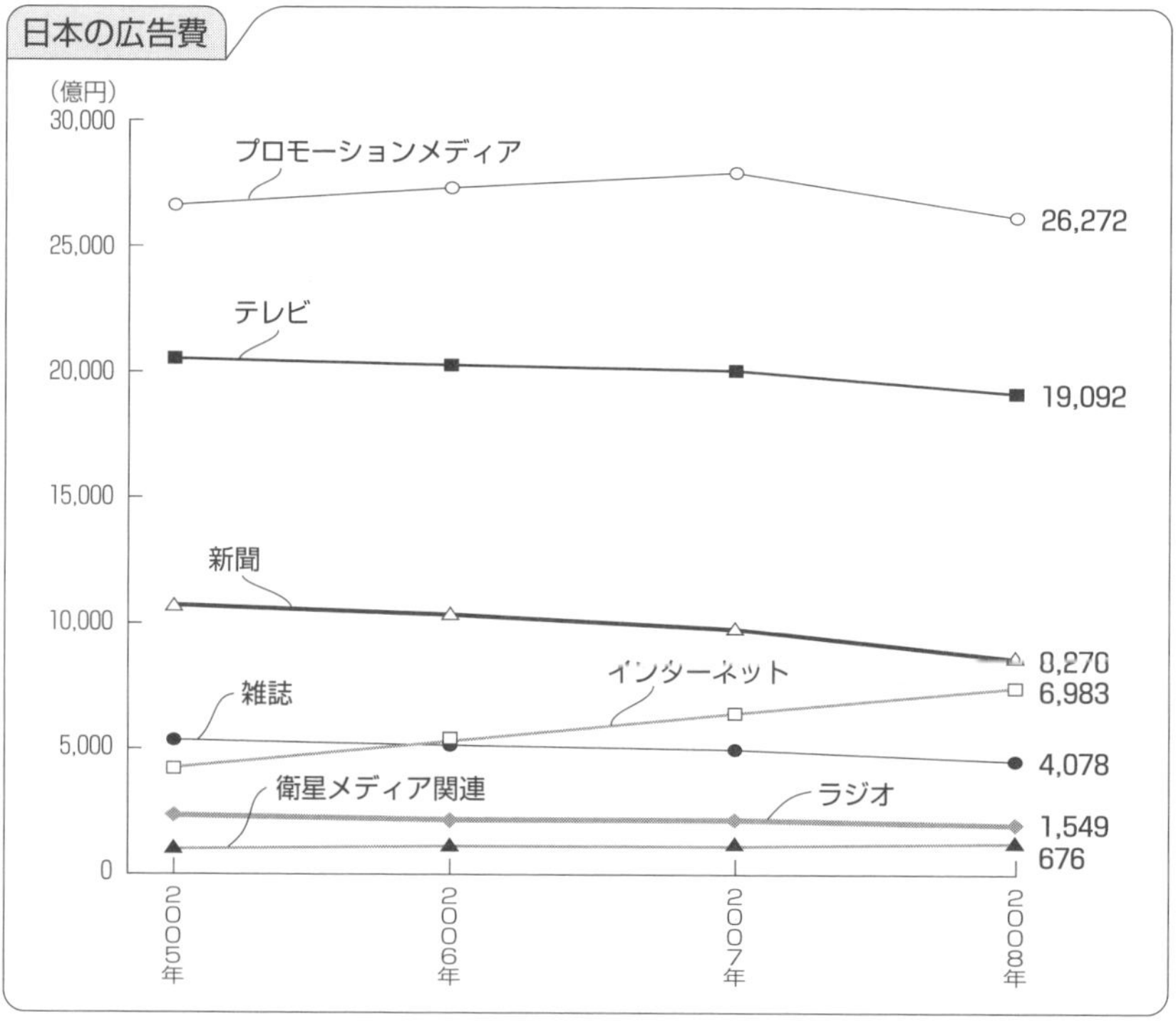
日本の広告費
(億円)
30,000
25,000
20,000
15,000
10,000
5,000
0
プロモーションメディア
26,272
テレビ
19,092
新聞
8,276
インターネット
6,983
雑誌
4,078
衛星メディア関連
ラジオ
1,549
676
2005年
2006年
2007年
2008年

(資料：電通「2008年 日本の広告費」を参考に作成。)

Google

7 クチコミを制する者が市場を制する

オピニオン・リーダーは、その領域について専門知識があると想定されています。

人々の間のクチコミが新製品の普及速度を左右することはすでに述べたとおりです。ロジャーズによれば、初期採用者のクチコミが大きな影響を持つことになりますが、つねにそうであるとは限りません。初期採用者であろうとなかろうと、周囲に対する影響力が強い人々は、インフルエンサーとかオピニオン・リーダーなどと呼ばれています。

インフルエンサーを見つけて、新製品に関して好意的なクチコミを流してもらうことができれば、製品の普及がより加速されるのではないかと期待できます。では、どうやってインフルエンサーを探せばよいでしょうか。1つの方法は、会話をする友人・知人が多い人を探すことです。インターネットの世界では、非常に多くの閲覧者を持つブログの書き手（アルファ・ブロガー）がその候補になります。

クチコミが広まるかどうかは、情報の内容の新しさや面白さ、有用性にもよります。したがって、クチコミのネタを考えるのにもクリエイティビティが要求されます。他方、企業にとって好ましくないクチコミが流れると、大きな損害を受けることになります。お客様が感じた不満が、あっという間にクチコミで流れてしまうおそれがあるのです。インターネットの普及がクチコミの伝播速度を高めたことは、企業にとって諸刃の剣であることに注意する必要があります。

ネットワーク
欲しい
欲しい
欲しい
欲しい
Very Good！
blog
あの人が言うなら間違いない！
新商品すごくいいよ～
★…インフルエンサー（オピニオン・リーダー）
消費者のクチコミが大きな影響につながってるね
新商品
良くない口コミをきくと、企業にとって好ましくない場合もあるね…
使いにくいし壊れたヨ！
すごく便利で使いやすいヨ★
イイらしいヨ
買わないっ！
よくないって
良いんだって…
いま、一番人気
よくない噂も聞くな…
良くないらしいヨ

8

クリエイティブなライフスタイルを志向する消費者たち

リチャード・フロリダの著書に、『クリエイティブ資本論』（ダイヤモンド社）があります。

最近、米国においてサービス業に従事する人々とともに「クリエイティブ・クラス」と呼ばれる職業の人々が増えていると指摘されています。具体的には、エンジニア、デザイナーから始まり、金融、法律、医療などの専門家が該当します。ただ、より重要なことは、自分の仕事を自分で自由にコントロールしているかどうかで、その条件を満たせばどういう業種であれ、クリエイティブ・クラスだと考えてよいことになります。

そう考えると、職業分類自体よりも、仕事に対する意識のほうが重要になります。そこで私は、日本の消費者を対象にどれだけクリエイティブな仕事をしたいかを聞き、生活や消費のスタイルとの関係を探る調査を行いました。その際、仕事における「クリエイティブ志向」とは別の軸として、出世や収入を重視する「パワー志向」も測定したところ、これらの仕事に関する意識の違いが、生活・消費全般と強く関連することがわかったのです。

一言でいうと、仕事でクリエイティブ志向が強いと、製品選択において企業の社会的責任やデザインを重視するのに対して、パワー志向が強いと製品の信頼性を重視します。また、パワー志向が強いと、有名ブランドを好む傾向が強まります。仕事を始めとする生活全般でクリエイティブであることを望む人々は、製品やマーケティングのあり方もクリエイティブであることを求めています。それがいま、大きなうねりになりつつあるのです。

仕事意識と生活・消費

	仕事のクリエイティブ志向が強い人は……	仕事のパワー志向が強い人は……
本人の学歴	高学歴	やや高学歴
主観的な生活水準	「中の上」以上	「中の上」以上
家族観	リベラル	伝統的
人生への姿勢	積極的	やや積極的
製品の選択基準	倫理性、審美性	信頼性
対人影響	目利き、情報交換の中心	比較的目利きで中心
好きなブランド	IT ブランド	ファッション・ブランド
好きなセレブ	個性的な人物	力のある人物
芸術への関わり	深い	(平均より) 浅い

COLUMN

「ゆかし」の気持ち

～ダブル・コア履修学生インタビュー

▼小室　翔吾（4年）

〔所属ゼミナール〕総合学際演習・小宮彩加ゼミナール
商学専門演習・原頼利ゼミナール

〔卒業後の進路〕日本酒類販売㈱（就職内定）

私にとって2つのゼミで学んだ経験は、人生を楽しむための基礎作りになったと思っています。商学専門ゼミと総合学際ゼミのそれぞれで勉強したことから、多くの知識を得るとともにさまざまな事柄へ興味を持つようになりました。

商学専門演習の原ゼミでは実際の企業活動やビジネスの仕組みを学びましたが、その過程でマーケティング論や競争戦略論などの理論を重点的に勉強しました。「大学は物事の考え方を学ぶ場所である」と先生から常に言われていましたが、私は、商学専門ゼミを通して、考えることの楽しさを知ることができたと思っています。また、私はお酒の卸売をする会社へ就職することになりましたが、就職活動の際にはゼミで学んだ流通についての知識を活かすことができました。

総合学際演習の小宮ゼミでは、ヴィクトリア朝期のイギリス文学と社会を専門に学びました。私はイギリスのロックが大好きで、イギリスについて深く知りたいと思いこのゼミを選びました。2年次と3年次ではディケンズやブロンテ姉妹などの文学や、ロセッティやミレーなどの絵画に触れることができました。4年次からは19世紀にイギリスで流行した、ゴシック文学とゴシックに関連したサブカルチャーをテーマに論文を作成しています。自分の好きなことについての論文なので、調べていくのがとても楽しいです。私はこの総合学際ゼミで文学や美術を学んだことで、企業活動による成果や利潤の追求以外への関心を育むことができたと思っています。

このようにマーケティングと文学という異なる分野の勉強をしてきましたが、商学専門ゼミで学んだ論理的思考と、総合学際ゼミを通して培った想像力が私のなかで融合し、クリエイティブな感性が芽生えたと思います。論理的思考と想像力は、クリエイティブな活動には欠かせないものであると思っており、これからもその両方を高めていきたいと思ってます。

2つのゼミを並行して履修していると、忙しくなる時期もあります。論文も2つのゼミで書くことになるのでたくさん本を読まなければなりませんし、プレゼンテーションの日程が重なり準備に苦心したこともありました。しかし、それらをやり遂げることで量をこなす力がつきますし、何よりも自分にとっての大きな自信になりました。また、ゼミでは仲間との貴重な出会いがあります。自分たちの研究の発表に向けてみんなで議論を重ねたり、合宿や旅行にも行きました。私は2つのゼミに所属していたので、ゼミを通しての友人がたくさんでき本当に良かったと思っています。

私はゼミによって自分を大きく成長させることができました。いまでは日々、新しいことを学んだり人と話したりすることがとても楽しいです。「知りたい」という欲求はすばらしいもので、これがあればどんな日も楽しく過ごせると思います。見たい・知りたい・聞きたいといった「ゆかし」の気持ちを育ててくれたゼミの場に私はとても感謝しています。

COLUMN

「ダブル・コアは大変そう」とよく耳にするけど

～ダブル・コア履修学生インタビュー

▼杉山 光（3年）

〔所属ゼミナール〕総合学際演習・小川、ジュヌヴィエヴF.ゼミナール
商学専門演習・水野誠ゼミナール

私は、水野誠ゼミと小川ジュヌヴィエヴF.ゼミに所属しています。まずはじめに、所属しているゼミの紹介をします。水野ゼミは私たちの代からできた新しいゼミで試行錯誤のなか活動をしています。2年生の時には、課題図書を読んでそれを内容がわかるようにうまくまとめてゼミ生と先生にプレゼンテーションを行いました。本の内容がとても難しく、内容を理解するのにはかなり苦労しました。3年生になると、前期は統計学を学びましたが、1・2年生の講義科目でもある統計学を、PCソフトを使ってより深く理解することができました。これまでは統計学の知識を実際の場面で使うことがなかったので、今後のゼミ活動で活かせればと期待しています。後期になってからは、卒業論文の準備をしています。私は、鳩山政権になったことでこれからさらに急速に伸びるであろう「環境ビジネス」について研究する予定です。ほかのゼミ生もそれぞれユニークなテーマでの研究をしていて、ゼミのテーマを反映してクリエイティビティに富んでいます。ゼミ内の雰囲気ですが、2年生の時はさぐりながらの部分がありましたが、3年生の夏にゼミ合宿を行ったことでかなり仲良くなりました。

もう一方の小川ゼミですが、フランスの文化などを理解するゼミです。去年はフランスの教育問題、少子高齢化問題、労働問題、税制、ファッション、企業活動などを各自調べて発表しました。そこで学んだことのなかから、あまり知られていない内容の一例をあげると、フランスでは大学までほぼ授業料がかからないそうです。また大学の授業料は、大学によってもまちまちですが、年間約10ユーロで学べるそうです。また、場合によっては年間30万円相当の、返済義務のない奨学金が国から支給されます。その反面、1週間のうちに勉強に費やす時間は長く、大学によっては休憩なしの6時間に及ぶ講義があったり、たくさんの課題が出たりするそうです。アルバイトをする時間が長期休暇のときくらいしかないというのも日本と対照的です。小川ゼミのゼミ生同士も仲が良く、飲み会もよく開催されます。今年から、フランス人の留学生が私たちの仲間に加わったことで、さらにフランスへの理解が深まると思い楽しみにしています。

　このように、2つのゼミに所属することで私にとって得ることがたくさんありました。私のクラスの友だちにもダブル・コア履修の学生がかなりたくさんいるので、お互いのネットワークが大きく広がります。2つのゼミに所属することで同じ学部の友だちが増え、学校生活がより充実すると思います。「ダブル・コアは大変」とよく耳にしますが、実際は想像していたほど大変ではなかったように思います。2つのゼミの内容はどちらも興味があることなので、同時並行で勉強しても楽しく学べると思います。領域の違う2つのことを同時に深く学べることは、ほんとうに素晴らしいと思いました。この制度は、明治大学では商学部にしかない画期的なもので、知的な面においても、人間的な面においても、とても良い制度だと思います。

明治大学（商学部）沿革

●1909年 商学部 分校舎

●1924年頃の授業風景

●1928年築 3代目記念館

●駿河台キャンパス 1998年築 リバティタワー

●2002年 ジョブインターンシップ授業風景

●和泉キャンパス 2005年築 メディア棟

●2009年 実践活動報告に向けた説明会風景

第 2 章

Study abroad

商学と留学

～留学体験記と
海外協定校からのメッセージ～

オレゴン大学（アメリカ）留学体験記

▼秋山 智美（4年）

私は、2006年に明治大学商学部商学科に入学し、2008年の9月から翌年の6月まで、交換留学生としてアメリカのオレゴン大学で学びました。現在は卒業に向けて、就職活動と卒業論文作成の真っ最中です。

●ホストファミリーと一緒に

私は大学に入学したときから、交換留学プログラムを使って留学したいと考えていたため、1年次からジェームズ・バワーズ先生の「上級英語」を履修したり、TOEICを受験したりして、英語力の向上に力を入れてきました。特にバワーズ先生の授業では、ディスカッションやプレゼンテーションも英語で行うので、実用的な英語を学ぶことができました。そして努力の甲斐あって、3年次には念願のオレゴン大学へ派遣されることが決まりました。

私は明治大学では異文化コミュニケーションゼミに所属していたため、オレゴン大学では、社会学とビジネスコミュニケーションの授業を中心に履修しました。オレゴン大学のカリキュラムは、明治大学のような2期制ではなく、春期、夏期、秋期、冬期の4期に分かれる学期制となっています。たとえば、秋期に

●オレゴン大学のキャンパス

4単位の科目を取るとすると、1週間に120分の授業が2回あるので計240分になります。私は1学期につき、3科目12単位を履修していました。一見授業数が少ないようにみえるかもしれません。しかしアメリカの大学では、毎回数十から数百ページものリーディングが課せられたり、レポートの提出や抜き打ちのペーパーテストが頻繁にあったりするため、授業時間以上の自習が必要になります。私も最初は苦労しましたが、クラスメートに助けを求めたり、教授のオフィスアワーに積極的に足を運んだりすることで、だんだんと周りに追いつけるようになりました。

●留学先の友人と

また一方で、オレゴン大学ではライブフェスティバルやハロウィーンパーティなどの、学内イベントが数多く行われており、課外活動も充実しています。留学生団体も国ごとにあるので、各国留学生会のイベントに参加することで、サウジアラビアやモンゴルなど、自分があまり知らなかった文化について知ることができました。放課後や休日には、友人とキャンパス内にあるジム（なんと無料です！）で泳いだり、バスケットボールの試合を観戦したりして、日頃の勉強から生じたストレスを発散させていました。

●デスバレーの大自然

このように勉強や異文化交流に熱中しているうちに、あっという間に9ヶ月が経ちましたが、その間のたくさんの出会いや経験を通じて、自分を成長させることができました。これを読んでいるみなさんも、ぜひ留学にチャレンジしてほしいと思います！

カーディフ大学
カーディフビジネススクール

チューターマネージャー　ローズマリー・スミス氏

カーディフビジネススクールは１８８３年に設立されたカーディフ大学の学部の１つで、英国のなかでも著名なビジネススクールとして知られています。

カーディフビジネススクールには、約２５００人の学生が在籍しており、３００人の教員が研究及び教育に勤しんでいます。カーディフビジネススクールでは経済学、経営学、会計学などが専攻でき、各コースのモジュールには、マーケティング理論、国際貿易論、企業環境論などの科目が用意されています。

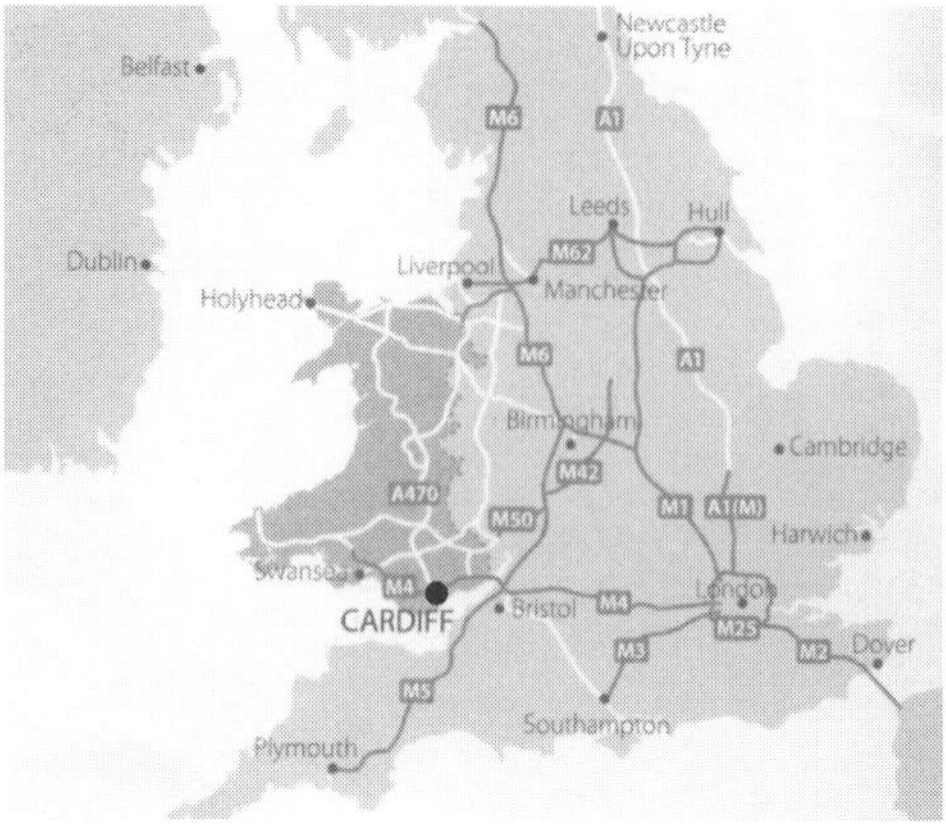

●カーディフビジネススクールの所在地を表す地図
（資料提供：カーディフ大学カーディフビジネススクール。）

留学生は、カーディフビジネススクールで提供されている科目を自由に選択でき、また交換留学生用のモジュールカタログに記載されている科目も通常１つか２つ選択できます。評価は、筆記試験、レポート・論文、口頭発表など科目により形式が異なります。

カーディフは、ロンドンから２４０キロほど離れた南ウェールズに位置しています。ウェールズの首都で、ショッピングセンター、博物館、映画館、劇場などがあり、活気あふれた街並みを楽しむことができます。また、大学には学生が中心となり活動を行う学生会館があり、音楽、スポーツ、クラブ活動などを楽しむこともできます。

（写真提供：カーディフ大学カーディフビジネススクール。）

●学生生活

●図書館の電子資料室

●講堂

●学生寮

●カーディフ大学本館

詳細は以下のウェブサイトをご参照ください。

http://www.cardiff.ac.uk/about/universityprofile/index.html

http://www.cardiff.ac.uk/carbs/about_us.html

http://cardiff.ac.uk/resid/resources/Residences% 20Guide.pdf

http://www.cf.ac.uk/for/prospective/inter/study/arrive/Guide% 20for% 20International% 20Students% 202009.pdf

http://www.cardiff.ac.uk/carbs/programmes/new/undergradmc.html

質問はRosemary Smith（smithrf@cardiff.ac.uk）までご連絡ください。

（写真提供：カーディフ大学カーディフビジネススクール。）

アモイ大学（中国）留学体験記

▼齋藤 さわこ（4年）

私は2008年9月から2009年7月まで交換留学で中国福建省にあるアモイ大学へ行ってきました。アモイは経済特区なので、裕福な人も多く、中国のなかでも比較的衛生的で治安も良い町です。実は、私はアモイへの留学以前に北京にも語学留学したことがあります。北京は地域によって貧富の差があり、場所によっては衛生面、治安面もアモイより良くありません。北京は歴史が感じられ、綺麗な標準語を話す人が多いなど良い点が多々あるので甲乙を付けることはできませんが、中国への留学希望の方で環境に不安を抱いているのであれば、アモイをお勧めします。

●世界遺産福建土楼の前にて

アモイ大学では、経済学部国際経済・貿易学科に入り、同じ3年生の中国人学生と一緒に学びました。北京への留学も経験していたので、生活面への不安というのは一切なかったのですが、正直、中国語で経済を学んで中国人のクラスメートについていけるのかという不安は大変大きいものでした。それでも、他の大学からの日本人留学生が1人位はいるだろうと甘く見ていました。実際は、日本人など1人もいなく、授業1日目に緊張で教室になかなか入れなかったのを覚えています。最初の頃は、教科書の買い方や宿題など分からないことばかりでしたが、1日目の授業で話しかけたクラスメートが毎回助けてくれました。

このように不安と緊張で始まった留学生活ですが、授業のときは毎回席の隣の人に話しかけ、多くの友だちができたことで徐々に精神的な余裕が出てきました。

また、アモイ大学には留学生のための国際交流学部があり、国際交流学部でも中国語の授業が受けられました。そのため、国際色豊かなクラスで沢山の人と出会えました。授業内容も中国語会話や読解だけなので、ここで多少気分転換ができました。私は留学を通して、大変人に恵まれていたと思います。留学生寮で同室の学生は最初17歳のフィリピン人で、その後外に引っ越し、韓国人とインドネシア人の学生と一緒に住みました。他の友人の話によると、関係が上手くいかない人が多いようですが、私の場合、困った時はお互い助け合えるような良い人達と一緒に暮らすことができました。クラスメートも私を家に招いてくれたり、テスト前は徹夜で重点を教えてくれたりと何かあれば私のことを親身になって心配してくれました。

●韓国・インドネシアの友人と、土楼にて

留学は辛いことも多いのですが、日本で普通に生活をしていたら出会うことのできない素敵な人たちと出会える機会が沢山あります。また、学生の時期を逃したらなかなか留学を経験することは難しいと思うので是非チャレンジしてみてください。反日感情を持つ中国人も多く、直接罵られたこともありました。それさえも留学を終えた今は経験してよかったと思います。実際に私と関わることで、「反日感情はあるけど、日本人は好きになった」と言ってくれた人もいました。ただ、注意して欲しいことは留学生1人の行動は日本人の代表としての行動と捉えられるということです。是非、「自分が日中友好の懸け橋になる」という位の意気込みで行ってください。その気持は相手に伝わるはずです。

●現地学生と留学生で行った山登り

海外協定校からのメッセージ

パリ商業高等大学

国際交流センター　センター長
ミカエル・ドラン氏

パリ商業高等大学（ISC Paris）は、1963年に設立されました。国際環境、とりわけグローバリゼーションの進んだ現代に対応できるよう、広範な基礎知識と高度な専門知識を学生に提供します。

パリはヨーロッパの中心的なビジネス都市であり、名の知られた国際企業も数多く、またフランスの多国籍企業の多くが本部を置く都市です。毎年、さまざまなビジネスフォーラムやフェアが開催されています。こうした街での勉強はあなたに大きな刺激を与えるでしょう。さらには、高級ブランド、流通、ハイテク、ファッション、国際貿易、ファイナンス、マルチメディア等々、多様なキャリアチャンスに出会うことができます。

パリ商業高等大学には学部と大学院のコースがあり、400名以上の教員が1900名の学生を教えています。教員には専任教員、非常勤教員はもとより、特任教授ならびに現役の実務家教員も数多くいます。教育の目標は、学生の国際的知識と関心を高めることです。そのために、3年間の正規コース（目標：1年目は自分を発見する、2年目は自分を理解する、3年目は自分を発展させる）の他に国際コースもあり、全部で150科目が英語で授業が行われています。留学生は、このいずれのコースにも入学可能です。3年目は専門知識を重視、14のオプション（マーケティング、ブランド・マーケティング、国際ビジネス・マネジメント、e-ビジネス、ファイナンスと会計検査等々）のなかから、自分が所属したいと思うコースを選択しま

（写真提供：パリ商業高等大学。）

す。さらに20の専門ＭＢＡ（経営学修士）プログラムを提供しています。２００８年は15のＭＢＡプログラムが高く評価され、表彰も受けています。

　パリ商業高等大学は外国人留学生に対してとくに配慮した学び舎です。あなたがパリに到着したその日から、国際関係事務所や留学生サポートサービス（Cosmopol'ISC）が留学生を支援していきます。部屋探し、銀行口座開設、携帯電話への加入、パリ案内、歓迎パーティ、フランスやヨーロッパへの旅行など、様々なサービスがあります。

（写真提供：パリ商業高等大学。）

　またパリ商業高等大学の特徴である学生企業25社（ジュニアーエンプライズ）に積極的に参加なさることを推奨いたします。学生が資本金をベースに、福祉関係、文化活動、企業や学生へのサービス、スポーツイベントなどを運営しています。インターンシップだけでなく、この学生企業によって経営を現場で学ぶことができます。

　パリ商業高等大学は、フランスのパリで勉強する有意義な機会をあなたに提供してやみません。

（写真提供：パリ商業高等大学。）

ブレーメン経済工科大学（ドイツ）留学体験記

▼佐藤 正憲（4年）

　ドイツといえば、ロマンチック街道やミュンヒェンのビール祭「オクトーバーフェスト」を想像する方も多いと思いますが、なんといってもヨーロッパ1の経済大国であることを見逃すことはできません。中央ヨーロッパに位置するドイツは、ヒト・モノ・情報が集中する場所だといえるでしょう。私たちの暮らしを支える多くの技術がドイツで生み出され、現在注目を集めている環境問題においても、世界を牽引しています。そのため、世界中から多くの学生がやってきてドイツで勉強しています。

●ブレーメンの風車公園にて

　私が留学したブレーメン経済工科大学も、留学生が多く、国際的な雰囲気を漂わせています。この大学は規模が小さいので、先生方も親身に指導して下さいましたし、キャンパスでの友だちづくりも容易でした。1年の留学期間のあいだに数え切れないほどたくさんの貴重な経験を積んで帰国しましたが、ここでは商学の勉強を通じて感じたことをお話しします。

　さて、商学の専門教育が充実している明治大学では、たしかに多くの理論を知り、知識を蓄えることができます。しかし、ドイツでさらに価値あることと感じたのは、日本で学んだことを基礎として、マーケティングや環境問題についてドイツ語でさまざまな国の人々と議論する機会を日常的に持てたことです。外国語でコミュニケーションをはかることは容易なことではありませんが、「自分の意見を正確に伝えること」や「論理的に話すこと」は、卒業後に国際的なビジネスに携わりたいと考える自分にとって大変重要だからです。

「あなたが私に話して聞かせるだけなら、私は忘れてしまう。あなたが私にして見せることなら、思い出せる。あなたが私に実際にさせることなら理解できる」という経済学の先生が授業中におっしゃっていた孔子の言葉がいまでも心に残っています。この言葉は、プレゼンテーションとディスカッションによって構成されているドイツの授業の本質をよく表しています。日本では、授業を「聞くこと」がすなわち「理解すること」になってしまいがちですが、ドイツでは、人に「伝えること」ができてはじめて「理解すること」なのだと痛感しました。人に伝えるためには、自分の頭で考えて言語化しなければならないからです。ドイツの学生は、どんなテーマでもそれに関するさまざまな意見を柔軟に出し合って、活発な議論の末にそれらの意見をうまくまとめて決論を出すことに、タイムマネジメントも含めて非常に長けています。そのために、私は学問の場で彼らから大いに刺激を受けたものでした。また、確固たる就職のヴィジョンを持っている彼らと教室の外でも一緒に過ごしているうちに、自分を見つめなおし、将来の夢を見つけることができました。

●ブレーメン経済工科大学キャンパスにて

　卒業後は、いつかドイツ語圏で活躍できるようなビジネスパーソンを目指します。大学から学び始めたドイツ語ですが、1つの言語との出会いが自分の世界を大きく広げてくれ、豊かにしてくれました。社会人になっても楽しみながらドイツ語の腕を上げていくつもりです。

●ブレーメン経済工科大学正門前にて

ブレーメン経済工科大学

国際経済学部　ティム・ゴイトケ教授

グリム兄弟が収集した「ブレーメンの音楽隊」は誰もが知っているメルヒェンでしょう。けれでも、ブレーメンという町の名を世界的に有名にしたのは、この物語だけではありません。言うなればドイツ北西部で脈打っている心臓、自由ハンザ都市ブレーメンは特別な魅力を持った現代都市であり、ここでは歴史が息づき、未来が生み出されています。

●少人数学習で成果を上げるブレーメン経済工科大学の教育
（写真提供：ブレーメン経済工科大学。）

伝統と世界に対する開放性が人口68万5千人の、ドイツ連邦共和国のなかでもっとも小さな州に独特な雰囲気を与えています。河畔の町ブレーメンでは余暇の過ごし方もバラエティに富んでいます。観光名所や賑やかな飲食店の並ぶ歴史的な町の中心部は訪れる価値があります。また、ブレーメン郊外にある広大な公園や保養地、魅力的な行楽地も足を運ぶ価値があります。

●現代的環境のなかで共に未来を築く
（写真提供：ブレーメン経済工科大学。）

ブレーメン経済工科大学（Hochschule Bremen）には1799年までさかのぼることのできる長い伝統があります。今日、およそ8000人の学生が経済学、社会系諸科学、工学、自然科学の領域における69

の分野を専攻しています。そして3分の2の学生は、外国での勉強とインターンシップを義務づけられています。ブレーメンでは国際的なスタンダードに沿ったカリキュラムによって興味をそそる学問に取り組むことができます。将来性のある、革新的な学業を修め、学士号や修士号を手にした人には、大きな職業上の可能性が待ち受けています。

国際性はブレーメン経済工科大学の重要な特徴であり、その意味においてブレーメン経済工科大学は、ずいぶん前からドイツの大学教育において指導的な役割を演じています。私たちの大学は、70以上もの国々の325校と協定を結び、毎年約1000人の学生が半年、あるいは1年間外国で学んでいます。また、全学生のうちの16パーセントの学生は外国人留学生で、短期の留学生もいれば、1年次から卒業を目指して学んでいる留学生もいます。インターナショナル・オフィースは大学全体のものと学部毎のものとがあり、「受け入れ学生」と「送り出し学生」の相談に乗っています。「インターナショナル・ディ」といった行事が多数催され、留学生とドイツ人学生のよき交流の場となっています。両者のための「異文化相互間トレーニング」のような英語による講義やゼミは、大学における異文化相互間文化の発展を狙って開講されており、「ホームでの国際化」を促進しています。

●「ブレーメンの音楽隊」の像
（写真提供：ユタ・コヴァリク。）

ブレーメン経済工科大学の学科や専攻分野は、ブレーメンとこの地域の経済構造を意識して専門的に構成されています。地域の構造的経済政策の支援に積極的に貢献すること、さらには研究、発展、技術導入、社会人教育といった領域においてもその実行を責任感を持って強化することが私たちの明確な教育目的です。

レンヌ商科大学（フランス）留学体験記

▼柳澤 花七絵（4年）

●フランスの友人たちと、カフェテリアの前にて

「フランスに留学してみたい」と思ったきっかけは、他国の学生生活って日本とは違うのかな、という好奇心からでした。英語は苦手、フランス語も挨拶程度だった私は、思い立った瞬間から猛勉強を始め、半年後にはレンヌの街にいました。

やる気さえあれば、留学は手の届かないものでも、難しいものでもありません。

私は交換留学生としてフランスの協定校に1年間派遣されました。レンヌ商科大学は学生の3分の1が30カ国以上からの留学生という、国際色豊かな学校です。まさにグローバルな状況の教室で、グローバルビジネスについて学びます。どの国について議論するときも現地学生の声が直接聞けるので、大変参考になります。もちろん日本人の意見も求められます。高度経済成長を成し遂げ、有名企業が名を連ねる日本は、ビジネスモデルとしてよく取り上げられ、教授からも学生から

●レンヌの中心サンタネ広場のクレープリーにて

も、「日本の学生」として期待されているのを感じました。しかし当初、語学力の未熟さと商学に関する知識の乏しさゆえに、私は何も答えられませんでした。英語が苦手だということは自覚していましたが、それはそれまでに日本で自分が受け身の姿勢で授業を受けてきた結果であり、大変恥ずかしく感じたことを覚えています。それに気づいてからは図書館で本を読み、積極的に教授に質問をしたり学生と議論を交わしたりと、自分の意見を構築できるようになるまで、勉強の毎日でした。

●インターナショナルデイ、日本ブースにて

　留学先ではレポートやプレゼンテーションの機会が多く、課外時間にもフランス人学生とグループミーティングを重ねました。そのような厳しい毎日を送る私を支えてくれたのは、他ならぬ友人たちです。異国語でのコミュニケーションは簡単ではありませんが、理解できるまで根気よく付き合ってくれ、フランス人学生ならではの機知に富んだプレゼンテーションのやり方を実践的に教えてくれました。

　寮では他校に通う友人もできました。日本人は私1人でしたが、自国の料理を振る舞い合ったり、伝統音楽や映画をいっしょに鑑賞したり、朝まで語り合ったりと、寮にいるだけで世界一周しているような、非常に刺激的な日々でした。病気の際やトラブル時にも助け合い、皆が家族のようであたたかい環境でした。

　留学によって間違いなく私たちは大きく成長することができます。大切なのは留学の経験ではなく、経験から自分が何を得るかです。私は能動的に学ぶ姿勢、物事を多角的にとらえる柔軟さ、一生付き合っていける友人、さらなる好奇心を手に入れました。そして大学時代という将来を決める大事な時期に、日本を離れ自分をじっくりと見つめなおすことで、「国際的なジャーナリストになる」という夢を見つけました。夢に向かう今の私を動かす原動力は、行動力と好奇心です。

レンヌ商科大学

国際交流センター　センター長
ロランス・ランベル教授

レンヌ商科大学（ESC Rennes）は、具体性を持ち、積極性に支えられた、国際的な中核となるべく邁進してまいりました。グローバルな視点に立ったビジネスを推進するリーダーとなりうる学生や経営者を育成すること、それが本学の大きな目標なのです。

（写真提供：レンヌ商科大学。）

フランスにおいて最も国際化の進んだ学び舎として知られるレンヌ商科大学は、フランス人の学生にも、留学生にも、理想的な学習環境を提供しております。例年、世界40カ国以上から250人を超える留学生が集います。

ビジネスやマネジメントを、丸ごと英語で教授するプログラムを広く提供しているのが本学の特色です。世界に通じる学士号取得を目指すコース、修士号を目指すコース、エグゼクティヴMBA（経営学修士）や博士を目指すコースなど、多彩なラインナップです。学生は、学部生レベルか大学院生レベルかに応じて、さまざまなコースから1コースを選択できます。どのコースにも、半期制（1セメスター）と2期制（2セメスター）の別があり、その選択も学生の裁量にまかされています。修得単位は、整備の整った正式な手続きを経て、各人の母国の教育機関に適する読み替えがなされます。

レンヌ商科大学国際学部は学術研究はもとより、コンサルタント業や教育者の育成にも携わっています。問題解決のためにどのようにアプローチするか、現場での経験をどう生かすかといった細かな点を含め、効果的で刷新的な教授法を開発しているのです。ここでは、国際的なチームワーク、創造的で確固とした思考法が育まれています。

留学生用の事務室はもとより、学生受け入れのためのWELLcomeチームと協力して、留学生の学内での生活のみならず、フランスでの生活全般をサポートしてまいります。

（写真提供：レンヌ商科大学。）

　レンヌ商科大学はブルターニュ半島の中心都市、フランス国内でも屈指の住環境に恵まれた町、レンヌにある学校です。農業ビジネス、通信、環境、バイオテクノロジー、自動車産業等々の分野に優れた事業が展開され、サービス経済が発展をしている土地です。

　学校へは、市街地を走る地下鉄を利用しても、バスでも自転車でも楽にアクセスできます。フランス西部にある本学へは、フランスの新幹線 TGV でパリからほんの２時間、飛行機なら１時間の距離です。

ヨーク大学（カナダ）留学体験記

▼竹内 摩耶（4年）

●現地学生と学校内のカフェにて（本人右）

私は2008年9月から2009年5月までの9ヶ月間、カナダ・トロントのヨーク大学に留学していました。今回の留学生活は私にとって初めての海外長期滞在であり、多くのことを経験できました。英語で受講する授業、カナダの学生や他国からの留学生との交流など、初めてのことだらけの生活は本当に良い思い出です。

私がヨーク大学で受講していた授業は金融論、貿易論、環境経済学、経済地理学など、明治大学の商学部で設置されている授業と関連の深いものばかりでした。しかし授業の進め方が日本とは違い、グループワークやプレゼンテーションなど自分の意見を発表する場面が多くありました。英語力に不安のあった私にとって、最初は緊張の連続でした。

このような場面で助けになったのは明治大学の商学部での学びです。授業の形態は大きく異なるものの、留学前に学んだ内容が背景知識となり、英語の授業を理解するうえで大変助けになりました。たとえば日本の自動車産業はカナダでも非常に関心が高く、授業中に何度も日本の自動車メーカーの名前を耳にしました。明治大学の商学部でもさまざまな企業が授業で扱われるので、身近な話題として感じることができました。留学前はどうしても語学学習に時間を取られてしまいますが、留学先で専門分野を学ぶためには、日本にいる間になるべく多くの背景知識を身につけたほうが良いと思いました。

また、不安に感じていた英語についても、時間が経過するにつれて自然と慣れてきました。最初はグループワークで発言できず、ただ聞いているだけというときもありました。しかし慣れてくると英語で話すことへの恐怖心が無くなり、だんだんと自分の意見を伝えられるようになりました。そしてディスカッションに参加するのが大変楽しくなりました。

●ヨーク大学の校舎

留学中は、慣れない海外生活でのストレスや勉強について行かなければならないというプレッシャーを感じていました。そんななかでも楽しく過ごすことができたのは現地学生や他国からの留学生との交流があったからです。トロントはさまざまな人種が集まる都市で、どの国の出身であっても快く受け入れてくれる雰囲気がありました。明治大学の商学部でも多くの留学生が学んでいますが、帰国後はいっそう彼らとの交流を深めたいと思いました。

●留学生向けレクリエーションの様子
（本人は左から２人目）

カナダでの留学生活では商学だけでなく、体当たりで努力すること、自分とは違う背景を持つ人とのコミュニケーションを楽しむことを学びました。そして少しの失敗ではめげないという気持ちも生まれました。間もなく社会人としての生活が始まりますが、この経験を糧に頑張っていくつもりです。

創設105年を迎えた明治大学商学部の教育改革プログラム

商学のフロンティアを拓く

第 3 章

私にとっての商学部

～卒業生からのメッセージ～

「売場作り」の工夫こそ、商学部で学んだマーケティング

～ＯＧインタビュー

▼プラザスタイル㈱　恵比寿店
今西　美幸　氏
（２００５年卒業）

２００５年３月商学部卒業、同年４月プラザスタイル㈱（旧㈱ソニープラザ）に入社、川崎店に配属され食品を担当し、２年後に恵比寿店へ異動して、衣類、化粧品担当を経て、現在キッチン・インテリア雑貨を担当しています。

在学中はマーケティング・コースを選択し、広告や物流、消費者行動など、さまざまな角度から学びました。そして、今まで何気なくしてきた消費行動のすべてには、「売る側」がさまざまな工夫をしていることに気づきました。

店舗では、仕入やプロモーション企画、店頭ディスプレーや売場の商品管理を主な業務としています。お店の客層や季節によって売れ筋が変化するので、自分が考えたプロモーションが成功したり、ディスプレーを見て購入していただけるのはとてもやりがいがあります。

現在担当しているインテリア雑貨には、弊社のオリジナルブランドも含まれていて、私は店舗業務の他にオリジナル商品の開発にも携わっています。今売れている商品は何か、お客様は何を求めているのか、価格は、販売方法は……など、競合店との差異化を図り売上を伸ばすために何度も会議を行い１つの商品を作り上げていく作業です。

たとえば、ブーツクリップという商品があります。ロングブーツの左右を強力な磁石入りのクリップでまとめられるという便利な商品です。玄関や靴箱で整頓しづらいブーツを簡単にまとめたいというニーズから生まれました。この商品の販売にあたって、ターゲットとなる20～30代のブーツをよく履く女性にうけそうなデザインやカラー展開で、既存のブーツキーパー（ブーツの中に差し込んで自立させる長い棒状のもの）と違って場所をとらず、持ち運びもできるので外出先でも使用できるというメリットをＰＯＰでアピールし

ました。販売時期もブーツを履きだす季節や、ギフト需要の高まるクリスマスシーズンに目立つ場所でボリューム陳列するなど、お客様に手にとっていただくための工夫をし、結果、すぐに完売と大成功しました。

　また、冒頭で紹介させていただいたとおり、私は食品、衣類、化粧品の担当も経験してきました。同じお店の中でも、それぞれの売場作りは全然違うものでした。300円のお菓子と5,000円の化粧品、10,000円の洋服とでは、効果的なアピールの仕方が全く違うからです。この工夫こそが、まさに商学部で学んだマーケティングです。

　消費者が商品を購入するという行動は、企業が消費者のニーズを正しく把握し、そのニーズを満たす商品を作り、商品を得ることによって得られる満足とバランスの取れた価格を設定し、商品を購入できる場に置いてアピールし購入してもらうという企業活動に反応したものと言えます。商学部で学び、日々の自分の生活がまさに消費者の行動であり、それを意識して行動するようになりました。販売者側になった今でも、培ってきた消費者の感覚が販売のヒントになっています。

　私は商学部の授業やゼミナールを通じて、難しそうだなと思っていたマーケティングをとても身近に感じることができるようになりました。

国際社会で活躍するために

～OBインタビュー

私は1983年に商学部商学科を卒業し、現在ワシントンDCにて国際開発金融機関である米州開発銀行に国際公務員として中南米・カリブ地域の経済・社会開発に従事しています。思えば30年前に現在とは比較

▼米州開発銀行
六浦　吾朗　氏
（1983年卒業）

にならないほど質素な和泉校舎の門をくぐって、期待に胸を膨らませて合格手続きを済ませたことが昨日のようにおもい起こせます。商学部の魅力といえばなんと言っても看板学部としてのブランド力で、特に就職戦線に強いことには当時から定評があり、「明治の商科」という社会的ステータスは将来に希望を抱く新入生の私にとっては大変心強いものでした。

大学生活当初は受験戦争からの開放感と自分の将来像の模索にあけくれましたが、いずれは、ますます国際化するビジネス社会において、指導的役割を果たす人材になりたいと考えていました。この点、経済、貿易、金融、保険、証券、経営、会計など商学に関わる多岐にわたる分野を網羅した総合的なビジネス系の学部で学んだことは将来のキャリアの基礎を築く上で大変貴重な経験となりました。特に少人数主体

のゼミではよき指導者に恵まれ、非常に充実した学生生活を送ることができたことは、商学部に在籍して本当に良かったと今でも思います。

企業活動に関する専門分野と同時に在学中に最も力を入れたことは、語学の修得でした。国際社会で活躍するには何よりも外国語を不自由なく使いこなせることが不可欠と痛感し、その為に入学直後より語学学校に通い、短期留学も挟んで、最終的には米国ビジネス・

スクールでＭＢＡを取得するに至りましたが、商学部で学んだ知識がＭＢＡ時代での勉学およびその後の国際社会での勤務経験に非常に役立ったことは大変誇りに思っています。

さて、商学部の魅力といえば、何と言ってもますます発展するビジネス界のグローバリゼーションに対応した学部の積極的な国際化戦略が挙げられます。特に欧米、アジア地域はともかく、近年は中南米地域においても、現地著名大学との学術連携・人材交流を商学部が中心となって積極的に推進しており、将来国際社会で活躍する人材育成に大いに貢献することは疑いの余地がありません。学部創設１００周年となった２００４年度からは、学生・教職員が国際交流について共に考える国際交流フォーラムと講演会を開催し、きめ細かい指導体制が整っています。更に特別テーマ実践科目において、学生自ら課題を克服する場も提供されており、私の在学中に比べ格段に進化した国際教育の現場に、今後大いに期待が持てます。

国際社会で活躍することを目指すのであれば語学のみならず、異文化にたいする理解も大変重要な要素になります。この点今日の商学部における海外協定校との高度国際連携の推進は、商学教育を幅広く豊かなものにすると同時に、今後ますます必要とされる国際人の育成に商学部が積極的にリーダーシップを取り、この分野で新たな伝統の１ページを築き上げている点でＯＢとして大変誇らしく思っています。

『次に繋がる』4年間

～OGインタビュー～

▼富士フイルム㈱　人事部
高木　麻衣　氏
（２００５年卒業）

大学受験を控えた高校3年生の頃、大学生になったら、学んだものがそこで完結せず『次に繋がるもの』を学びたいと思い、マーケティングや企業戦略、簿記、経済などを幅広くビジネスの観点から学ぶことができる商学部を選択しました。

私は現在、富士フイルム株式会社人事部で新卒採用の担当をしています。人事部は経理、法務、宣伝と同じように本社スタッフとよばれる職種ですので、入社当時はマーケティングや戦略といったイメージはありませんでした。しかし、今の仕事は、国の施策、大学の方針、就職情報会社の戦略、競合他社の動き、就職活動生の現状など様々な要因が絡み合っています。その中で私は、仕事上のパートナー1人ひとりの意見をしっかり聞きながら、本質を見極め、考え、行動し、戦略を立て、周囲を巻き込みながらそれを実現していかなければなりません。そのプロセスにおいては、まさに学生時代に学んでいたことが役に立っており、その頃の自分が想像しなかった仕事にも、実は『繋がっていた』のです。

また、先日、社内でマーケティング研修を受講する機会がありました。これは入社5年目で全員が必修でうける研修です。そのため、研修には事務系社員だけではなく技術系の社員も参加していましたし、事務系社員の中にはマーケティングの社員もいますが、営業の社員や、私のように本社スタッフの社員もいました。今回の研修をマーケティング担当者だけではなく入社5年目の私たちに必修にしているのは、マーケティングの視点で考えることが全ての仕事に繋がっているという考えからでした。仕事をする上では、市場や企業戦略といった大きな視点だけではなく、目の前の相手が何を考えているのかしっかり把握し、自分はどんな発信をしていけば良いかを考え、周囲の人間を巻き込んでいかなければなりません。そのためには、マーケティングの視点をしっかり理解し、考え、実行することが重要だ、というのが今回の研修の内容でした。まさに、どんな仕事をするにあたっても活かせる大切な考え方の基盤がマーケティングの視点の中にあるということを改めて教えてくれた研修でした。

同期であるけれど、さまざまな立場にいるメンバーと自分たちにとってのマーケティング視点とは何かを話し合った今回の研修を思い返し、自分の担当している仕事を振り返ってみると、商学部で過ごした4年間は知識だけでなくビジネスの根底に流れる考え方の基盤を教えてもらっていたのかもしれないと、改めて実感しています。

商学部で共に学んだ仲間たちは現在、商社、メーカー、マスコミ、金融や公務員、会計士など、さまざまな業界で活躍していますし、一児の母として育児に奮闘している人もいます。みなさんが、今の時点で自分自身の10年後の姿をイメージすることは難しいとは思いますが、きっと商学部で学ぶ4年間は、『次に繋がる』4年間であると私は思います。

商学部の魅力と可能性

～OBインタビュー

▼公認会計士　山本司事務所・財務省上席専門調査員

山本　司　氏

（1992年卒業、2000年4月公認会計士登録）

▽商学部の魅力

私が明治大学商学部を選んだのは、「明治大学の看板学部である」ということと、就職にも強いということでした。

入学してみて公認会計士という職業を知り、漠然としながらも目指すようになりました。このため簿記、会計学、原価計算といった会計関係の科目を中心に履修し、経理研究所にも在籍して勉強した結果、公認会計士になることができました。

そもそも商学部はビジネスの基本を学ぶところです。どのコースを選んだとしてもビジネス社会に繋がっています。そしてそのコースも多彩に用意されています。皆さんは卒業後の進路、職業や適性を考えて科目選択やコース選択すると思いますが、選択肢がたくさんあるというのが商学部の魅力だと思いませんか。

それだけではなく、たとえば、公認会計士になりたいならアカウンティングコースというのは基本的な選択ですが、自分の興味や好奇心で他の分野の科目を履修することもできます。そうした多様性も商学部の魅力だと思います。

私の場合、職業柄、会計について多くの場面に出くわします。その際に商学部で教わった「なぜそうなるのか」「どう考えるべきなのか」という学問的基礎は、原点として非常に役立っています。専門学校のようにビジネスのスキル等を教えるのではなく、商学部はビジネスの背後にある論理を学ぶ場であるという点でも大きな魅力を持っています。

いずれにせよ、商学部で教わることはビジネスを身近に感じられるものばかりで、実感やイメージが沸きやすく、楽しいものばかりです。

▽商学部の可能性

現在の商学部のカリキュラムを見ると私が学生の頃

にはない科目がたくさんあります。それだけ商学部がビジネス社会の変化を捉え対応してきた結果です。また、そうでなければ商学部の未来はありません。商学部はビジネス社会の変化を察知し、いち早く対応していく。商学部はビジネスの最先端を学ぶ場になっていく。そんな可能性があります。

私も社会に出て十数年経ちました。公認会計士は会計や税務を知っていれば良いのではなく、経済、経営、情報システム等周辺分野のことも知っていなければならないと痛感します。商学部のカリキュラムを見るといまさらながら勉強したいものばかりです。ひょっとすると学生のほうが我々社会人より最先端のことを学んでいるのかもしれない、と思います。いま、世の中では社会人が一定の経験を積んだ後、大学や大学院へ学びなおしに戻っていく傾向があります。商学部は学生も社会人もともに学ぶ場になっていく。そんな可能性もあるのかもしれません。

公認会計士の仕事とは

公認会計士は、法律のスペシャリストである弁護士・検察官・裁判官、医療のスペシャリストである医師と並び、ビジネスのスペシャリストとして社会において重要な役割を担う職業です。公認会計士の主な業務は右の通りです。

右の業務以外でも、企業の合併や買収（M＆A）、企業の株式公開、環境監査、システム監査、さらには公職業務など、いまや公認会計士が関わる領域は急速に拡大し、専門的知識を有したプロフェッションとしての活躍に期待が寄せられています。

●監査業務
企業（非営利組織体も含む）の会計報告書が適正に作成されているかについて、企業から独立した第三者の立場から意見表明します。

●税務業務
公認会計士は、税理士となることができますので、税務関係書類の作成や税務相談など税務に関する業務に携わります。

●コンサルティング業務
企業の経営計画や管理システムに対する助言・立案・指導など、さまざまな企業活動の領域において、コンサルティング業務に携わります。

企業の仕組み、世の中の仕組みを学ぶ商学

～OGインタビュー

▼㈱電通　デジタル・ビジネス局　プランナー
本間　由加　氏
（２００６年卒業）

▽商学部で学ぶということ

皆さんは将来、どんな職業につきたいと考えていますか？　金融機関、商社、製造、小売…商学を学ぶ皆さんにとって選択肢は「無限」です。私は在学中、自分の資質（好奇心旺盛、人とコミュニケーションをとり、意見を取りまとめるのが得意だったこと）を踏まえて、「世の中にとって価値ある製品やサービスを消費者に知ってもらい、日常を便利に、元気にする職業とは何だろうか？」を授業や所属していたマーケティングゼミ、様々なアルバイトの経験を通して自問自答する生活を送っていました。就職活動を控え、そんな想いを実現できるのは「広告」という仕事ではないかと考え、広告代理店の門を叩きました。

▽インターネット広告との出会い

インターネットの登場により、消費者の生活は一変したといわれます。私の学生時代には、写メールやデコメ、ＳＮＳやブログに代表されるＣＧＭ（Consumer Generated Media）が台頭し始め、情報伝達やコミュニケーションに新しい手法が生まれていきました。

上述のサービスをいち早く体験して、これを仕事に活かすことはできないかと考え、めぐりあったのが「インターネット広告」です。

インターネット広告は、その効果が測定可能な広告です。そのため消費者のインターネット上の行動や購買履歴に基づいて、おすすめの商品をレコメンドすることができる非常に効率的な広告手法といえます。消費者には便利な道具が与えられた一方で、企業にとっては複雑な消費者心理・行動との戦いの幕開けであったともいえます。

▽企画、営業、テクノロジーを融合したインターネットの総合プロデューサー

そんなインターネット広告を活用し、企業の課題を解決するのが私の仕事です。具体的には新製品の告知

からコマースサイトの売り上げ拡大戦略など、お取引先も課題も千差万別です。企画立案からメディア選定、クリエイティブ制作指揮、そして企画推進、実施後の分析まで総合的に統括する立場になります。テクノロジーへの理解、ターゲットを見据えたアイディア、コミュニケーション設計を高い次元で求められるのが総合プロデューサーであるといえます。ですから日々のインプットが大事ですし、課題に対して最適なアウトプットの経験を積む努力も必要となります。

▽働くうえで大事にしていること

加えて心がけているのは、「現場を見る」ということです。松下幸之助は「塩をなめてみないとその味はわからないし、海へ飛び込まないと泳ぎ方は一生覚えられない」というような言葉を残しています。実体験に勝るものはないということです。私が大手自動車メーカー様の担当となったとき、関連書籍を片っ端から読みあさり、休日にはディーラーを巡り、東京から半日をかけてサーキットや資料館へ自ら訪問して企業理解に努めました。その企業がどんな生い立ちで、どんな人たちが、どんな想いで作った製品なのかを知るためには相当な努力が必要だと思います。もしこのことを怠ったならば、レストランで味見をしないでメニューを薦める評論家になってしまいます。それは作り手である企業にとっても、薦められる消費者にとっても不誠実だと私は思うのです。

▽最後に、これから社会に出るみなさんへ

振り返ると企業の仕組み、世の中の仕組みを学ぶ商学は、どんな職業についても役に立つものだと実感しています。特に、広告代理という職業では、多種多様な企業をお取引先とし、その企業の製品やサービスを理解せねばなりませんので、商学部で学んだマーケティング知識やそこで育んだ人脈は社会に出てから大いに役立ちます。今、進路や将来に迷っている方がいらっしゃったら、まずは私のように好きなもの、得意なことを見つける努力をしてみたらいかがでしょうか。まずは行動あるのみ、「前へ」の精神で学生生活を有意義なものにしていってください。

「即戦力となる知識」を得ることができる商学部

～OBインタビュー

▼オリックス・アセットマネジメント㈱顧問
（元オリックス㈱専務執行役）
佐藤　健　氏
（1969年卒業、1972年商学研究科修士課程修了）

これから受験をされる皆さん、そして既に大学にお入りになられている皆さん、将来の自らの進路をいろいろとお考えになられていることと思います。これからお話しする私の経験が少しでも皆さんの今後の進路決定の参考になれば幸いです。

まず最初に私の略歴をお話ししますと、私は1969年に商学部商学科を卒業し、当時の㈱埼玉銀行に入行、翌年1970年に銀行退職後、大学院商学研究科に入学しました。1972年に商学修士課程を修了した後にオリックス㈱（当時オリエントリース）に入社致しました。

商学部では、マクロ経済を学びながらミクロである身近な企業の経営に関わる勉強ができます。文学部や法学部なども面白いとは思いましたが、父が電子顕微鏡関連の会社を経営していたこともあって、やはり直接企業経営に関わる勉強がしたいと思っていましたので商学部に入りました。

現在の会社では、22年6ヶ月間5ヶ国に駐在し、日本勤務でも殆どが海外関連業務であり、駐在時はそれぞれの国で会社経営に深く携わることになりました。実はこのときほど大学の勉強が役に立ったと感じたことは他にありません。まず、基本的な企業経営の考え方（経営論やマーケティング論）、それと実務上の知識（会計学や証券市場論など）を知っていなければ、すぐに問題に対処できず、その場で知識を蓄えるのには相当な時間を要したと思っています。

和泉校舎の2年間と駿河台の2年間は、ついこの間のような気がするほど各々の授業が想い出される位です。教養課程で選択した生物学でさえはっきりと覚えているほど興味のある授業でした。また、企業経営とは関係がないと思われた専門課程での保険学などは、企業経営に保険はなくてはならないものであったのだと会社に入ってから気がつきました。特に、現在リスク管理本部長となって企業のリスク管理を任されていると、実に保険学も役に立っているという認識を持っています。あの時の保険学の授業が懐かしく思い出されてきます。

これが他の学部であっても、社会人になって勉強をすれば良いのですが、商学部では学生のうちからそれが可能、すなわち即戦力となる知識を得ることが可能です。正直な話、大学で学ぶことは学問であり、それが一体どのように実社会で役に立つのか、社会に出るまで皆目見当がつかなかったのが事実でした。しかし、会社に入って個々の業務に携わるようになると、1つひとつが、大学で勉強したことに深く関係していることが判ってきました。もちろん、会社に入ってもそれなりの関連業務の勉強は必要なのですが、大学で基礎ができているとそれが非常に楽にできるのだということなのです。

今、学問の世界では学問同士の境目（いわゆる学際）がなくなってきているのも事実です。世界経済の動きを見ていると、国と国の境目（国境）などを考えていたのでは、大きな動きを見失うことになりかねません。こうした大きな動きも、商学部ではマクロ的観点からの授業が多くあるため、単なる企業経営だけといった狭い範囲での見方を矯正してくれます。

私の場合、冒頭に申し上げましたように5カ国、22年6ヶ月間（インドネシア4年6ヶ月、フィリピン3年4ヶ月、オーストラリア5年10ヶ月、シンガポール1年、米国7年10ヶ月）海外に駐在しておりましたので、いろいろなことを経験し、物事に関しての見方・考え方を自然と学ぶようにもなりました。日本とは全く環境の違った国で仕事をして暮らしていたわけなので、当然といえば当然なのですが、そうした広い目で物事を見ることができるようになったのは2度目の赴任地であるマニラ駐在時代からでした。

地球という広い世界の中で1人の人間として有意義に生きるためには、狭い考えで物事を考えず、大きな視野で社会の動きを見るということが肝心です。そうした見方考え方は、会社業務に自然と生きてくるものです。狭い視野でしか業務を見ることができないと、大きな方向性の誤りというものが見えてきません。皆さんも是非商学部の授業の中で大きな目で物事を捉えるという癖をつけていただければ、社会に出てから非常に楽になると思います。

また商学部に入られた後は、是非語学も勉強していただきたいと思います。特に英語は、誰がなんと言おうと世界共通語として使用可能な言語ですから、コミュニケーション手段として出来るだけ習熟してくださ い。言葉ができれば、またそれだけ世界が広がることになります。

最後に、皆様が商学部を卒業し、大きな意味での世界人になられることを大いに期待し、心からそうなることを望んでおります。

あとがき

～21世紀の商学部教育を考える～

◇『これが商学部！』改訂の事情と目的

本書は2003年に刊行された明治大学商学部編『これが商学部！』（同文舘出版）の改訂版です。2003年版では、商学部の標準的な講義内容を、イラストや写真を多く利用して、できる限り分りやすく紹介することに努め、おかげさまで多くの読者を得ることができました。国際舞台で活躍できるビジネスマンの養成を主要なテーマとした商学部に対する、受験生や社会の関心の高さを、あらためて痛感した次第です。

それから6年、この間には内外の経済情勢も大学政策も、そして商学部の教育現場も、かなり大きな変化を遂げてきました。本書では、特に以下のような点に注目して、最新の商学部情報を提供しています。

◇最近の「大きな変化＝商学部への要請」

まず、2005年に「21世紀型市民」という耳慣れない言葉が登場しました。「活力ある社会が持続的に発展していくためには、専攻分野についての専門性を有するだけでなく、幅広い教養を身につけ、高い公共性・倫理性を保持しつつ、時代の変化に合わせて積極的に社会を支え、あるいは社会を改善していく資質を有する人材、すなわち『21世紀型市民』を多数育成していかねばならない」と言うのです。2007年に改正された学校教育法でも、大学の基本的な役割は「高い教養と専門的能力を培う」ことと明記されています。

続いて、2008年頃からは特に「学士力」とか「社会人基礎力」という言葉がよく目に入るようになってきました。それらは抽象的でなかなか分りにくいのですが、簡単に言えば、大学卒業生が最低限身につけていなければならない能力、産業界が期待する基礎能力、そして国際的に通用する学生の能力のことです。

さらに2009年には大学のグローバル化と留学生の大交流時代を見据えて、国際化拠点整備事業（グローバル30）がスタートしました。大学教育の国際競争力を強化して、留学生にも魅力的な教育を提供し、国際的に活躍できる人材を多数養成していくことがその目的です。2025年には世界の留学生が700万人を超えるという推計があるくらいですから、この取り組みはとても重要です。

商学部（School of Commerce）は、世界各国でほぼ100年前に、急速に国際化する商工業世界に対応できる有能な人材や経営者を養成することを目的として誕生しましたが、今日、100年に一度の世界同時不況下で、以上のような変化や要請に対応して、21世紀の商学部はどのような教育を目指すべきなのでしょうか。本書の執筆者一同は、その答えを読者の皆様と共に、本書を通して議論できればと願っております。

最後に、本書の刊行をご快諾いただいた同文舘出版の中島治久社長、原稿の遅れにもかかわらず、迅速な編集作業で予定通りの刊行を達成していただいた同社編集部の角田貴信氏、そして本書の複雑なイラスト作成を一手にお引き受けいただいた大竹美佳さんに、この場を借りて心よりお礼申し上げます。

2010年3月

明治大学　商学部長
横井勝彦

平成15年12月25日　初 版 発 行
平成22年 3 月31日　新 版 発 行　　《検印省略》
令和 2 年 3 月30日　新版 5 刷発行　　略称：(新)商学部

新版　これが商学部!!
—The School of Commerce—

編　者　ⓒ明治大学商学部
発行者　中 島 治 久

発行所　同文舘出版株式会社
東京都千代田区神田神保町1-41　〒101-0051
電話 営業(03)3294-1801　編集(03)3294-1803
振替 00100-8-42935
http://www.dobunkan.co.jp

Printed in Japan 2010　製版：一企画
印刷・製本：萩原印刷

ISBN 978-4-495-63982-2